AF357466

AUTRICHE

HONGRIE ET TURQUIE

1839-1848

Imprimerie de Gustave GRATIOT, 11, rue de la Monnaie.

AUTRICHE

HONGRIE ET TURQUIE

1839-1848

PAR

M. WILLIAM REY

BIBLIOTHÈQUE NATIONALE R.F. IMPRIMÉ

PARIS

JOEL CHERBULIEZ, ÉDITEUR

PLACE DE L'ORATOIRE, 6

MÊME MAISON, A GENÈVE

1849

AVERTISSEMENT DE L'AUTEUR.

Quelques-uns des chapitres de ces voyages ont paru comme morceaux détachés dans la Bibliothèque universelle de Genève, numéros de novembre et décembre 1848, février et mai 1849. Le grand intérêt acquis par les derniers événements politiques, à des pays où j'avais vécu plusieurs années, m'avait alors enhardi à prendre la plume; et c'est la même cause qui me fait étendre aujourd'hui le cercle de ces premiers récits. Je sens vivement le besoin que ce genre d'intérêt actuel rende le lecteur plus indulgent sur les défauts de mon œuvre; elle ne va qu'à livrer quelques observations sincères d'un résident sur des pays que l'on juge habituellement trop en courant et dans des livres où le fond comme la forme (celle de lettres) sont superficiels.

Peut-être un Suisse n'est-il point mal placé pour juger sainement en voyageant. Il a été, dès l'enfance, habitué à des institutions libérales, mais très variées, par suite de la multiplicité des gouvernements dans son pays; l'orgueil national ne l'aveugle pas, et il n'est pas réduit, comme l'Anglais ou le Français, à tout juger d'un point de vue uniforme, du piédestal de sa nation; il n'est point intolérant pour les mœurs et les caractéristiques des autres peuples, car la variété des visiteurs dans son pays a détruit de bonne heure en lui ce penchant naturel à s'effaroucher de ce qui est nouveau, de ce qui n'est point *lui* en un mot. Telle est enfin la faible étendue de nos frontières, qu'au moindre geste nous en sortons pied ou oreille; nous trouvant ainsi en rapport avec les étrangers, nous apprenons à les juger. Ce n'est certes pas en Suisse qu'on trouverait des niaiseries comparables à cette sombre horreur du Français ordinaire pour l'Anglais ou pour l'Autrichien; nos gens du peuple sont moins bornés et ont vu davantage. Cependant je craindrais d'en trop dire; je ne veux pas hausser les exigences du lecteur au niveau des avantages réels ou imaginaires dont il me plairait d'orner ma nation et moi-même par ricochet ; ce que je désirais seulement, c'est de jeter quelques nuages de doute sur la justesse d'observation supposée de bien des voyages à la mode publiés par tel membre d'une coterie de Paris ou de Londres, et de réclamer en faveur de ces observateurs plus modestes du dehors, qui ont vécu et *perdu leur temps* avec ceux dont ils parlent, pour les mieux connaître.

En voyageant, j'étais dans l'habitude de prendre quelques notes, mais fort sobrement et dans les seuls cas où j'y trouvais du plaisir ; à aucune époque je ne m'en suis fait un devoir ou un fardeau, et surtout j'étais loin de songer à jamais m'adresser au public. Sans cela j'eusse vu bien des choses échappées à mon insouciance d'observateur qui n'avait ni but ni compte à rendre ; mais peut-être aussi mes impressions générales eussent-elles été moins vraies, moins rapprochées de la nature même des choses.

Quand j'ai pris la plume, j'ai cueilli çà et là ce qui me paraissait le moins fané dans mes notes et mes souvenirs, en élaguant le reste ; aussi mon étonnement a été réel en voyant qu'il en sortait un volume. Ce travail était à peu près achevé dès la fin de l'année dernière, et il a fallu depuis le rajeunir de quelques traits empruntés à des événements récents. Si je connais réellement les pays dont je parle, il faut que la plupart des appréciations dont ils sont l'objet dans ce livre restent vraies; cependant je n'ose me flatter qu'il en soit ainsi pour toutes, surtout en ce qui touche à la politique.

Lecteurs, quelle que soit l'époque où vous daignerez jeter un coup d'œil sur ce livre, plusieurs de mes prévisions pourront, je le crains, avoir été déconcertées par la marche foudroyante des événements. Je ne vous demande alors qu'une chose : ne me refusez pas une miette de votre table; je veux dire une lueur de cette indulgence dont vous avez dû sans doute user envers vos propres jugements, au milieu de bouleversements où les plus sages ont été éperdus.

Genève, le 1er août 1849.

AUTRICHE
HONGRIE ET TURQUIE
1839-1848

CHAPITRE PREMIER.

Suisse et Tyrol.

Dans les pays à chemins de fer, le voyageur est devenu un corps inerte, un ballot numéroté et placé sur quelque wagon où il ne compte pour rien ; la vapeur, cette sorte de fatalité nouvelle, l'a reçu dans une étreinte où c'est à la vie et à la mort. Adieu la poésie et même l'instruction pour l'homme changé en projectile et lancé à grande vitesse suivant les lois de la mécanique et les formules de la vapeur et du piston. Le guide du voyageur en France ou en Angleterre, ravalé aux dimensions d'une brochure, m'apprend que tel nuage qui passe est la ville de…, que ce brouillard coloré est la célèbre colline où…, mais l'objet avait fui avant que la page fût tournée. L'agitation, la précipitation sont partout, à l'arrivée encore plus qu'au départ ; les locomotives ne peuvent s'arrêter sans souffler de toute la force de leurs poumons à vapeur dans des sifflets métalliques d'un timbre déchirant ; et quand la répartition des effets aux voyageurs, et de ceux-ci aux fiacres, aux omnibus et aux garçons d'hôtel a lieu, on croirait presque à une émeute.

En Suisse rien de semblable jusqu'à ce moment ; la *vie sur*

les rails y est à peu près inconnue et de toutes les contrées
de notre occident, aucune ne se traverse plus gravement et
plus sagement au bruit saccadé du fouet des postillons. Il y a
gros à parier que le conducteur de la diligence sera un citoyen
honnête et un peu brusque, ennemi traditionnel des longs
déjeuners et des longs dîners dans les hôtels. Il trône sur les
hauteurs inaccessibles de l'impériale et cependant il est homme
encore. Le voyageur désireux de jouir d'un rayon de soleil
sur cette impériale a des chances d'y arriver s'il est bien muni
de havanes ; car le conducteur a toujours aimé les fumeurs
et reconnaît de loin, à je ne sais quels signes, la qualité de
leur tabac. D'un coup de main il les hisse à ses côtés, se fait
ouvrir leur porte-cigare et leur ouvre en revanche son cœur,
vrai trésor d'informations sur les auberges, sur les chaussées
et les vins du pays.

Une route magnifique me conduisit de *Genève* à *Lausanne*,
mais il faut laisser M. Alexandre Dumas dire qu'elle ressemble
à une troupe de cygnes séchant leurs plumes au soleil. Le
célèbre écrivain aura eu cette impression de voyage avec tant
d'autres, je l'admets, mais les cygnes ont-ils jamais eu des
impressions d'humidité ? Ce serait un sort peu enviable d'être
oiseau aquatique et d'avoir à chaque sortie de l'eau tout un
plumage à sécher sur sa personne ; la vie d'un palmipède ne
vaudrait pas celle d'une blanchisseuse ; heureusement la nature y a pourvu. Lausanne ne ressemble guère non plus à ces
villes nouvelles écloses des États-Unis, villes qu'on découvre
dans une forêt primitive et où le maçon vient d'appliquer sa dernière blanche pelletée de mortier. Pour les Romains elle fut
« Lausonium » et je lui vois au front ses certificats de bonne
et honnête existence au moyen âge : vieille cathédrale et
vieux donjon devenu palais du gouvernement. L'aspect du
lac, les côtes variées de la Savoie et mille caprices du terrain
où Lausanne s'est nichée, en font une reine du Léman, de ce
bassin assez beau et assez vaste pour lui créer une rivale dans

Genève. Le Lausannois sur ses collines ignore la volupté de poser le pied à plat, mais en revanche, que de jouissances, que d'échappées agréables, profondes sur les rivages et les eaux ! Les campagnes et les jardins s'approchent de la ville, s'y entremêlent et les bureaux mêmes ont quelquefois des terrasses.

Quelques usages nés d'une circulation tortueuse, ardue, se voient à Lausanne, et des troupes d'ânes apportent des matériaux dans des paniers auprès d'édifices que l'on élève dans les plus coquettes positions.

Berne est une ville taillée sur un certain plan solide, massif, riche, consciencieux, qui inspire satisfaction au vrai patriote et lui fait voir là le centre de gravité de son pays. Mais Berne est avant tout la création de l'aristocratie, et n'en déplaise aux modernes radicaux, les vieilles pierres de ces gros murs, de cette riche cathédrale, de ces longues arcades voûtées sous les maisons, de ces curieuses fontaines du vieux temps leur crient : Ce n'est pas vous qui nous avez taillées et mises en place ! Et tout dans le pays parle sur ce ton ; l'aisance générale, les costumes lourds, rustiques et coûteux, les champs bien cultivés, les excellentes routes, les institutions et ce caractère bernois même, le nec plus ultra de la ténacité et de la constance humaines, tout cela est né et a grandi sous l'aile du vieux système. Reviendra-t-il pour cela, le régime de la noblesse, ou disons plutôt : les morts reviennent-ils ? Dans l'ordre social, comme dans l'ordre physique, les trépassés abondent et je m'attends aussi peu à quelque belle ménagerie, nous amenant de l'Inde le mastodonte antédiluvien ou le gigantesque megatherium, qu'à la résurrection d'une aristocratie tombée en décomposition. Je peux invoquer le sentiment vague et puissant de lois qui entraînent inflexiblement la vie des peuples et assignent à chaque période de leur existence comme à celle des individus, un certain caractère bien tranché que nous connaissons tous, mais sans savoir pourquoi il est venu et pourquoi il doit s'en aller. Les rouages intimes des choses échappent à nos yeux, leur bruit à nos oreilles, et quelque long travail venant à éclater en bons ou mauvais résultats, nous crions tout surpris : révolution !

Montesquieu prédisait à Berne de grandes destinées et il supposait à ses nobles un esprit à la Montesquieu pour les réaliser. Mais cette ville fut foulée aux pieds par la révolution française, et n'avait point encore complétement réparé ce grand échec et retrouvé toute son ancienne et même tyrannique prépondérance, jusqu'aux derniers temps ; cependant, on pourrait croire aujourd'hui que l'auteur de l'*Esprit des Lois* ne s'est trompé que de cent années et que la force des choses et l'audace persévérante du Bernois paysan, héritier politique du Bernois noble, vont lui assurer l'hégémonie en Suisse.

Dans *Zurich* je retrouve avec charme une copie de Genève, mais où tout serait plus petit. La bleue Limmat la traverse, après avoir à sa naissance entouré une imitation en miniature de l'île Rousseau. Le lac est un Léman fort rétréci, un vrai ruban sur lequel les vapeurs cheminent en zig-zag d'une rive à l'autre. Les rivages sont couverts de vignes, les collines ont la tête noircie de forêts de pins et la neige des hautes Alpes brille sur le fond du ciel. En voyant près des villages du lac accourir au passage du vapeur tant de figures rustiques, fraîches et gaies, on ne se croirait point... dans le Manchester de la Suisse ; oui ! le Manchester, car ces maisons jetées capricieusement sur toutes les pentes renferment plus de fileurs, de tisserands et de teinturiers que de laboureurs ; ces grands édifices neufs sont des fabriques ; la pourpre qui brille au loin sur l'autre rive n'est pas un champ de pavots, mais un séchoir de laines et de cotons teints, et ces jolies voiles ne promènent pas sur le lac des gens oisifs, mais des ballots fraîchement arrivés de New-York ou de New-Orléans avec la nouvelle récolte de coton destinée à repartir en tissus pour la Turquie et le Brésil.

Les environs de Zurich se rapprochent de la nature de Genève, mais sans l'égaler. L'*Utliberg* et le *Zuriberg* sont des monts trop voisins qui m'obsèdent quand je songe à l'ampleur du Salève et du Jura ; de lointains glaciers me rappellent un peu le Mont-Blanc, mais je cherche en vain dans le paysage ces plans successifs où l'œil aime à s'égarer de lointain en lointain, sans avoir jamais tout épuisé sur l'horizon de ma ville natale. Cependant, ce lac est joli ; il est parcouru par des gondoles où l'on rame debout comme à Venise. Les promenades me font voir une race d'hommes plutôt laids, tandis que les femmes sont de jolies Allemandes, plus brunes que leurs sœurs du nord et dont le sourire serait enchanteur, s'il ne laissait entrebâiller jusque chez les plus jeunes une denture toute cariée, un vrai sépulcre entouré de roses ; c'est là l'effet des perpétuels courants d'air dans les vallées étroites semées de lacs, et nous en savons quelque chose à Genève. Les Zuricois ont tout prévu pour la commodité et les aisances de la vie en plein air ; aucun pays n'a de plus belles routes, plus de bancs pour s'asseoir sous l'ombrage, plus de cafés et de restaurants où la bière s'offre pour quelques shellings, monnaie du pays. Les jours de fête, le pauvre fume tranquillement sa pipe dans ces lieux publics et peut se croire maître des sites enchanteurs qui s'offrent à sa vue, jouir en un mot, autant que le propriétaire sans avoir les mêmes soucis actuels.

Il y a dans la ville et au dehors, quantité de jolies maisons bourgeoises, de villas à l'usage du marchand et du fabricant ; elles s'éloignent également de ces types si communs ailleurs, un temple grec ou une caserne, et m'ont toujours paru des transactions fort acceptables et de bon goût entre deux penchants modernes habituellement en guerre, l'économie et le sens des beaux-arts. Du gothique, du grec, du castel, du rococo et des nudités, on en voit partout ; mais ce qu'on affectionne autour du lac de Zurich, ce sont ces jolies demeures de citoyen comme j'en souhaiterais à tous mes amis.

1.

De Zurich, on peut atteindre Vienne par la voie du *Tyrol* ;
mais ce pays n'est qu'une vallée étroite, longue et..., le mot
m'échappe, fort ennuyeuse. C'est une *Suisse étouffée* d'où
l'on sort toujours avec un sentiment de confort en dépit des
admirations conventionnelles sur un pittoresque dont voici le
menu :

Deux parois de montagnes, vertes de prairies au bas,
noires de sapins plus haut, blanches de neiges au sommet.
Ces trois bandes diversement colorées vous suivent pendant
des journées, presque toujours à égale distance tant à droite
qu'à gauche, et deviennent à la fin une sorte de cauchemar.
A l'entrée, au milieu et à la sortie des villages sont des ma-
dones en bois et des croix à profusion supportant de vastes
Christs nus, décharnés, et, qu'on me passe l'expression,
sanglants comme de la viande fraîche. Oui, un peuple doit
être peu développé pour que ses prêtres hasardent encore
d'aller à son cœur et de sauver son âme par ces spectacles de
boucherie. Les légendes foisonnent sur les rochers et les
vieux repaires de chevaliers brigands du moyen âge, et ajou-
tons-y le défilé du Strub, ces Thermopyles des courageux
Tyroliens ; c'est bien là toute la parure un peu pétrifiée, on
pourrait dire, de leur contrée si célèbre. Mais elle a disparu
cette variété infinie des hommes et de la nature qui rend la
Suisse délicieuse aux esprits sérieux comme aux plus légers.
Enfin, les hôteliers sont loin d'être cosmopolites ; ils savent
par cœur les décrets des conciles, refusent au nom de l'Église
la moindre côtelette au voyageur si c'est temps de carême, et combattent l'hérésie jusque dans l'estomac des
passants.

Cependant, je n'ignore pas que malgré mon faible témoignage, le *Tyrol* est et restera un sujet à extases, un sujet
fermé sur lequel on ne raisonne pas plus que sur les miracles
des saints ; seulement, comme ce pays ennuie ceux mêmes
qui en disent le plus de bien, ils sont toujours charmés de le

laisser de côté pour atteindre le Danube, voie de Munich, et ainsi ferai-je cette fois.

C'est à *Rorschach*, au bord du lac de Constance, qu'il me faut te quitter, peuple suisse industrieux et brave. Les démagogues te convient au banquet de tous les vices, de toutes les violences, de toutes les haines civiles, et cependant tu sais encore, armé de ton bon sens plus que de la force des gouvernements ou de celle des gendarmes et des troupes permanentes, fournir ta carrière de travail, d'industrie et de gouvernement démocratique. Le cri sympathique d'une grande nation au delà des mers témoigne que l'on peut avancer, malgré les écueils, sur cette voie de liberté en tous sens, et j'en suis parfois restauré malgré les noires menaces de nos temps. Il y a quelques années, d'orgueilleux politiques chez nos grands voisins envisageaient avec mépris nos obscurs démêlés de couvents, de confessions et de radicalisme, et le vif sentiment de leur injustice me fit alors jeter sur le papier cette note que je retrouve avec intérêt depuis les bouleversements qui ont suivi : « Qu'une liberté pareille à celle du peuple suisse fût donnée aux autres nations de l'Europe, seraient-elles dans l'état paisible que leur impose la pression de forts gouvernements ? Liberté de la parole et de la presse; absence d'armées et de forteresses ; jury politique; droit aux emplois également pour tous, pour les plus ineptes, intrigants et avides même; haines confessionnelles à réprimer; assemblées populaires se réunissant à la fantaisie d'un tribun qui veut percer; des armes dans les mains de tous avec le courage et la science pour s'en servir ! Mais j'arrête cette énumération déjà bien redoutable pour les gens qui ignorent les ressources infinies de pays nés et non déguisés en républiques. Et cependant, cette épreuve de liberté illimitée semble aussi réservée aux autres peuples ; ils hésitent encore à entrer dans ce champ infini d'agitations et d'expériences ; mais la destinée des nations est écrite sur leur front inquiet et se trahit dans leur voix, dans ces voix populaires demandant partout aux gouvernants d'abdiquer leurs soucis pour les céder aux artisans et aux hommes du vulgaire. Mouvement universel qui embrasse tout notre horizon, voix impérieuses qui demandent sans savoir trop quoi, et ne ressemblent pas mal à des marteaux sans conscience propre sonnant l'heure des décrets sur les trônes et les peuples ; excès des masses pour varier le spectacle des excès des cabinets et des ministres, qui se répétaient avec monotonie depuis tant de siècles ; tel est le changement de scène qui se fait et se fera ; et la Suisse est encore en tête de la phalange militante comme au moyen âge. »

CHAPITRE II.

Munich en 1845.

En traversant de *Rorschach* à *Lindau* sur le bateau à vapeur du lac de *Constance*, on ne voit au couchant qu'une vaste surface liquide terminée par des rives plates, mais à droite vers l'est est un rameau détaché des Alpes qui rompt le cercle monotone de l'horizon par quelques vestiges de ces hardies formes de montagnes toujours chères à un Suisse. Adieu donc, patrie des glaciers et des eaux bleues ! A Vienne je te donnerai un dernier regard à l'apparition du Schneeberg, pour m'enfoncer alors tout à fait dans le royaume du limon, dans ces plaines du Danube où une eau jaunâtre, épaissie par un sol délayé, roule au milieu de peuples nouveaux.

Notre vapeur laisse à droite une ligne d'écume formée par la lutte du Rhin avec les eaux du lac où il entre, et se hâte vers une petite île couverte de maisons où nous débarquons. C'est *Lindau* et la *Bavière*. La position insulaire de Lindau en fait comme une Venise du lac de Constance, si cette épithète a jamais pu s'appliquer à un pareil trou ; un long pont de bois la joint à la terre ferme. Cette ville explique son existence actuelle du moins, par la nécessité d'un intermédiaire entre les barques du lac qui lui apportent les tissus et les cotons filés de la Suisse et du Tyrol et les voituriers allemands que je vois circuler sur le pont, emmenant tout cela vers Ulm et le Danube. Mais la tristesse d'un pareil îlot et l'air décrépit des édifices invitent à ne pas y rester longtemps ; il y a dans toute la ville et dans la masure appelée hôtel une odeur subtile de moisi dont on se sent pénétré, et un coup d'œil sur l'état matériel du logis en donne l'explication. Les planchers sont rongés de vieillesse, mon lit et ma table sont aussi pourris, et la seule jouissance possible est le claquement du fouet du postillon au départ.

On monte beaucoup pour atteindre le plateau où est *Munich* et toujours par un pays boisé où sont éparses de grandes maisons de paysans peintes invariablement en rouge. Elles font autant de taches écarlates sur le fond sévère d'une végétation alpine. Mais ici je m'interromps ; je n'ai plus de force que pour lancer une malédiction au service des postes en Bavière, établissement cruel auquel on peut se livrer bien portant pour en réchapper malade de souffrances. Il faut surtout que le voyageur se garde des voitures dites d'*extra,* où on l'empile lorsque la grosse diligence est déjà pleine. L'infortuné doit alors, par les temps les plus affreux, même de nuit, descendre sur la route au terme de chaque poste, parce que la voiture d'extra n'est pas habituée à s'éloigner davantage de son domicile. Si l'obscurité est profonde, avant d'avoir découvert le bord d'un toit pour se mettre à l'abri des lourdes ondées du pays de Souabe, il faut des tâtonnements qui aboutissent trop souvent à un bain de jambes dans le ruisseau ; alors, tout transi, on attend vingt minutes au moins et quelquefois trois quarts d'heure que les gens allument des lanternes et, à force de méprises, finissent par déterrer la nouvelle voiture d'extra du milieu d'un labyrinthe de véhicules et de charrues, puis qu'ils décident les chevaux à s'éveiller, à manger, à s'abreuver et à se laisser atteler. Ce n'est qu'après ces cérémonies entremêlées des plus grosses exclamations du dialecte souabe que les chevaux, invariablement de la plus lourde espèce, prennent leur course à raison d'un mille à un mille et demi par heure et tout paraît sauvé. Oui ! si la pluie ne nous suivait dans la voiture, ruisselant sur notre dos et nous contraignant à des postures désespérées. La crampe nous saisit à tous les membres, mais, deux heures après, nous pourrons la dissiper dans une nouvelle séance sur la route.

Quel malheur que le service des postes et l'état des routes ne soient pas une branche des beaux-arts ! car le roi Louis s'en fût occupé, et il n'eût pas laissé une partie intéressante de ses sujets voyager en toute saison sous des cuirs troués et sur des planches mal liées, pendant qu'il couvrait ses peintures de toits dorés. Je n'ai pas noté si le monopole des postes était au gouvernement ou aux Tour et Taxis ; je crois que c'est plutôt au premier ; quoi qu'il en soit, la honte de ces désordres revient toujours à la source de tout monopole, au gouvernement, et la plus simple humanité eût exigé depuis longtemps des améliorations. C'est avec de pareilles contrariétés que le voyage se termine enfin à la capitale.

Munich, l'Athènes de l'Allemagne, est bien loin de rien devoir, comme la véritable Athènes, à son site et à son climat. Le pays d'alentour est plat et maigre ; la végétation a abandonné certains espaces et ne couvre les autres que de bruyères et de pins mourants et nains ; en outre, l'élévation de cette ville à plus de deux mille pieds au-dessus du niveau de la mer, et le voisinage des Alpes, rendent son climat instable, froid et dur.

Je n'ai point la prétention de m'étendre sur les monuments et les trésors des beaux-arts renfermés à *Munich*; il faut pour cela des volumes et des catalogues spéciaux qui existent et sont dans une foule de mains. Quelques traits me suffiront.

La *Bavière* est un pays de bigoterie ; elle étouffa vite l'hérésie, et le peu qui en resta eut la vie dure. Les jésuites, appelés à Munich en 1559, y établirent leur quartier général pour l'Allemagne du sud et une église magnifique. C'est seulement à la fin du siècle passé que les protestants décédés y ont joui en paix du dernier asile ; les vivants y ont été persécutés jusque dans celui-ci ; un prince bavarois devait ouvrir son palais au chapelain de sa femme protestante, parce qu'aucun bourgeois de la ville ne voulait le loger.

Du treizième siècle jusqu'à la fin du dix-huitième, on avait accumulé quinze églises pour le seul culte catholique exercé à Munich, lorsque le roi Louis, à partir de 1826, jugea bon d'en augmenter le nombre de quatre nouvelles, laissant loin derrière elles, pour la splendeur, tout ce qui existait déjà, hormis la cathédrale du quinzième siècle. De notre temps, l'architecture vit d'emprunts pour tout ce qui ne se rapporte pas aux chemins de fer et aux bâtisses industrielles, aussi malgré les millions consacrés par le roi à cet art, est-ce dans le style des basiliques du cinquième et du sixième siècles, des Byzantins du onzième, des Italiens et des Germains du moyen âge, que des artistes, comme Ziebland, Klenze ont puisé des modèles, toujours sous l'égide du goût royal.

Parmi les vieilles églises, la cathédrale gothique de *Notre-Dame* est un monument remarquable ; j'y ai vu une pierre tumulaire bien célèbre, au dessous de laquelle reposent les os des deux hommes acteurs dans le drame d'*Agnès Bernauerin*, l'un des plus émouvants que l'Allemagne ait célébrés. La tombe d'*Eugène Beauharnais*, ornée des marbres de Thorwaldsen, est dans l'église des jésuites ; son noble cœur eût préféré sans doute une plus humble sépulture en France.

Le *palais* du roi va m'arrêter quelques instants. Il fut achevé en 1616, et passait tellement pour une des merveilles de l'Allemagne que Gustave-Adolphe en prit occasion de dire ce mot connu : « Munich est une selle d'or sur un cheval maigre. » Ce palais fort vaste avait des monuments d'art dus à Pierre Candide, à A. Dürer, à C. Dolci, au Dominicain et à d'autres artistes réputés ; de magnifiques salles, une chapelle, un musée d'antiquités, un trésor, etc. Tout cela serait encore trop beau pour un empereur d'Autriche, mais le roi Louis s'y est trouvé mal à l'aise, aussi a-t-il enchâssé et comme dérobé le vieux palais entre deux nouvelles ailes construites sur des faces opposées : l'une imitée tant bien que mal du palais Pitti à Florence, l'autre offrant une façade de huit cents pieds de déploiement, avec un portique au centre et des statues colossales de Schwanthaler au sommet. Tant de dépenses et d'éclat suffirait à un maître du monde.

L'étonnement augmente lorsqu'on pénètre dans l'intérieur du nouveau palais. Une suite de peintures à fresque ou à l'encaustique exécutées par des artistes comme Schwanthaler, Schnorr, Kaulbach, Jäger, Giessmann, déroule sur les parois de chaque salle un sujet complet ou une époque de l'art et de la littérature. Le roi, élève des classiques, n'a donné entrée dans ses antichambres et dans ses salons et ses cabinets qu'aux poëtes grecs et aux divinités de l'Olympe. Ici l'expédition des Argonautes ; là, dans autant de salles, la théogonie d'Hésiode, les dieux querelleurs d'Homère, les amours et les bergers d'Anacréon. Eschyle retrouverait dans vingt-quatre tableaux tout ce qu'il a jamais exalté de triomphes sur les Perses et d'horreurs dans la famille d'Agamemnon. Sophocle reconnaitrait dans la chambre de travail du roi la peste de Thèbes, les incestes Jocaste et Œdipe, les cadavres de Polynice, d'Antigone, de Créon.

Prévoyant sans doute la fatigue dont tant de massacres peuvent troubler l'imagination, le roi a senti le besoin d'avoir un refuge et se l'est créé dans la salle d'Aristophane et dans sa chambre à coucher dont Théocrite fait les honneurs avec des groupes de bergères, d'amours et de nymphes d'une beauté idéale. Jamais les anciens ne virent leur Olympe dans un si grand complet que les curieux de nos jours attirés dans ce palais. Une chasse et une pêche générales semblent avoir été faites dans les taillis, les montagnes et les fleuves de la Grèce, pour en ramener captives au plus folâtre des rois, tout ce qu'il y a jamais eu de dryades peureuses, de déesses jalouses, de nymphes humides et amoureuses.

Dans le passage un peu précipité que les domestiques du palais permettent au travers de ces salles, on recueille un nouveau prix de ses années de collége. Au bas de chaque tableau sont des fragments de vers grecs et une érudition consciencieuse toute prête au combat n'est pas de trop pour les saisir à la volée; car il faut deviner à demi-mot, et à demi-mot grec, tous ces dieux, ces demi-dieux ou ces simples mortels à sandales ou en cothurne, et non reconnaissables à l'habit, nus qu'ils sont ou vêtus par aventure de quelque leste draperie.

La reine a choisi une société un peu plus morale pour ses appartements; des poëtes nationaux, Bürger, Klopstock et Wieland, des Minnesaenger du moyen âge. Goëthe a fourni du nébuleux, du sentimental et des songes aux parois de sa chambre à coucher; mais pourquoi permettre à ce poëte d'y introduire Faust et Méphistophélès qui ne peuvent contribuer à rendre le sommeil léger? Schiller orne la salle de travail; c'est un génie plus pratique et plus ami du jour.

Au rez-de-chaussée on expose sur une suite de fresques les Niebelungen et les traditions guerrières du Danube et du Rhin; ce n'est qu'un travail commencé.

L'aile du palais qui donne sur les jardins a des salles de réception et d'apparat; on en trouve de consacrées à Charlemagne, à Barberousse, à Rodolphe de Hapsbourg. Une d'elles, nommée *la salle des Beautés,* renferme une galerie de portraits plus grands que nature, de plus de trente dames, qui ont su plaire au roi Louis, et parmi lesquelles il a glissé deux ou trois simples bourgeoises, au grand scandale de la cour, comme si le scandale était là! — La salle du trône est immense et les longs côtés en sont ornés de douze statues colossales en bronze représentant autant d'*électeurs.* Les douze Césars de Suétone, ces maîtres du monde, n'eussent pas jugé indigne d'eux l'honneur décerné à de petits princes bavarois.

Attenant à la résidence est un vaste carré planté de tilleuls et couvert de sables et de boues impraticables dans certaines saisons ; un portique entoure une partie de ce triste lieu et le mur en est couvert de peintures à fresque dont le but est de dédommager le promeneur en lui offrant des paysages de l'Italie et de la Sicile peints par Rottman, et au bas desquels sont gravés en grosses lettres des distiques composés *ad hoc* par Sa Majesté.

Mais les créations modernes ne s'arrêtent pas là. Qui n'a entendu parler de la *Glyptothèque* et de la *Pinacothèque,* ces deux magnifiques *Musées* de sculpture et de peinture? Un troisième édifice, comparable aux deux premiers, est destiné aux expositions d'artistes vivants ; malheureusement il faut aller chercher ces trois monuments dans une plaine nue, hors des quartiers habités. Une foule d'autres établissements vaniteux ou utiles et tout récents seraient encore à citer.

Si on se demande pour qui le roi a déployé tant d'efforts et fait tant de sacrifices, on ne trouve qu'une réponse logique : Pour les *Anglais!* Ce peuple voyageur fourmille à Munich, toujours le guide Murray à la main, et avec son calme habituel apporte quelques schellings de pour-boire aux gardiens de tant de trésors. Fatals trésors! car n'eussent-ils pas exigé un seul des cent millions de francs auxquels on les estime, leur prix serait déjà trop élevé, puisqu'ils ont coûté au roi l'affection de son peuple. Hormis les voyageurs et les employés de l'État, au nombre desquels on peut compter quelques centaines d'artistes, il n'y avait qu'une voix de mécontentement dans le pays ; il manquait du nécessaire et on lui donnait des statues. La Bavière, puissance de troisième ordre, d'une position équivoque, agrandie par une volonté qui répugne à l'Allemagne, la volonté d'outre-Rhin, jalousée de l'Autriche, ouverte à l'orient, à l'occident et au nord, a gaspillé ses finances basées uniquement sur une agriculture peu développée et dépassé en splendeur les grandes puissances. Chaque année, les ministères se dépouillaient pour fournir au goût du roi ; un pays

pauvre se voyait enlever une somme estimée à deux millions
de thalers, non pas, il est vrai, pour des fêtes à la Louis XIV,
ou pour un Trianon et un Parc-aux-Cerfs à la Louis XV;
mais pour un semblant de Versailles et pour des chefs-d'œuvre
d'un goût mélangé, contesté même. La nation alarmée suscita
une âpre opposition dans les Chambres en 1843; les plus
grands seigneurs, échos du sentiment général, demandaient
un rendement de comptes complet; tandis que le roi s'obsti-
nait à le promettre complet, sauf un certain reliquat annuel
de quelques millions dont il avait pu disposer depuis 1825 en
vertu de sa prérogative; et il eut le malheur de l'emporter.
Les rois ne seront-ils jamais las de travailler pour ceux qui
veulent les renverser? Les catastrophes se renouvellent périodiquement dans chaque siècle par la prodigalité et les courti-
sanes, et quand même l'histoire inscrit ces faits dans ses
annales, la main de l'oubli est là pour cacher la page où l'on
puiserait instruction.

Une confusion de monuments grecs, romains et italiens me
semble aussi un hors-d'œuvre pour nos besoins et nos instincts.
Notre climat déjà ne s'y prête pas.

Dans le midi, je sens du plaisir à jouir de l'air pur et chaud,
du ciel presque toujours éclatant et des teintes vives qu'il
jette sur les monuments. Mais dans nos climats, soi-disant
tempérés, et en réalité très incléments, il se trouve que, durant les trois quarts de l'année, toute contemplation oisive en
plein air, tout oubli des sens au profit de l'âme qui médite,
expose à un état de malaise, sinon de souffrance et à des maux
plus ou moins graves. L'activité du corps, voilà ce qu'il faut
chez nous, et Munich avec son rude climat l'exige plus
impérieusement que bien d'autres lieux. Une juste convenance
et un but éminemment national doivent donc présider à la
création des monuments dont nos villes se décorent; mais
c'est folie d'égarer des créations coûteuses dans des plaines de
sable, ou sur des collines désertes, comme le Walhalla, et de

prodiguer les statues équestres ou en pied, quand elles doivent disparaître dans le brouillard pendant une partie de l'année ; ici je pense à Londres autant qu'à Munich.

Nos usages parlent encore plus haut que le climat. Les sociétés antiques reposaient sur la paresse du maître et sur le travail de l'esclave, et de nos jours encore, le loisir est bien plus fréquent dans le midi que dans le nord. Nos sociétés, au contraire, supposent, exigent l'activité incessante de ceux de leurs membres qui auraient eu le plus de repos chez les anciens. Vous distinguez-vous par des richesses, des connaissances et des goûts relevés ? Les occupations remplissent votre journée. L'homme qui serait le mieux en état de juger de la beauté d'une statue, des dimensions d'un portique est entraîné par ses affaires ou retenu dans le fond d'un cabinet, d'un bureau. Nos rues, nos places ne sont encombrées que par les classes moyennes ou basses de la société ; tandis que chez les Athéniens, les esclaves retenus par les travaux domestiques ou ruraux n'étaient point aperçus, et le citoyen libre promenait, en manteau, son oisiveté dans le forum, vers les temples et les portiques. Le riche moderne fuit en calèche, au lieu qu'à Rome il comptait ses pas et savourait l'harmonie des formes et les teintes chaudes du ciel méridional, avec une flânerie dont le secret est perdu pour nous.

Le monde a passé, des idées fraîches de l'enfance aux penchants graves et calculateurs de la virilité, et le roi de Bavière, trop jeune pour son temps, eût été plus tôt abandonné dans sa manie démesurée pour les briques et les couleurs si son peuple eût eu moins de docilité héréditaire. Les grands eux-mêmes, pour lui plaire, imitaient ses goûts ; pour harmoniser avec les créations du roi, ils ont donné à leurs maisons le luxe de la masse et de pompeuses façades, et la grande *rue de Louis* n'est bordée que de castels en briques rouges.

Qu'un écolier enthousiaste ne rêvant qu'à ses classiques et possédant un trésor enchanté, se mît en tête de reproduire avec la pierre et le pinceau, tout ce qu'il aurait lu et traduit dans ses auteurs ; ce serait précisément le roi Louis de Bavière. Les Français, qui sont plus de leur siècle, ont-ils blessé le roi dans ses goûts pour le pêle-mêle des beaux-arts, depuis Périclès jusqu'à Louis XIV ? On pourrait le croire, car ils furent toujours mal vus à Munich, tandis que les Anglais qui sont restés dans l'antique et le gothique jusqu'au cou, et ont donné, pour ainsi dire, à *Virgile* et à *Horace* des siéges au parlement, ont joui de sa faveur spéciale. Les Français ont dédaigné toute vengeance, ou plutôt en ont exercé une indirecte et suffisante en traduisant dans leur langue si nette et si juste les nébuleuses poésies du roi. Il n'y a rien de mortels aux étrangers, faiseurs de galimatias sentimental ou philosophique, comme d'être traduits dans notre langue ; ils ont aussi horreur de cette pierre de touche que de ceux qui la manient, les Français, et prêchent depuis un demi-siècle que la *seconde vue* manque à ces derniers.

Cette muse princière, encore alerte malgré ses malheurs, produisit, lors de l'abdication, en 1848, une dernière consolation en vers intitulée « Aux trois cents et tant d'artistes » (le nombre exact m'a échappé) : triste annonce de l'âge d'or fini et des ressources du budget taries pour la plupart d'entre eux.

CHAPITRE III.

Le voyage de Vienne. — Ratisbonne. — Le Walhalla. — Linz.

De Munich on peut gagner *Ratisbonne* et prendre le bateau à vapeur pour descendre le Danube jusqu'à Vienne. Me voici donc pour la dernière fois dans la diligence bavaroise, ce gothique et incorrigible véhicule. Le pays que nous traversons est sans attraits et mes yeux se ferment, lorsque après un cauchemar je les rouvre à une halte, pour regarder autour de moi, me les frotter de surprise et me croire ensorcelé tout de bon. D'un côté de la route il y a une auberge, ce qui veut dire tout simplement que la scène est en Allemagne, car sans la bière et son écriteau point d'Allemagne ; mais de l'autre côté s'élève un effrayant clocher, le plus haut, le plus curieux que je croie avoir vu. Qu'est venu faire ce géant gothique, ce mince et prodigieux enfant du quinzième siècle, dans ce trou qu'on appelle *Landshut*? Il semble né d'hier, tant ses briques rouges ont une couleur vive et fraîche. La voix sonore et cadencée de ses cloches appelle la foule qui se presse déjà sur les gradins ; j'y cours moi-même, et je découvre en entrant une nef simple d'ornements mais superbe de légèreté. Il me semble être à la fin du moyen âge, en 1540, le jour de la Dédicace, à voir ces vieux costumes, cette coiffure des femmes bavaroises avec les cheveux rassemblés sous une corne en argent, perchée sur de bonnes et naïves figures. Ce silence des hommes, ce babil des cloches, cette voix pleine des orgues, dans une ville dont une heure auparavant je savais vaguement le nom, c'est comme un rêve gracieux.

Ratisbonne frappe par son cachet de vétusté; elle a l'air de compter les siècles comme d'autres villes les années. Les rues étroites, tortueuses, sont pavées de petits cailloux aigus dont les pieds se ressentent. Pour ne pas trop s'ennuyer dans cette cité, vraie bibliothèque poudreuse du passé, et où même le café à la mode ne fait des glaces que sur commande, sans se soucier que des villages d'Italie et de Turquie soient mieux pourvus, il faut dérouiller ses jambes, aller battre de lourds marteaux aux portes des édifices du vieux temps, et suivre leurs mélancoliques *ciceroni.*

La maison de ville, siége de bien des Diètes germaniques, a une vieille porte dont le cintre est orné de deux bustes en pierre, dans des niches, et nommés Schutz et Trutz. Une de ces figures est terrible d'expression et a le bras tendu pour lancer un gros caillou, un morceau de roche au naturel; c'est la *justice* du moyen âge, celle qui punit. L'autre, douce et riante, invite à s'approcher. Un édifice s'annonçant de cette manière possède, comme on le pensera, sa chambre des tortures avec de vieux instruments rouillés. — La *cathédrale* gothique est excessivement curieuse, surtout la façade, dont la richesse de broderies, de dentelures et de festons en pierre, remplit d'admiration. L'intérieur a été, par contre, peu ménagé par les protestants, et ils ont saccagé du temps de la réforme tout cet attirail de choses peintes et sculptées aimées des catholiques. Les injures des siècles ont aussi ruiné certains vitraux de couleur, dont la restauration a été commencée fort mesquinement par le roi. Près de là est l'ancienne cathédrale construite par Charlemagne, sorte de chapelle étroite où l'on remarque un autel de pierre beaucoup plus ancien encore. Il est creux en dedans et percé sur le devant de petites rangées d'ouvertures, par lesquelles ont dû sortir bien des fois les voix sourdes d'oracles païens et chrétiens.

Dans un joli palais des princes de Tour et Taxis est une galerie de peintures de l'école de Dusseldorf principalement. C'est la seule chose un peu fraîche à voir et qui fasse respirer l'air du siècle dans cette vieille ville, où Charlemagne paraît presque moderne et est souvent cité, par exemple, comme fondateur du couvent et de la tour de Saint-Emmeran.

Le *pont* du Danube, un des plus anciens de l'Europe, a des arches si étroites qu'il intercepte la navigation des gros bateaux ; ses trottoirs sont rongés par les talons des passants de plusieurs siècles. En me promenant dans les rues je vis, entre autres antiquailles, une peinture à fresque sur une maison, représentant David tuant Goliath. On me montra aussi de ces tours que les anciens seigneurs élevaient près de leurs palais, pour se mettre à l'abri dans les guerres civiles. Affreuse époque où les croisées n'étaient que des embrasures, et à laquelle ce qu'on veut bien appeler les théories socialistes nous ramène aujourd'hui grand train !

Le *Walhalla*, ce musée consacré à rappeler les traits des grands hommes de l'Allemagne, est près de Ratisbonne, et il vaut la peine d'aller en pèlerinage à ce monument, le plus coûteux et le plus bizarre, dit-on, qu'ait fait construire le roi Louis. Il y a deux heures à rouler à quelque distance du Danube et dans un pays peu habité, avant d'arriver au pied de la colline sacrée qui surplombe le fleuve. Au sommet, on aperçoit une copie exacte de l'immense temple du Parthénon d'Athènes, et l'aspect en est vraiment majestueux. Après avoir gravi une colline beaucoup plus élevée que celle de l'Acropolis, je fus cependant pris d'une sensation peu confortable en arrivant, rompu de fatigue et fort altéré, à quelques pas d'une forêt primitive et au pied d'un édifice gigantesque où aucun être vivant ne m'apparut, hormis le gardien avec un trousseau de clefs. Ce sanctuaire était celui des gloires de l'Allemagne de tous les temps ; ces murs et ces colonnes ne différaient en rien du prodige de l'art grec, du fameux temple de Minerve ; ces frises ornées de beaux marbres pouvaient lutter avec celles qu'avait ciselées la main de Phidias [1]. Je jouissais de voir les harmonieuses proportions du monument le plus vanté d'Athènes. Mais où était le ciel de la Grèce ? Ce ruisseau bourbeux qui serpentait au pied de la colline, car tel y paraît le Danube, me faisait penser au bleu des flots de Salamine, et mon regard se perdait dans une plaine terne et sans écho pour mes souvenirs. Une pensée de roi s'était égarée dans un désert ; le premier sentiment me le disait avec force.

L'intérieur, une vaste salle carrée et vide, rendit le son de nos pas, avec cette résonnance particulière aux lieux déserts qui ressemble passablement à un chut !... et qui intimide. Le jour tombait à travers les cadres dorés du toit, et rejaillissait sur le poli des marbres au point de nous éblouir. Enfin, quand l'œil fut plus familiarisé avec cet éclat, il put suivre le long de hautes parois en pierre rouge, des bustes en marbre blanc placés sur des tablettes faisant saillie, dans un certain pêle-mêle. Pourquoi donc si peu d'ordre matériel dans l'arrangement ? A-t-on visé, suivant le faux précepte, à un beau désordre ? L'auteur serait bien venu à nous donner le fil d'Ariane pour nous conduire au milieu de cette confusion chronologique, confusion de castes et de professions, qui met côte à côte, ou plutôt buste à buste, un guerrier et un artiste séparés par des siècles. Cet empereur ou ce sire altier aurait-il vécu en bonne harmonie avec le vilain qui lui est accolé ?

Quelques-unes de ces têtes font plaisir à voir ; d'autres disent peu de chose ou n'offrent pas même une ressemblance, et sont mises là provisoirement, dit-on. Des Victoires en pied, des Renommées en robe flottante, avec la trompette, sont

---

[1] Non sans doute pour les enfouir au Musée britannique à Londres.

placées de distance en distance pour rompre la monotonie
de cet étalage de têtes décapitées. Mais l'idée mère... des
bustes, des têtes par centaines... c'est si froid. Et pourquoi
les faire si étriqués? pourquoi ne pas montrer çà et là quelques-unes des robustes épaules, des généreuses poitrines de
ces grands hommes? Quelle bigoterie a donc fait exclure les
héros protestants, Luther, Melanchton, Gustave-Adolphe? Je
cherche inutilement ces traits révérés par des millions d'Allemands et d'hommes de toute nation. Quant aux personnages
antiques dont les traits étaient perdus, leurs noms ont été
gravés sur des tables de marbre blanc incrustées dans les parois. Sur le parquet, à de grands intervalles, on lit trois inscriptions. L'une dit : « Tel jour de telle année le roi a conçu
l'idée du Walhalla ; » puis les autres : « Commencé en 1830,
achevé en 1842. »

Une idée patriotique mort-née fait de la peine. Je vois des
marbres précieux, des coups de ciseau pleins de talent, une
prétention généreuse, mais dont l'effet est glacé par des
affectations dans l'arrangement, par des exclusions pitoyables, par certains côtés artistiques mal compris, et par
l'abandon du monument entre un fleuve et une forêt tristes
et sauvages. Le livre où s'inscrivent les visiteurs sert en
quelque sorte à enregistrer le désappointement général; voilà
trois ou quatre mille noms de visiteurs d'un côté, et de
l'autre, dans l'espace blanc réservé pour les remarques, tout
est vide, d'un vide absolu. Et cependant que d'artistes et de
littérateurs ont fait ce pèlerinage! Nombre d'entre eux se
sont mis en route sur les ailes de l'enthousiasme, de l'émotion au moins; mais aucun ne s'y est donc assez soutenu
pour trouver une pensée d'éloge, le moindre pathos d'occasion? Ah! je me trompais; voici enfin quatre vers d'Horace.
J'inscrivis silencieusement mon nom, et un professeur allemand, mon compagnon de route, y ajouta le sien d'un air
plus mortifié que moi.

Si le Walhalla est le paradis des Germains, il ne fallait pas le loger dans un temple de Minerve ; le genre gothique semblait exigé pour un monument dont le point de départ est le temps des Cimbres, des Teutons, d'Arminius, et les mystérieuses traditions des forêts de la Germanie.

On me répondra peut-être que l'architecture grecque est commode pour les musées, les collections, et procure de vastes salles faciles à inonder de lumière ; mais c'est un argument tout matériel, et par conséquent à mettre en seconde ligne. Puis le Parthénon d'Athènes avait les propylées, sortes d'ailes détachées et en avance, qui conduisaient le regard à l'édifice central et dominant, comme la Madelaine à Paris, vue de la place de la Concorde, a les colonnades des Garde-Meubles. L'Acropolis était aussi moins élevée que la colline du Walhalla, vue des bords du Danube, et ce dernier monument, tout isolé, ressemble à une petite tête sur un gros corps. Il a dû en coûter immensément pour faire venir tant de beaux marbres du Tyrol et amener tant d'objets d'art au sommet d'une colline déserte. O Périclès ! toi qui supportais les Athéniens murmurant de tes prodigalités destinées à créer des œuvres immortelles, peut-être avais-tu sur le roi, ton moderne rival, jusqu'à l'avantage de l'économie ? Les Bavarois n'ont point murmuré ; mais tout d'un coup, ils ont, à force de mauvaise humeur, enlevé à leur souverain sa couronne, ses palais, son olympe mythologique et la possibilité de ruiner à fond leur pays.

Le bateau à vapeur, où l'on s'embarque à Ratisbonne pour descendre le Danube, est petit et peu commode. Ainsi le veut, dit-on, le manque de profondeur de l'eau. En dépassant le pont de *Straubing*, il vaut la peine de se rappeler que c'est de là que le duc Ernest de Bavière fit, en 1435, précipiter juridiquement dans les flots la belle et vertueuse *Agnès Bernauerinn*, dont le crime était d'être à la fois épouse d'Albert fils du duc, et fille d'un simple bourgeois d'Augsbourg. Pendant une absence de son mari, on avait mêlé de la sorcellerie à son fait. L'infortunée revint sur l'eau; mais des hommes, ou plutôt des monstres apostés le long du cours du Danube, la firent enfoncer tout à fait. Cette manière de rompre un mauvais mariage était trop forte, même pour cette sauvage époque. Albert, déchiré par les furies de la vengeance, saccagea le pays de son père; mais enfin, vaincu par la religion, il lui tendit une main de réconciliation, et le duc Ernest, pour expier son crime, fit bâtir une chapelle que nous voyons à certains détours du fleuve. Ces deux hommes malheureux reposent sous une même pierre dans la cathédrale de Munich, où je l'ai mentionnée. Les faits sont surannés; mais le cœur humain, avec ses passions orgueilleuses, ses violences suivies de remords, ne vieillit pas d'un siècle à l'autre, la sentimentalité allemande non plus, et l'histoire d'Agnès lue tout haut à bord, y agitait les cœurs.

Cependant les émotions vives sont de rares accidents à travers les plaines de la Bavière, et l'ennui se glissant dans tous les membres des passagers, ils sentent le besoin pressant de découvrir quelque forme féminine, jeune et gracieuse, pour la faire servir de prétexte et de centre au décousu de la conversation. La puissance qu'une personne tant soit peu jolie exerce en voyage à bord sur ceux qui l'entourent, m'a toujours paru un sujet digne d'examen; puissance irrésistible alors, mais fugitive au débarquement, semblable à ces actions de chemin de fer qui, pour avoir été follement mises en hausse, peuvent, lors du payement d'un modeste dividende qui ne dépasse point l'intérêt ordinaire, retomber au-dessous du pair. Le capitaine dit *stop!* la machine s'arrête, la vapeur s'échappe de la chaudière en sifflant, il faut sortir son billet, surveiller sa malle, choisir un hôtel, échanger des phrases en mauvais allemand, et tout cela tue la poésie et l'admiration pour la beauté au voile vert. Mais je retourne à bord. Il se trouva que la grande richesse de la cargaison consistait en vieilles dames, la plupart baronnes ou comtesses, et fort laides, de ces laideurs d'origine propres à compromettre sérieusement le confort des passagers ; on en voyait deux faisant exception cependant. L'une voyageait avec son mari, vrai phénomène de jaloux fou, de jaloux furieux à en être devenu maigre, jaune, débile, agité, possédé d'un démon intérieur ; il avait des connaissances à bord, et on sut qu'il avait grillé et barricadé les fenêtres de son logement à Vienne, et traînait sa femme après lui dans ses courses d'affaires, quoiqu'il prétextât revenir d'un voyage de bain. Quelques politesses faites à sa malheureuse femme par les passagers, tournèrent si mal, que par humanité chacun s'abstint de l'exposer aux manies de son jaloux, et la conversation n'eut plus qu'un seul pivot, une jeune veuve bohême dont le tricot n'avança plus fort lestement au milieu d'une pluie de compliments en langue française, en allemand et en *tschèche*. Les Tschèches restèrent maîtres du terrain.

Nous dépassons la petite ville de *Vilshofen*, qui est le type d'un certain genre commun en Allemagne. Fouillez l'histoire, vous y trouvez Vilshofen citée honorablement, ville murée dès le onzième siècle, ayant ses petites annales de paix et de guerre depuis huit cents ans. Puis descendez-y une fois, comme j'eus occasion de le faire à un autre voyage ; il se trouve que Vilshofen a employé neuf grands siècles à devenir un trou vide d'habitants et de tout intérêt, où l'on est trop heureux de trouver son lit dès huit heures du soir, pour partir le lendemain au point du jour.

Passau, où le vapeur s'arrête, est sur une langue de terre à la jonction de deux cours d'eau larges en cet endroit, l'Inn et le Danube, ce qui lui donne un petit air maritime. Un certain dicton court les pays voisins sur les badauds de Passau (Passauer Stölpel) et les éclats de rire des passagers accueillaient les poses, la coupe d'habits et les physionomies des curieux accourus sur le quai ; si c'étaient là les lions de l'en-droit, j'ose le dire, trois fois malheur aux belles de Passau !

Des roches énormes couronnées par un fort commandent le passage. Dans un pays toujours très montueux, nous dé-couvrons plus loin le village d'*Engelhartszell*, où se tient la douane autrichienne du côté de la Bavière, et où le vapeur fait station. Ce lieu si pittoresque n'est presque peuplé que de crétins ; leur taille rabougrie, leurs faces hébêtées, et jusqu'à la forme de leurs pieds n'ont rien d'humain ; si ce sont des hommes, ils paraissent du moins inférieurs à des singes. Leur taille varie de trois à quatre pieds au plus, mais j'en vis qui n'avaient pas trois pieds. Le plus intelligent et bel esprit de l'endroit, assez monstrueux du reste, et âgé de trente ans, fonctionnait comme pourvoyeur du cuisinier du bord ; il nous montra son frère aîné, haut de trente pouces, qui se tenait sur la rive. En jetant quelques pièces de monnaie à ces mal-heureux, nous fîmes rendre des cris inarticulés par ceux qui n'étaient pas sourds-muets. Tout le village est soumis à cette dégradation, et les employés de la douane, venus temporaire-ment, sont les seuls hommes sainement constitués. Faut-il voir là l'influence d'un mauvais air dont le centre serait à Engelhartszell, et dont le rayon d'activité s'étendrait jusque sur la localité de Passau ? Peut-être ; mais quoiqu'on parle de l'encaissement du Danube à cet endroit comme cause morbide, je dois avouer que plus bas, entre les rives de Servie et de Hongrie, je trouvai le fleuve plus dominé, sans qu'on y citât aucune infirmité chez les habitants du voisi-nage.

Le bateau bavarois s'arrête à *Linz*, la première ville au-trichienne. De nouveaux types de figures commencent à se présenter aux abords de la moderne Babel, l'Autriche et la Hongrie. Quand un auteur allemand a osé dire que chez ses compatriotes il fallait dix individus pour faire *un* visage, tandis qu'en France ou ailleurs chacun en possédait *un* bien à lui, je crois qu'il venait de s'ennuyer des monotones figures des Bavarois. A Linz, je quitte les figures toutes rondes et les cheveux blonds de ce peuple de frères jumeaux, pour le type autrichien plus coloré et moins lymphatique; mais les traits du visage ont toujours peu de relief, et il y a loin encore jusqu'aux grands sourcils et aux nez proéminents des Magyars.

Linz donne une idée avantageuse des contrées impériales : de bonnes maisons peintes en blanc avec des façades à l'italienne; de larges rues, des places avec des fontaines à statues et à ornements, de jolis magasins, de beaux quais, deux chemins de fer, l'un allant vers les salines de Gmunden au sud, l'autre vers les houillères de Bohême au nord; voilà bien des symptômes et des sources d'activité et de richesse. Ce n'est plus le sommeil de la Bavière, pays uniquement agricole et où un district n'aurait que du blé à échanger contre du blé, avec ses voisins. La ville est essentiellement bourgeoise, et aussi ville de garnison ; c'est dire que les officiers y donnent le ton et y forment l'aristocratie, car au rebours d'autres pays l'officier autrichien est toujours recherché dans la société. D'ordinaire c'est un noble aimable et galant, peu instruit, mais bon musicien, animant les sociétés par un certain mélange d'allures courtoises et militaires. Il remplit tous les vides dans les promenades et les cafés, lance ses œillades à toutes les belles, décide le succès des pièces au théâtre, et s'y rend assiduement, car il paye de droit une entrée fort modique. — « Comment, me disait mon ami M*** à Linz, comment nos officiers, avec de bonnes voix exercées au commandement, avec de fortes semelles aux pieds et des sabres à fourreaux retentissants, ne gouverneraient-ils pas le parterre ? Nos femmes tiennent aussi toutes avec eux. Voulez-vous venir ce soir au théâtre ? » J'y fus; on jouait *la Révolte du sérail*, et des figurantes, en costume oriental, faisant sur la scène le pas accéléré et des feux de peloton, mirent le corps des officiers dans un état de délire.

De hautes collines boisées qui dominent Linz sur les deux rives, et commandent le Thalweg du Danube, sont une forte position. C'est la porte de l'Autriche du côté de la France, et pour la défendre, on a construit tout un système de tours *maximiliennes* ; il y en a trente-neuf faisant une chaîne qui passe sur les hauteurs, et enferme la ville avec un espace additionnel. C'est un camp retranché, bien que les Linzois en parlent comme d'un vrai Gibraltar. Je visitai en détail une de ces tours, elle était ronde, à trois étages voûtés, enfoncée dans un fossé, et le parapet rasant le glacis ; le fossé, bordé d'une palissade, reliait cette tour aux autres. Un sergent allemand, qui était sur la plate-forme avec moi, et m'expliquait le tout, ajouta avec flegme : « C'est imprenable ; voyez ces cinq ou six grosses pièces ; tout point du glacis correspond à ces lignes tracées sur le replat du mur, et les feux croisés de deux ou trois tours arriveront avec certitude sur un point donné, sans qu'on ait besoin de regarder, pourvu qu'on tire bien sur le numéro indiqué. — Cette manière abstraite de défendre les places et de tuer du monde est fort belle, mais quel avantage avez-vous sur un ennemi arrivant avec son artillerie, fût-ce même à découvert? Vous êtes à découvert, lui aussi, c'est au plus fin tireur. — Non pas, nous avons des obusiers et des mortiers dans les étages inférieurs, qui sont invisibles à l'ennemi. »

Un chevalier français, contemporain de Vauban, a été l'inventeur de ce système, rajeuni et baptisé par l'archiduc Maximilien ; mais beaucoup de gens de l'art en croyent les avantages imaginaires. Il n'y a et ne peut y avoir ni épaulement ni facines pour couvrir les hommes sur la plate-forme, puisque les pièces la dépassent et doivent pouvoir tourner à peu près comme des aiguilles sur un cadran ; un ennemi bon pointeur aurait donc beau jeu pour les démonter. — Comme ornement du paysage, ces constructions ont une valeur plus appréciable ; aperçues du Danube, ces tours âgées de vingt ans, et encore vierges de sang humain, font çà et là saillie du milieu des bois, et reportent la pensée vers le moyen âge ; ce ne sont plus les formes laides et anguleuses de notre forti- fication moderne permanente, et l'on se croirait en pleine féodalité, lorsque les barons faisaient encore appliquer du blanc mortier à leurs donjons devenus depuis si noirs et si décrépits.

Le vapeur autrichien destiné au trajet de Linz à Vienne, nous promet un confort très supérieur à celui du bateau ba- varois de Ratisbonne. Il a un salon éclatant de glaces et de dorures, tout y annonce la richesse et la propreté ; le capitaine a l'air prévenant, la cuisine est nouvelle, et l'eau avec laquelle on lave le pont ne le traverse pas, pour venir tomber par gouttes et teindre en noir, au dîner, les verres pleins de Ness- mühl ou de Feslau. J'ai peine à le dire, mais dans le salon du bateau bavarois on est dans le cas d'ouvrir effrontément son parapluie, comme on ferait sous une tente de Bohémiens ; le capitaine voit faire, et promet un plancher neuf pour l'an- née suivante. Cependant à l'origine la compagnie autrichienne elle-même avait peu songé au bien-être des voyageurs ; les marchandises seules étaient à l'aise, le passager, lui, n'était que toléré ; relégué dans un coin, entre deux barils, il pouvait admirer, en grelottant, la sauvage nature des rives, ou prendre place dans le salon à un dîner de Spartiate.

De Linz à Vienne, sur une trentaine de lieues, le voyage offre des beautés peut-être moins vantées que celles du Rhin, mais aussi remarquables. Entre Mayence et Coblentz, la vigne envahit tout, et ces rangées d'échalas sont bien moins pitto- resques que les profondes forêts des rives du Danube avec des éclaircies sur les collines qui dominent le fleuve ; nous voyons parfois un chevreuil regardant fixement la fumée du vapeur qui floconne à ses pieds, puis s'élançant convulsive- ment dans un taillis. Tantôt sauvage et tantôt riante, la scène fait alterner de grands bois avec des pâturages et des cultures ; et le long des îles, le flot jaune du courant ronge la rive, mine de vieux troncs par la base et les engloutit dans leur lourde chute.

Une quantité de vieux châteaux, quelques-uns habités, mais la plupart ruinés, se succèdent sur les rives ; et si l'on pouvait sonder la profondeur des bois, on y retrouverait bien des pierres rongées de mousse, fondements d'autres donjons rasés durant les luttes du moyen âge, et dont le nom est devenu un mystère. Plusieurs des castels existants ont leurs annales sanglantes auxquelles la galanterie des preux vient apporter quelques tons plus doux. Aussi souvent criminelle que chevaleresque, la noblesse des vieux temps a entremêlé sur ces rives bien des guet-apens, des coups d'épée et des pleurs de rage, à bien des joyeuses fanfares et des aveux plus discrets. Quelques-unes des races nobles de l'Autriche ont eu leur berceau dans ces nids d'aigles, et leurs descendants promenaient leur voiture et leur ennui au Prater de Vienne, allaient en gants parfumés trouver leurs belles, ou se contentaient, jusqu'aux derniers temps, des demi fatigues de leur place d'officier en garnison, lorsqu'ils ont été rappelés à une existence plus conforme à la vie de chasse et de combat de leurs ancêtres cuirassés. Sans faire du tort à ces derniers, on peut affirmer qu'au moyen âge, rançonner leurs sujets et les marchands formait leur occupation essentielle ; ils épiaient du haut de leurs donjons l'arrivée d'un bateau marchand de Ratisbonne ; le courant l'amenait à portée, on sonnait du cor, et la forêt retentissait de ce bruit et des pas de quelques hommes armés, courant à la rive pour en détacher un mauvais canot et aborder le navigateur. Le prix du passage était quelques articles de grande valeur pour le temps, mais que le moindre paysan se procure aujourd'hui à bas prix sur le premier marché ; en cas de refus, on se portait de rudes coups. Comme ces châteaux étaient perchés sur des rocs très élevés, on avait soin de construire auprès de l'eau une tour ou quelque ouvrage avancé pour faire valoir avec plus d'efficacité les droits de péage ou de pillage. — En réfléchissant qu'une trentaine de ces coupe-gorges garnissaient le court trajet de de Linz à Vienne, et qu'à chacun d'eux le marchand était exposé à perdre tout ou partie de sa cargaison, il faut tirer avec respect son chapeau devant ceux des hommes de ce temps-là qui étaient assez téméraires pour cultiver le négoce. La traite des noirs de nos jours, malgré tant de croiseurs à ses trousses, est un commerce facile en comparaison d'une spéculation légitime sur le Danube au moyen âge.

Le plus bel édifice qui borde le fleuve est le couvent de *Mölk*, splendidement décoré dans le style italien; il est sur un rocher de cent quarante pieds de hauteur, suspendu au-dessus du courant. C'est le Rothschild des cloîtres de l'archi-duché. Un couvent est un être collectif, un saint personnage doué presque également d'avidité et d'immortalité, et qui pendant une vie séculaire peut enfler sa bourse par de pieuses donations; ainsi a fait Mölk. La campagne de Wagram porta cependant à ses richesses un coup sensible; outre d'autres réquisitions, les Français vidèrent complétement ses caves; chaque homme de l'armée eut sa part du butin, et cette in-comparable flamme de 1809 dut peut-être une partie de son éclat aux vins vieux des bons pères bénédictins. La grande armée imitait probablement sans le savoir les Macédoniens d'Alexandre, dont l'antiquité vante le courage et la soif comme supérieurs à ceux des hommes ordinaires.

Le château d'*Aggstein*, sur un majestueux cône de roc pyramidal, est bien le point du Danube où la tradition se surpasse en horreurs; le lieu des supplices lents par la faim, sorte de pointe de rocher entourée de précipices, était appelé le « jardin des roses » du seigneur d'Aggstein.

Plus loin est *Dürrenstein*, le château où Richard Cœur de Lion passa quatorze mois d'une des captivités les plus roman-tiques citées dans l'histoire. Toute vieille que soit cette affaire, les historiens modernes anglais et autrichiens n'ont pu tomber d'accord à son sujet, et cela donne peu d'espoir de voir régler les points irritants de controverse débattus de nos jours entre les diverses nations; chacune d'elles a plus ou moins une histoire à sa façon comme les anciens avaient leurs dieux particuliers. Quoi qu'il en soit, la justice de l'archiduc Léopold au XIIIe siècle avait sa maison d'arrêts dans un manoir perché sur les rocs les plus déchirés par les convulsions de la nature qu'offre tout le cours du Danube avant le voisinage d'Orsova ; l'Anglais le plus difficile sur les conditions d'une horreur pittoresque doit, lorsque le vapeur passe sous les masses noires et menaçantes de Dürrenstein (le rocher sec), tout à la fois frissonner et remercier l'archiduc de son tact à bien choisir les sites sombres et mélancoliques.

Enfin, le cours du fleuve en nous entraînant, nous fait arriver sur la droite d'une grande plaine; c'est la *Marche* si célèbre par Essling et Wagram. L'autre rive offre une masse sévère, la colline du Léopoldberg où résidèrent les archiducs et dont la chapelle historique subsiste toujours. En avant et au pied de cette colline est le cloître de Klosterneuburg presque aussi beau que Mölk. Nous sommes près de Vienne, mais sans apercevoir autre chose que la flèche de Saint-Étienne dans le lointain ; le pyroscaphe glisse le long de la rive qui à tous égards mérite l'épithète homérique de retentissante ; le courant nous presse, il écume, redouble de vitesse et enfin notre bâtiment décrivant un grand demi-cercle pour se retourner, lutte contre les flots et vient s'appuyer à la rive droite ; nous sommes au village de *Nussdorf*, les fiacres et les omnibus y abondent, on jette un pont volant pour débarquer, et deux hommes de police, en uniforme gris, y posent le pied en criant : « Les passeports ! »

CHAPITRE IV.

Vienne. — Aspect. — Mœurs.

En arrivant à *Vienne,* par toute autre voie que celle des vapeurs de Hongrie, on doit traverser de vastes faubourgs, où tout est ampleur et immensité; on ne voit que maisons neuves et longues rues droites avec quelques jardins; tout cela s'est étendu fort à l'aise sur un sol illimité durant les trente dernières années de prospérité. Il y a dans ces faubourgs quelques grands palais avec des jardins somptueusement décorés de statues, mais mal entretenus; ils furent créés dans le dernier siècle, lorsque le faubourg actuel était campagne; le palais du prince Eugène, le plus gracieux édifice de Vienne, celui du prince Schwarzemberg qui en est proche et bien d'autres datent de cette époque. Mais depuis lors, les populations ouvrières sont venues bloquer les abords de ces résidences grandioses, par des quartiers bâtis sans goût et sans ornements, et les grands seigneurs ont préféré se réfugier dans les étroites demeures de la cité. Les palais sont restés vides ou occupés par des collections de tableaux. La richesse n'est donc point ce qui frappe dans ces quartiers peu flatteurs à l'œil ; qu'on n'aille même pas supposer généralement dans leurs vastes maisons blanches, élevées par spéculation, d'autres habitants que de pauvres familles par vingtaines. Sans rencontrer nulle part une misère extrême, comme à Paris ou à Londres, on reconnaît le désordre aux habits, au manque de propreté et à la tenue de la majorité de la population. L'absence de dignité dans la personne du prolétaire moderne est déjà en soi le symptôme d'un triste état moral. Des fabriques de toute espèce, montées sur un pied beaucoup moins gigantesque que les *mills* de l'Angleterre, ont amené et occupent tout ce monde.

Ces faubourgs tous contigus sont au nombre de trente-quatre et renferment 350,000 âmes. Ils forment comme une couronne ou un immense anneau de bâtisses autour de la ville proprement dite; cet anneau a six lieues de tour et une épaisseur qui peut aller jusqu'à une demi-lieue. Après s'y être enfoncé, le voyageur n'en ressort pas sans surprise, pour se trouver encore dans Vienne et cependant en rase campagne. De tous côtés, la vue est libre; c'est une prairie coupée d'arbres, avec une foule de piétons et de voitures allant en tous sens. Au milieu de cette plaine dite le Glacis, s'élève la ville fortifiée ou cité. La cité est donc très aristocratiquement placée et isolée; un mur élevé et bastionné fait en briques l'entoure, et les maisons viennent s'y reposer presque jusqu'au bord. Au centre de ce massif d'édifices s'élève la flèche de la cathédrale de Saint-Étienne. Que cette flèche gothique est fine, dentelée et découpée! L'esprit est confondu d'étonnement, d'effroi je dirai même, à l'aspect d'une construction si mince, si haute, si menaçante; l'architecte semble avoir fait pacte avec les puissances de l'air ou avec quelque génie mystérieux, pour assurer ainsi des siècles à son œuvre; un souffle semblerait pouvoir renverser cette aiguille en pierre, unique au monde, cet arbre impérial qui a été un moment arbre de liberté, et au sommet duquel le drapeau jaune et noir fut remplacé par les couleurs allemandes. On voit, au reste, dans l'histoire de ce clocher, qu'il a su toujours s'accommoder aux événements; ainsi, en 1529, pendant le siége de la ville par Soliman, on imagina de le préserver en arborant le croissant au sommet, et les Turcs y eurent égard en effet, mais au second siége, en 1683, Kara-Mustapha eut moins de scrupules : quoique le croissant fût resté sur la tour depuis un siècle et demi, elle n'en reçut pas moins quantité de projectiles. Pour la fantaisie, cette flèche ne ressemble pas mal à un mât unique élevé sur un radeau couvert de maisons, qui serait la ville.

En entrant dans la cité, on se sent comme étourdi et écrasé ; la foule est grande, les rues étroites et courtes ; l'art du cocher y devient une science, science bien connue, car les fiacres à deux chevaux y volent plus vite que dans toute autre ville, tandis que les voitures des grands seigneurs les devancent, et ont la réputation d'avoir peu ménagé les passants sous l'ancien régime. Il n'y a pas de vrais trottoirs, les chevaux rasent le bord des maisons et la prépotence du cocher à armoiries était grande. Puis, par le manque de publicité, sur vingt accidents arrivés, le bourgeois avait à peine la chance de se faire de la bile sur les deux ou trois cas qui parvenaient à son oreille.

Les constructions sont fort entassées ; on supposerait aux habitants quelque horreur spéciale pour l'air ou la lumière du ciel ; il y a là presque deux villes bâties l'une sur l'autre, moins cependant qu'à Lyon, où il y en aurait trois. L'hygiène publique se ressent défavorablement de cette circonstance, malgré la rare propreté du pavé, et le célèbre Milizia, logique en tout, voyant cette ville dont l'ignorance du moyen âge a tracé le plan, se serait écrié qu'elle est du grand nombre de celles qu'il faudrait raser pour les assainir.

Une vieille loi exige que tout édifice ait le rez-de-chaussée voûté, afin de rendre les incendies moins dangereux ; c'est ce qui donne à leur architecture tant de lourdeur ; la manière de bâtir n'en a pas moins. D'incroyables échafaudages préparent toute nouvelle construction, et un édifice temporaire en grosses solives, avec ses planchers et ses galeries extérieures munies de robustes garde-fous, précède le travail de la maison véritable, la seule qui soit destinée à rester ; mais la vie des passants et des maçons acquiert par ces précautions d'autant plus de sécurité. —Vienne, avec ses faubourgs, n'a pas dix mille maisons ; c'est à peine une pour quarante habitants, tandis que Londres avec sa banlieue a deux cent mille maisons, et ne compte que dix habitants pour chacune en moyenne. On peut, autant que la chose est saisissable par des chiffres, en conclure que l'Anglais attache quatre fois plus de prix au chez soi que l'Autrichien, et en effet chaque famille a son toit pour elle seule à Londres, et concentre dans l'intérieur domestique ses principales jouissances, tandis que les Viennois vivent beaucoup au dehors, ne craignent aucunement le pêle-mêle, et n'ont pas cette salutaire jalousie de famille dont le bon effet est tellement sensible sur les mœurs.

Depuis nombre d'années, les hommes du progrès suppliaient le gouvernement de renverser l'inutile muraille de briques où la cité étouffe, pour lui permettre de s'étendre sur la plaine trois fois plus vaste des glacis ; mais l'égoïsme des propriétaires, désireux de maintenir le taux énorme des loyers, s'y opposait. Cet agrandissement, au reste, deviendrait superflu si l'unité de l'empire était brisée au gré d'un libéralisme imprévoyant ; Vienne redeviendrait ce qu'elle fut, chef-lieu d'un archiduché ; nobles, industriels et commerçants devraient émigrer en foule, et Venise aurait une sœur en terre-ferme où les palais vides seraient aussi sans acheteurs.

La petitesse des logements et la cherté des loyers de la cité où les nobles et les gens riches ont pu seuls s'installer avec toute la foule de leurs gens et des grands marchands, ont relégué les fortunes médiocres et les pauvres dans les faubourgs. Ces derniers, situés en dehors des communications faciles, sont presque envisagés par les *städtler* ou citadins, comme des gens incivilisés, perdus dans les fumées et les boues lointaines. Se retirer dans les faubourgs équivaut donc à se retirer du monde, de la société et de la pure lumière qui brille dans le quartier fashionable.

Sous le point de vue politique, il est aisé de comprendre que l'ancien gouvernement ait vu du meilleur œil ses bureaux, ses ministères, ses arsenaux, son trésor et ses palais contenus dans une petite ville bien pensante, facile à surveiller, et séparée de la plèbe par un mur épais. L'idée était si juste, que depuis les troubles, un antagonisme évident entre la cité et le dehors a révélé un conservatisme décidé d'une part, et un libéralisme anarchique mêlé de communisme de l'autre. Dans tous les mouvements avant le 6 octobre 1848, où la démocratie a tout inondé, les ouvriers des faubourgs n'avaient rien de plus pressé que de se saisir des portes de la cité. Ils y accouraient sans se soucier de dégarnir leurs quartiers, et là se passait le conflit; s'ils avaient le dessus, ils encombraient la cité. Ces masses compactes de corps humains, prêts à tout pulvériser, empêchaient l'action et la réunion des citadins et des troupes, et la couronne comptait une journée de concessions de plus.

Le palais impérial, ou Burg, forme un étrange amas d'édifices entassés depuis six cents ans, suivant tous les styles qui ont été successivement à la mode durant cette longue période. Un roi de Bavière n'y logerait pas ses laquais, mais les puissantes familles de Hapsbourg et de Lorraine ont toujours eu des goûts modestes. Une des grandes artères de communication de la ville traverse familièrement ce palais, et ouvre à une active circulation la cour principale, dont la grandeur et la nudité étonnaient autrefois; trois des façades sont noires et désolées comme celles d'un vieux dépôt ou de quelque magasin militaire de province. Pour embellir un peu ce triste aspect, on eut récemment l'idée de placer au milieu de l'enceinte la statue colossale du dernier empereur François, entourée de figures allégoriques. Cette apothéose arrivait bien tard, la révolution était à la porte, et l'empereur François vacilla sur ce piédestal, symbole de l'ancien régime; les révolutionnaires iconoclastes de l'année dernière se mirent un jour en devoir de l'en faire descendre. L'empereur Ferdinand, qui voyait de la fenêtre les leviers de la foule menacer la statue de son père, eut plus de douleur de cet outrage que de la perte d'une partie de son pouvoir, car il y a toujours eu du sentiment, et du sentiment vrai, dans les rapports du souverain et du peuple de cette résidence.

Les édifices publics sont mesquins ou de mauvais goût, hormis la cathédrale de Saint-Étienne. Quand j'en vis la flèche pour la première fois, en 1839, elle était dans une vieillesse avancée et un peu courbée, mais sans autre atteinte visible à l'œil. Cette légère inclinaison avait-elle été produite par le tassement du terrain, les tremblements de terre, les projectiles des Turcs ou les mines des Français lorsqu'ils firent sauter tous les ouvrages avancés de la cité au commencement du siècle? Peut-être par tout cela à la fois; mais le cours des temps n'avait encore nécessité d'autre réparation qu'un axe intérieur, une sorte de colonne vertébrale en fer suivant la pointe dans sa longueur. Cette tour, la plus haute qui existe pour un si faible diamètre, un des trois ou quatre morceaux du style gothique à sa période de perfection en Allemagne, s'élevait d'un jet franc, libre comme l'oiseau, et en se détachant sur les lointains contre-forts des Alpes, saisissait le regard par son admirable harmonie. Mille pointes, mille petites aiguilles de pierre capricieusement taillées naissaient en quelque sorte les unes des autres en diminuant toujours, et enfin il ne restait qu'une flèche unique, subtile, dentelée sur les bords, portant l'aigle impériale à 420 pieds au-dessus du sol. Malheureusement, en 1842, l'inclinaison de la partie supérieure ayant alarmé les bourgeois et les religieux logés autour de la place, un conseil d'architectes de la cour et de professeurs fit à la flèche son procès et la condamna à être décapitée jusqu'à une trentaine de pieds au-dessus du tronc ou corps même de la tour. Pour la restaurer on inventa de belles combinaisons en pierre, en fonte et en fer forgé; mais la pensée du moyen âge n'est plus ressortie nette et harmonieuse de ce travail. Cet immense cyprès en pierres évidées et dentelées ne subsiste plus avec sa pureté que dans les anciennes gravures, les lignes sont violentées à leur naissance, et l'obscur maçon du moyen âge aurait une grimace à faire s'il pouvait voir l'œuvre de son successeur décoré. Cette flèche offre un observatoire admirable pour distinguer les moindres objets à plusieurs milles dans la campagne; aussi les étudiants, dans le soulèvement d'octobre, s'y étaient installés et y jouissaient de la vue des armées qu'ils avaient attirées sur le pays.

Les demeures des grands seigneurs sont dans le goût du siècle passé, mais étouffées par le manque de place; les façades ont une recherche de cariatides, de géants pliant sous le poids de quelque gros balcon ou de nymphes sveltes supportant avec une égale insouciance une corbeille de fleurs ou quelques étages d'un palais. Le mauvais goût a été jusqu'à orner les bords d'un toit de chevaux tenant à une grande hauteur leur sabot levé sur les passants. Le comptoir et la banque ont presque universellement des dehors sombres et mesquins.

Le casino, où List, Thalberg et les princes de la musique viennent cueillir des palmes, est un local insuffisant où l'on pénètre par je ne sais quel escalier tortueux. Le théâtre du Burg, un des premiers de l'Allemagne, est une salle étroite qui étouffe dans une des ailes du palais. La seule belle salle d'opéra, celle de la Wien, se trouve dans un faubourg. — Cinq théâtres en tout, jusqu'à ces temps, c'était peu pour une population de près d'un demi-million d'habitants. Deux d'entre eux sont consacrés à des pièces en dialecte vulgaire, sortes de vaudevilles viennois où l'esprit surnage quelquefois au milieu de trivialités et de sentiments grossièrement exprimés. Ils ont beaucoup contribué à bestialiser le bas peuple, et il se disait et se faisait, dans des enceintes où l'empereur avait sa loge, des inconvenances qu'on n'eût pas tolérées sur un tréteau de foire, en France. L'acteur Nestroë fut toujours le héros de ce genre d'esprit propre aux Viennois.

Pour visiter la plupart des musées et des collections, il fallait des permissions spéciales accessibles aux valets de place presque seuls. En attendant qu'un esprit plus digne d'une capitale vînt régler cet abus, il valait la peine de s'y soumettre pour voir les arsenaux, le trésor impérial avec les couronnes de duc, de roi et d'empereur, appartenant à sa majesté, y compris la couronne de Charlemagne tout incrustée de pierres brutes; et enfin divers musées et les palais du Burg et de Schœnbrunn.

Le premier besoin du voyageur, celui de se loger, n'est pas toujours facile à satisfaire à Vienne; il y a peu de bons hôtels et l'encombrement y est grand. Le plus bel établissement de ce genre, « l'Agneau d'Or, » est situé dans le faubourg de la Leopoldstadt, près de l'eau; mais son titre d'Agneau comparé à l'élévation de ses tarifs, est une ironie véritable. Dans la cité on ne trouve rien qui approche des splendides et excellents hôtels de Genève et de Zurich. « L'Empereur Romain » a été très fréquenté des grands personnages, mais contre toute raison apparente; il avait été d'abord un couvent. Un ambassadeur logé au premier se plaignait une fois de n'avoir pu dormir à cause de l'odeur et du bruit des écuries placées au dessous; c'est aussi là que depuis bien des années, M. de Rothschild avait son logement, car le premier banquier d'une grande monarchie vivait à l'auberge. Un antique hôtel du Cygne, abattu depuis peu, m'avait toujours causé du malaise par ses escaliers et ses corridors, semblables aux coupe-gorges d'un lieu suspect du moyen âge; en tout cas, on s'y serait cru dans une hôtellerie espagnole de Cervantes ou en Hongrie, plutôt que sur une des belles places de Vienne, à côté du palais Schwarzemberg.

Le luxe des équipages est poussé fort loin; les haras du nord de l'Allemagne et de la Hongrie fournissent à Vienne ces superbes chevaux à l'encolure aristocratique, qui ne seraient point déplacés sur le pavé de Londres.—Quand ces nobles animaux ont perdu avec l'âge, ils passent sous le régime du cocher de fiacre, qui en tire les dernières étincelles. Il n'y a pas de cocher civilisé qui fasse mieux claquer son fouet; son léger coupé, attelé invariablement de deux chevaux, reste souvent des heures entières au repos sur le Graben ou le Hohemarkt jusqu'à ce que s'offre un amateur disposé à se laisser rançonner au double de ce que le même genre de service se paye dans d'autres capitales; mais alors quel feu, quelle ardeur ! L'homme semble avoir du pur sang dans les veines comme ses chevaux; il manœuvre, vire, effleure sans heurter jamais, met en danger la vie du piéton et la lui sauve du même coup, nargue ses confrères en les dépassant, et se conquiert le premier rang dans la tribu des cochers industriels.

Vienne a toujours été peu connue et diffère bien de Paris à cet égard; il y a quelques siècles que l'on étudie et dissèque la capitale des bords de la Seine; une armée de naturalistes-feuilletonistes y fait sans se lasser le travail éternel de classer les genres et sous-genres des Parisiens, et leurs verres grossissants sont braqués sans cesse sur les rues et les dorures de la grande ville. Mais à Vienne, il était rare qu'un écrivain s'embarquât pour les plages à demi-repoussantes habitées par certaines classes populaires dans les faubourgs; au fait les ouvrages de découvertes sur la société haute ou basse étaient mal vus de la censure. Ce serait donc un terrain neuf de faire connaître cette noblesse à la fois voluptueuse et militaire, cette bourgeoisie pédante, et ces bas-fonds sociaux pleins d'immoralité et d'originalité, d'où les derniers bouleversements sont sortis, en témoignant d'une grande envie de disloquer l'empire autrichien et la société civile. Il y aurait là tout un champ à de vastes observations, mais je dois me restreindre au peu qui m'est connu, et d'abord j'examinerai les occupations ordinaires de la population.

Le commerce et surtout l'industrie font vivre la majorité des Viennois ; leurs faubourgs sont une grande Mulhouse dont les produits sacrifient un peu la qualité au bon marché. Les indiennes, les châles, les soieries et d'autres articles sortis de Vienne et de la Bohême pour orner les épaules des beautés de Pesth, d'Arad, de Debrecsin et de la Valachie, sont reçus avec faveur, pourvu qu'ils aient une supériorité relative sur ce qui se fait dans des pays aussi peu avancés, car la France et Manchester sont bien loin. En outre, des droits élevés protégent les produits autrichiens dans toute la monarchie ; mais les Viennois ont travaillé si fort à briser l'œuvre des siècles, l'unité de tant de pays, que si leurs alliés d'intention, les Hongrois et les Italiens, réussissent à se détacher, l'industrie autrichienne perdra, avec ses anciens marchés, sa grande extension actuelle.

Le Viennois ne se prête pas volontiers aux travaux pénibles et les habitudes sont calculées pour ne rien forcer ; mais comme tous les besoins de la vie sont à bas prix, les ouvriers et les bourgeois trouvent facilement à se procurer les cinq repas intercalés dans leurs travaux de la journée. La concurrence est loin d'avoir dit, chez eux, son dernier mot sur le taux des salaires, et, pour les gens de métier, c'est une cause de bien-être d'avoir maintenu jusqu'à ce jour les corporations.

En passant en revue les fabrications un peu perfectionnées, les tissus, par exemple, un fait singulier m'apparut. Je regardai mieux, je vis bien des ateliers, et toujours le même résultat. Le voici donc : A Vienne, rien ne se fait que sur les dessins et les modèles de nouveautés venus de Paris ; la pauvreté d'invention y est absolue et dépasse peut-être ce qu'on sait de la Chine. Il n'est plus possible de croire à la réhabilitation de l'originalité dans des industries où elle a si complétement péri pour céder la place à des imitations serviles. L'exposition d'industrie de 1845 étala au plus grand jour la plaie de ce pays couvert de fabriques; il se trouva que, hormis les pianos, les cristaux de Bohême et les fers, presque aucune industrie ne se perfectionnait de son propre fonds.

Tout ce qui sert à la parure peut être de mauvaise qualité ou imité de l'étranger, mais le pur goût indigène préside seul à l'ajustement; rien n'est bigarré comme la population de Vienne, sortant un jour de fête, revêtue de ses beaux habits. Le manque de sens n'est point en ceci restreint aux classes inférieures; telle grande dame, suivie d'un laquais, peut fort bien étaler, sur une toilette surchargée, les sept couleurs du prisme solaire dans un ordre moins harmonieux que celui de la nature. A une époque fort peu éloignée, les robes de femmes portaient au bas des cerceaux et étaient gonflées comme de vrais ballons; ce ridicule mécanisme était en outre bruyant et prenait de la place à incommoder tout le monde. C'est en de pareilles inventions que l'esprit indigène se permettait l'originalité. Mais ces temps de vanité ont déjà subi une interruption, et des gants blancs dans la rue n'étaient plus de toute rigueur l'année dernière, puisque le chapeau n'y était pas en sûreté devant la casquette, et que pour des mains non souillées par le travail des barricades, on était livré aux outrages d'une hideuse populace. — La proximité de l'Orient est aussi annoncée par des costumes hongrois, serbes, grecs, arméniens, turcs et juifs, fréquents dans les lieux publics. Le plus laid de tous, et peut-être du monde entier, est celui des juifs polonais, et on remercierait l'empereur Nicolas de l'avoir aboli, ou du moins poursuivi dans ses États, s'il n'avait entassé bien d'autres souffrances inutiles sur la malheureuse nation qui le porte. Le juif polonais, tel qu'il se montre tous les jours, à la Bourse, par exemple, a une grande robe de taffetas noir, serrée à la taille par un cordon, étriquée du bas et lui battant les talons; la figure dont ce rouleau humain, enveloppé de noir, est surmontée, est généralement fine et rusée, munie d'une barbe pointue, flanquée de deux mèches de cheveux en forme de tire-bouchon pendants sur les épaules ou plus bas. Une casquette ou un vieux chapeau coiffe ce personnage, qui se laisse souvent défigurer encore plus par le manque de propreté.

Je vais trouver les Viennois à leur promenade favorite. Vis-à-vis de la cité est une grande île formée par un bras du Danube et sur laquelle est la *Léopoldstadt*, faubourg de trente mille âmes réuni à la capitale par quelques ponts ; le reste de cette île est le *Prater*, parc naturel de quelques heures de tour. Qu'on se figure une vaste prairie, capricieusement plantée de bouquets d'arbres, sorte de fantaisie impériale jetée près d'une capitale bourgeoise et sans grandeur pour tout le reste, et on comprendra la prédilection dont elle est l'objet de la part de tous, riches et pauvres. La plus belle rue de Vienne, la Jägerzeile ou la rue des Chasseurs y mène. Le parc renferme quelques milliers de chevreuils et de cerfs errant en toute sécurité dans les pâturages et montrant de la bonhomie jusqu'à venir manger ce que leur offre la main des promeneurs. On se croirait presque transporté aux antipodes, dans ces îles vierges où l'animal n'a pas encore appris à se défier de l'homme ; et le mérite en est moins à la police qu'à l'humeur placide des bourgeois, dont vingt ou trente mille se promènent chaque dimanche dans les bosquets du Prater et partagent l'ombrage avec ces fauves habitants, pour leur donner en retour quelques débris de la collation du soir. Le parc étant tout ouvert, les chevreuils entreprenants ne se gênent pas de se promener de bonne heure dans les rues de la Léopoldstadt, pour recueillir quelque feuille de salade égarée, et se retirer discrètement dans les bois dès que le bourdonnement du matin annonce la sortie des habitants. Ces gentils animaux poussent même la familiarité jusqu'à se laisser attirer par la musique sous les arbres des cafés du Prater le soir, et à circuler entre les tables pour y prélever des tributs de pain kipfel ; parfois aussi ils se jettent en troupes dans l'allée des équipages et embrouillent hardiment les chevaux et le fouet des cochers.

Mais malheur à ceux qui, mécontents de leur prison et de la farine impériale dont on les nourrit l'hiver sous des hangars, se jettent dans les flots du Danube pour essayer des îles voisines ou de la rive opposée de la Marche; la biche aventurière est atteinte par le braconnier et va noyer ses ardeurs à leur début dans le pot au feu d'un paysan du village de Wagram ou des environs.

Ce qu'était le cirque pour les Romains, le Prater l'est pour les Viennois; le lieu des plus chères jouissances; le cirque donnait aux uns le « panem et circenses, » ce qui se traduit au Prater pour les autres par *bière et musique*. Il y a sous les arbres des maisonnettes en foule avec des restaurants, des cafés, des ménageries, des carrousels, des dioramas, des manéges, des exhibitions de géants, de nains et de monstruosités, surtout des orchestres. Cent ou deux cents tables occupent le devant de quelque café sous les arbres et une bonne musique y joue pour mille consommateurs de glaces et le double de promeneurs et d'oisifs. Des allées rayonnent en divers sens de l'extrémité de la Jägerzeile; l'une va au chemin de fer du Nord, dont la gare est à deux pas; la seconde au débarcadère des vapeurs de Hongrie, à une lieue de là; la suivante est l'allée fashionable où, le jour du premier mai, deux mille équipages au moins prolongent leurs longues files pendant que la tête en est au cœur de la cité. Le Prater est la vraie lanterne magique de toutes les classes, bien que madame de Staël, qui n'y était allée qu'en calèche, s'y soit ennuyée. L'empereur Ferdinand aimait les jours de fête à y jouir de la familiarité de son peuple, et descendait de voiture pour circuler à pied dans les allées où une étrange cohue, des nuages de poussière et une atmosphère échauffée de tabac et d'odeurs de populaire y désignaient toujours la place où se trouvait ce bon prince.

C'est une fatalité que cette belle promenade et le quartier de la Léopoldstadt soient périodiquement exposés aux inondations du printemps et de l'automne. En mars, lors de la descente des glaces, on apporte des barques sur le pavé des rues pour être soulevées par l'irruption des flots et contribuer au sauvetage s'il y a lieu. Des canons, placés sur les rives du grand Danube aux lieux où les glaces sont sujettes à s'amonceler et à barrer le cours du fleuve, préviennent les habitants du danger, afin d'éviter le retour des désastres de 1830, car alors tous les gens endormis dans les rez-de-chaussée furent noyés par une inondation subite arrivée de nuit.

Les habitants de Vienne ne perdront pas facilement leur genre aristocratique, car il a eu le temps de pénétrer dans toutes les classes. Le titre que tout étranger recevait des domestiques au premier abord, sauf rectification si on l'exigeait, était celui de comte ou de baron; quand les gens allaient plus loin, la flatterie commençait à s'en mêler. *Herr von*, ou monsieur *de*, eût été trop vulgaire; tout le monde dans le peuple était un *von*. Je n'ai jamais eu de cordonnier ou de tailleur qui ne fût un *von*, et qui ne reçût ce titre de moi comme de ses autres pratiques en échange de l'expression plus relevée de *vos grâces*. Le domestique, le cocher, le marchand, l'ouvrier appelaient *vos grâces* leur maître ou leur pratique. Ce terme et les titulatures usitées dans d'autres pays suffisaient au langage parlé; mais la complication des termes honorifiques dans le langage écrit était une vraie science qui a pâli récemment, et dont je n'ai jamais fait qu'effleurer la surface; au reste, les almanachs renseignaient le peuple sur ce qui était essentiel à cet égard.

Une bonhomie douée d'un certain charme a toujours signalé les Viennois; ils ne sont qu'Allemands, mais Allemands par excellence en cela. Leur gaieté naturelle les porte invinciblement à la plaisanterie et aux bons mots; sur ce point, les classes supérieures n'ont pas de scrupule à se laisser défrayer par les saillies populaires, et leur jouissance n'est en rien diminuée par le manque de sel attique dans ces jeux de mots qui dès le matin sont l'accompagnement obligé de toutes les nouvelles. Un petit journal, avec d'affreuses figures coloriées et nommé *Hans Jörgel*, était, sous l'ancien régime, le seul représentant de ce genre d'esprit. *Hans Jörgel*, toujours le cœur léger, le nez barbouillé de lie, les habits déchirés dans quelque orgie, ne connaissait ni rangs ni bienséance ; ce *Punch* viennois disait dans l'argot des faubourgs aux servantes, aux évêques et aux barons ce que nulle autre langue n'eût toléré.

Le caractère viennois est généralement matérialiste, mais il voile ce penchant dominant sous une demi-enveloppe sentimentale empruntée au naturel germanique. De ce contraste perpétuel entre le fait qui est charnel et le nom ou la prétention qui est d'une région plus relevée naissent de curieuses naïvetés. Le manteau spiritualiste est tout percé à jour, mais on s'en affuble avec une bonne foi et une illusion complètes. Dire que son âme a faim et soif,... de poulets rôtis et de vin de Feslau, ne peint pas mal le Viennois. Il entoure ses besoins sensuels d'une auréole qui les flatte, il leur donne le caractère d'une nécessité relevée et s'accommode pour religion des charmes d'une musique voluptueuse. Ses appétits, ses goûts, ses plaisirs, son sommeil, ses dérangements de santé deviennent des émanations supérieures, des attractions invisibles ; les plus longs discours n'épuisent jamais ces matières, et en faisant vibrer toutes les cordes de l'âme en l'honneur des sens, il y a des tons plus intimes encore qui ne se dégagent pas. L'amour le plus matériel est le culte de cet être nouveau dans l'échelle de la création ; l'amoureux se croit trois fois saint..., parce qu'il est amoureux. Heureuse et facile sainteté ! Tel Narcisse efféminé adore dans l'autre sexe sa propre image, peut-être son tempérament lymphatique, ses formes sans légèreté, sa voix nasillarde, ses yeux de verre mat, et il veut qu'on le croie perdu dans la contemplation du beau immortel, du beau divin !

Le corps et les sens ne peuvent se déifier ainsi qu'au plus grand détriment de l'âme et de ce qu'il y a de relevé dans notre nature. C'est une espèce de paganisme dépourvu de statues et de symboles, car il se meut, il respire partout dans le langage, la littérature, les usages sociaux, la musique. Pour exprimer ce qui plaît, ce qui affecte, « ce qui pénètre dans les angles intimes d'un être, ce qui fait vibrer les cordes les plus délicates de l'âme, » le Viennois est inépuisable ; la riche palette de la langue allemande n'a plus assez de teintes pour un tel peintre ; le français est mis au pillage, et les épithètes à grand effet en sont appropriées à l'idiome germanique et dotées d'une terminaison habituellement en *öz*.

La musique ! voilà le vrai, le grand culte de la déesse ! La surexcitation des sens y a trouvé un inépuisable écho. Tout le monde est musicien à Vienne, les accents les plus voluptueux y sont de droit commun, même pour le jeune âge auquel on refuse des jouissances beaucoup moins énervantes. Cette passion, poussée au point d'absorber le temps et les facultés, a fermé la porte aux progrès de l'intelligence, de l'instruction et même de la conversation. Tout ce peuple pratique sans s'en douter un précepte de la république de Platon ; la musique est chez lui la base de la première éducation et une partie importante de celle qui suit ; mais on peut affirmer que pour tous les âges ce développement harmonique des facultés de l'âme déduit si rigoureusement de l'influence des sons par la logique du philosophe grec, est resté une utopie complète ; la vérité consisterait plutôt à dire que l'excès de la musique a relégué les grands attributs de la pensée et de la volonté dans un coin de l'être humain et les a réduits à y végéter ; du moins ont-ils été noyés dans un sensualisme pratique, et c'est bien à tort que certains concerts annuels portent le nom de *concerts spirituels*.

La musique cultivée à ciel ouvert, aux applaudissements

d'une foule qui comprend et répond, était dans une condition de développement aussi parfaite que les arts antiques à Athènes. Mille et quelquefois trois ou quatre mille personnes assises dans un jardin à de petites tables, prenant des glaces, de la bière, ou debout se promenant sous les arbres, se laissent caresser par une brise d'été, dont le souffle et la fraîcheur vous arrivent au visage, mais tout frémissants de mélodies capricieuses et d'harmonie ; c'est d'un pavillon élevé au milieu du jardin que s'échappent au gré de la fantaisie, valses, morceaux d'opéras, chœur-tanz hongrois, polkas, et plus récemment des airs belliqueux ou révolutionnaires dans tout le délire d'une passion forte de jeunesse. Qu'on ne croie pas là se trouver à la célébration d'un anniversaire chéri du peuple ; c'est une de ces soirées de tous les jours, qui effectivement sous le nom de « soirée, » ne cessent de couvrir les affiches ; c'est un plaisir de consommation ordinaire pour les riches et les pauvres.

Avec un public auquel il faut une nouveauté musicale ou un air de barricades tous les dix ou quinze jours, public toujours prêt à applaudir en masse, à payer en masse, à juger en connaisseur, on comprendra que toutes les qualités du compositeur et de l'exécutant, seul ou noyé dans un orchestre, soient parvenues à la perfection. Aussi les valses et les polkas viennoises réjouissent, sous l'équateur comme sous le pôle, des peuples bien éloignés de se supposer cette unanimité de goût. Que Strauss à Hitzing ou au Volksgarten est beau à voir ! Le maestro, debout devant son orchestre, entouré d'une foule immobile, les yeux fixés sur lui, semble maigre, pâle, chétif ; mais voyez quel feu, quel frémissement ! Il est tout archet des pieds à la tête : l'orage d'harmonie qu'il a soulevé, il le domine, le ramène. Ses yeux noirs et étincelants roulent du ciel aux spectateurs sans rien voir, mais bien évidemment tournés vers le monde intérieur des accords qui est en lui. De temps à autre le bruit argentin des clochettes passe comme un frisson voluptueux et inattendu sur l'assemblée.

Pendant l'hiver, de vastes salles publiques remplacent les jardins, et en toute saison des centaines de *bierhaus* (débits de bière) reproduisent sur une échelle, moins remarquable sans doute, la scène que j'ai esquissée pour Strauss. Presque tout le monde est musicien, il n'est donc pas difficile, à ces *bierhaus* chéris du peuple, de rassembler les jours de fête douze à quinze cents orchestres comme on le prétend ; les gens y joueraient, ne fût-ce que pour gagner leur bière d'empereur, boisson favorite des Viennois.

Cette prédilection pour la musique a remplacé tout autre lien de sociabilité ; l'archet parle pour tout le monde. Dans la haute bourgeoisie, elle forme également le grand but des réunions. Une soirée réunit des connaissances, toutes les bouches se ferment et celle d'une jeune personne s'ouvre pour chanter au piano en italien ou en allemand ; d'autres lui succèdent, divers instruments se relèvent successivement, aucune idée n'a été échangée, et, au son de la dernière note, on se sépare pour retrouver ailleurs le lendemain la même réception. Admirable invention pour faire parler les sots de l'œil et de l'habit noir seulement, comme une femme d'esprit le leur recommandait.

L'extase dans laquelle un morceau favori plonge l'assistance est sans doute une chose que le bon ton fait exagérer à Vienne comme ailleurs. Mais dans bien des cas, à voir les gens assis à vos côtés, perdus durant des heures dans les vibrations de l'archet ou dans les langueurs du piano, et rêvant le paradis de Mahomet, on doit reconnaître là vraiment une ivresse produite par les sons et portée à l'excès ; moralement, on ne saurait la séparer des extases données par l'opium et le haschisch aux Orientaux, à moins qu'on ne veuille voir une différence dans le lieu de la scène. En effet, c'est le fond d'un café à Constantinople et à Téhéran ; à

Vienne, c'est un salon. Au reste, la musique étant une passion vraie, profonde et non une gêne convenue chez les Autrichiens, ils ne croient pas qu'un estomac vide soit nécessaire pour en jouir, et savent toujours y allier de solides rafraîchissements.

Tout a souffert chez eux de ce penchant à substituer les plaisirs de l'oreille à ceux de la société et des autres arts. La peinture n'a jamais produit que des paysages et quelques portraits dignes d'être cités. Un certain sensualisme a envahi la littérature; le corps et l'âme ont disparu; une sorte de chair sentimentale a pris la place de l'homme tout entier : l'amour sensuel une fois devenu la seule religion vivante, les prêtres de cette religion, faibles écrivains en prose et en vers, d'accord avec la censure, ont mis tout leur talent à prendre les sens pour l'âme et les goûts pour les devoirs. Notre langue française se trouverait trop pauvre pour traduire ces fadeurs infinies du sentiment dont vivent une foule de nouvelles et de petits romans. Dans les derniers troubles, les mêmes écrivains, toujours en tête de la plus mauvaise œuvre à faire à chaque époque, avaient retourné leur char. Transformés en *voyants* politiques, ils faisaient, durant l'année 1848, colporter dans tous les quartiers de la capitale par pleines corbeilles des pamphlets furieux; les femmes qui vendent au peuple sa nourriture, lui débitaient ces feuilles empoisonnées, où l'on achetait pour un kreutzer ou un demi-kreutzer la haine de tout gouvernement, la haine des généraux, des armées et des tribunaux, la mort pour les riches, le paradis terrestre pour les travailleurs. Il y avait, en juin 1848, plus de quarante de ces feuilles criées, vendues dans la rue, et où la violence et le crime étaient applaudis, provoqués dans le plus abject langage dont le monde ait jamais frémi.

Un si grand pays ne pouvait cependant manquer, ne fût-ce qu'à titre d'exception, de quelques célébrités. Des mathé-

maticiens, Littrow en tête, le savant Endlicher, le poëte
Anastasius Grün, et surtout une école d'orientalistes laborieux et pleins de poésie, peuvent être cités. Le baron de
Hammer, auteur de l'*Histoire de l'Empire Ottoman*, en quelque pays qu'il fût né, aurait jeté un grand lustre personnel
sur sa patrie.

Mais le peuple! Combien son horizon était restreint dans
ce long passé où le banquier n'a été que banquier, et où
juifs et chrétiens, riches et pauvres ont été parqués tous dans
leur spécialité d'industrie, sans oser sortir de ce cercle étroit,
ni même porter un regard au delà! Les caractères, enfants
par l'ignorance, souvent décrépits par la corruption, pou-
vaient-ils être à la hauteur des circonstances actuelles?
Semblable à Adam, lorsque après avoir mordu à la fatale
pomme il est rempli d'inquiétude et de remords, l'Autrichien
s'est trouvé saisi d'effroi en présence du dangereux cadeau
de la liberté.

L'infériorité intellectuelle des Autrichiens, vis-à-vis d'autres peuples de l'Occident, a été rejetée tout entière et à
satiété par les nouveaux journaux sur le compte du gouvernement, qui, disent-ils, a tout écrasé dans le domaine de la
libre pensée. Je l'ai bien lu cent fois, mais est-ce plus vrai
pour cela? Une chose ressort invinciblement, c'est que la
noblesse et la classe bourgeoise, où se recrutait la bureaucratie, ne se sont point senties d'entrailles pour l'élan de la
pensée nationale. En d'autres pays, sous une rude tyrannie,
on a vu la classe aristocratique applaudir aux conquêtes de
l'esprit partout ailleurs que dans les sciences politiques, et
même quelquefois jusque dans celles-ci par une noble et
généreuse imprudence. En Autriche, il n'y a presque rien eu
de semblable : c'est donc à tort qu'on se rejette ensuite sur
l'oppression du gouvernement pour expliquer l'absence de
génies originaux. Sans doute il faut bien concéder quelque
chose à l'argument tiré de Metternich; mais ce ministre n'a

pas toujours vécu. Qu'on réfléchisse surtout qu'il est de la nature de l'intelligence, là où elle existe, de protester, de lutter quand même, jusqu'au jour de l'émancipation. La France a dû à cette lutte, dans les deux siècles passés, une gloire sans égale dans les sciences et la littérature. Mais quand une lutte semblable a-t-elle existé en Autriche? la censure y a-t-elle étouffé des œuvres de génie, voué des chefs-d'œuvre à l'oubli? A Vienne, personne ne l'a jamais prétendu dans un sens un peu large. Que d'ouvrages où le censeur a rayé quelques lignes, tandis qu'un homme de goût eût rayé l'ouvrage! Ce qui était bon a été connu; on l'a lu et on le lira. Quelques savants, l'élite du pays, avaient, peu après la révolution de 1830, demandé à Vienne la création d'une Académie des Sciences; il y avait parmi eux des gens de talent; mais peut-on dire sérieusement que ce fût une pléïade dont le seul éclat devait éblouir? Le prince Metternich leur fit la malice d'*égarer* la pétition dans sa chancellerie, d'en chauffer sa cheminée peut-être, et l'affaire traîna jusqu'à l'année dernière. Tout en espérant mieux de l'avenir, constatons que le seul tribut réel payé par l'Autriche à la civilisation a été la musique. De petites républiques vivront dans la postérité à des titres plus solides que ce vaste empire.

La haute société autrichienne n'a rien à revendiquer dans le développement intellectuel jusqu'à ce jour. Les esprits éminents, issus de l'aristocratie anglaise et française, dont les nobles encouragements ont en outre fait sortir tant de beaux génies des classes populaires, ont peu trouvé d'imitateurs sur les rives du Danube. L'élégance des manières est le seul genre de distinction auquel l'aristocratie autrichienne ait aspiré, et, avouons-le, elle seule à Vienne est en possession, jusqu'à présent, de cet avantage si commun dans la riche bourgeoisie des autres pays. Cette classe a même toujours eu quelques-uns de ses membres doués d'amabilité et de galanterie, assez peut-être pour rappeler le modèle et l'idéal du genre, la spirituelle, l'introuvable noblesse française du siècle passé. Dans cet essor des manières aristocratiques, la famille impériale, de goûts un peu bourgeois, n'a rien à revendiquer. Au reste, la haute noblesse ayant resserré de plus en plus le cercle de ses élus et s'étant formée en *crème* (c'est le nom qu'elle a adopté pour la fleur des anciennes familles), il n'est plus sorti de ses comités privés la moindre parcelle de ce bon ton, pour en donner, ne fût-ce qu'un avant-goût, à tous ceux qui n'étaient *pas nés*. Des manières de plus en plus arrogantes envers la roture ont fait naître dans celle-ci des sentiments irréconciliables ; la noblesse n'a plus eu de public, qu'on me passe ce mot, mais seulement des ennemis.

Si les perfections extérieures de l'aristocratie n'inspirent aucune admiration décidée, c'est bien pis à l'égard des mœurs ; cette caste fatale a fait couler la corruption à pleins bords autour d'elle. Par une anomalie qui sépare la bourgeoisie de Vienne de celle des autres parties de l'Allemagne plus riche en vertus domestiques, elle a dû essentiellement à la noblesse d'être viciée jusqu'à la moëlle ; les plus grands seigneurs se montraient dans les bals publics, curieux assidus et maîtres passés en licence, seul contact admis par l'usage entre eux et le peuple. Il faut laisser à une statistique incomplète, honteuse d'elle-même, et voilée autant que possible par le gouvernement, le soin de grouper en chiffres la ruine de la famille et les grands effets sociaux de la corruption universelle.

Par un contraste inattendu, la famille impériale, prise en général, se distingue à cet égard de ce qui l'entoure. Beaucoup de subordination entre ses nombreux membres, quant aux rangs et à l'âge, une certaine mesquinerie dans le train de maison, de vieux serviteurs peu alertes, grommeleurs, mais fort attachés, une table modestement servie, des habits râpés, chez quelques archiducs, et jusqu'à l'habitude de se retirer chacun dans son appartement avant dix heures du soir ; tous ces traits de simplicité et de régularité dans la vie étaient connus, cités, et montraient la famille régnante vivant dans une sorte de quarantaine morale contre l'influence de ses alentours.

CHAPITRE V.

Vienne. — Religion. — Politique. — Révolution.

Un inconvénient assez sensible à Vienne, c'est le manque d'indications suffisantes en tout genre ; on y suppose toujours la connaissance au lieu de la procurer, et celui qui souffre le plus de cette disposition mesquine, c'est l'étranger ; il lui faut de vrais efforts pour arriver au but le plus légitime. Cafés, établissements, bureaux, personnes publiques et privées ne sont pas faciles à trouver, et tout ce luxe d'écriteaux, d'annonces, de réclames, de fils directeurs qui étourdit à Paris et à Londres, manque dans la cité impériale. Ceci doit peu étonner, en tant que la censure y était concernée, car jusqu'à l'année dernière, il fallait postuler aussi rigoureusement l'*imprimatur* pour un cirage nouveau ou pour un service de voitures que pour une pièce de théâtre ou un journal.

Ce vague dans les choses et les hommes, ce manque de caractère défini et de publicité peut ne pas répugner naturellement à l'Autrichien, dont le caractère est peu expansif et assez tourné en dedans ; l'action prolongée du gouvernement a en outre favorisé cette tendance nationale au mystère. On cachait à Vienne ce qui s'affiche ailleurs, l'opinion publique n'y existait qu'à l'état de confidences à deux ou à trois ; l'étranger était reçu avec un langage officiel connu de tout le monde, et il fallait du temps pour se convaincre du très réel et merveilleux accord d'une population entière à seconder le vœu ancien et ardent de son gouvernement, le secret : triste accord basé sur l'espionnage de tous par tous. Aussi les publications sur l'Autriche ont-elles toujours eu peu de base solide dans l'observation des faits, et si elles étaient hostiles, les amis du système avaient bonne chance d'y relever quelques grosses bévues, de décrier l'auteur et de chanter un « *Te Deum* » sur la supériorité mystérieuse et incomprise de leur « *terra ignota.* »

Il y a eu bien des exagérations sur le système autrichien, et il ne suffit pas de lui lancer la phrase banale, usée « d'avoir été hostile au progrès » pour que tout soit dit. Le *progrès?* Mais c'est un caméléon qui prend autant de couleurs qu'il y a de temps et d'individus différents, d'individus éclairés et pensants, je veux dire ; car ces masses aveugles, menées par quelque ambitieux, ne constituent, malgré leur nombre, qu'un seul individu collectif, très mal informé. La position spéciale de l'empire lui a dicté jusqu'à ce jour une politique inévitablement tortueuse et difficile. Quatre grandes races, les Allemands, les Slaves, les Italiens et les Magyars, ont été appelés à y vivre et à cultiver ensemble les arts de la paix ; et du moment où cette main impériale qui a posé sur sa tête la couronne ducale d'Autriche, celle de fer des Lombards, la couronne de Saint-Étienne de Hongrie et celle des rois bohêmes vient à faiblir et ne peut plus comprimer les orages frémissants sous elle, l'Europe est ébranlée. Toutes les races du nord et du sud ont dans cet empire des représentants, se passionnent à leur sujet et commencent de longs entre-égorgements. L'Autriche me semble donc une puissance dont la seule existence est bienfaisante, par cela même qu'elle force à vivre en paix des races belliqueuses, rivales, toujours en présence, et qu'elle adoucit les frottements entre les grands peuples dont elle est entourée ; aussi cette existence, sorte de merveilleux équilibre de forces contraires, paraît toujours sur le point de se dissoudre et renaît toujours, sans qu'on sache trop comment, après des crises jugées mortelles : c'est une mosaïque dont les pièces éparses possèdent quelque attraction secrète qui les pousse à se rejoindre.

Quant aux moyens employés pour soutenir un édifice composé de pièces si dissemblables, ils ont été jusqu'à présent ou fort matériels, ou opposés même aux principes de la morale ; un esprit, une vie ne circulaient point dans l'ensemble, et c'est maintenant que se débat dans l'opinion et sur les champs de bataille la grande question de remplacer les anciens liens extérieurs, les cercles de fer qui retenaient les provinces, par la soudure intime d'une législation et d'un parlement communs. Y parviendra-t-on ? C'est une question où la foi et la divination ont libre carrière ; je l'écarte donc pour jeter quelque lumière sur l'*ancien système*.

Le gouvernement exerçait autant que possible une influence soporifique sur tous les intérêts et sur toutes les questions ; son talent à endormir ne m'a jamais plus frappé qu'à l'égard des juifs. Cette nation, la plus intraitable du monde en matière de religion, en était venue à l'indifférentisme, et plusieurs de ses membres passaient au catholicisme, ou, s'ils en avaient les moyens, donnaient à leurs enfants des prêtres des deux religions, les laissant libres de se décider à un certain âge pour Moïse ou pour le pape. Plusieurs familles de la haute finance sont des juifs convertis dans le précédent siècle.

Dire que le gouvernement était bigot serait erroné. Une religion pompeuse, admise sans réflexion, beaucoup de musique et très peu de paroles, voilà ce qu'on avait donné au peuple ; il venait dans les églises pour avoir les oreilles et les yeux charmés, et pouvait allier de grands vices avec une vénération apathique pour les choses saintes. Ce catholicisme, beaucoup plus matériel que celui de France et d'Allemagne, se résume en deux mots : le culte de deux des cinq sens. Les jésuites, admis jusqu'à la révolution sous le nom de liguriens, se sont maintenus à la cour dans le temps même où la bourgeoisie, déclarée contre eux avec une sorte d'horreur, signalait les maisons où ils s'introduisaient ; tant que cette influence a duré, les règles posées dans l'autre siècle pour modérer les abus du clergé, des couvents et fixer l'âge auquel les vœux monastiques pouvaient se prononcer, ont été peu respectées.

L'impératrice Marie-Thérèse et son fils Joseph II ont été les souverains auxquels les protestants ont dû tolérance et protection, mais dans ce siècle, le même bon vouloir avait cessé. Deux chapelles, l'une calviniste, l'autre luthérienne, subsistaient seules à Vienne, côte à côte dans la rue Dorothée et privées de cloches, il va sans dire, comme si c'eût été en Turquie ; en outre, elles étaient insuffisantes pour la population protestante déjà nombreuse, et quoiqu'elles demandassent depuis bien des années à se fondre en une seule église évangélique, ce vœu si légitime était refusé comme dangereux. Le « *divide et impera* » était poussé à l'absurde. Un censeur révisait les sermons d'avance, et le ministre, sous peine de destitution, avait la bouche scellée sur tout ce qui n'était pas écrit et approuvé. On l'apprendra sans étonnement, la doctrine chrétienne était garrottée par cette discipline ; réduite à une sorte de rhétorique sentimentale, elle pouvait à peine montrer timidement le bout de l'oreille, et dans un pays de profondes ténèbres religieuses, une exposition pratique et franche de la Bible qui eût été si nécessaire n'était pas possible. Quand les gouvernements satisfaits de sonder la bourse des contribuables, n'enfonceront-ils plus dans les âmes le glaive de l'intolérance ! Le premier moment de liberté en 1848 fut l'explosion de sentiments longtemps contenus dans le cœur des ministres protestants ; c'était un bonheur à les troubler ; un sermon que j'entendis eût pu se résumer par : « Vive la liberté et les barricades, pourvu que le désordre n'augmente pas au point d'amener la fin qui est prédite ! » Cependant, les ouailles ne firent point de barricades dans l'église comme elles eussent pu s'y croire invitées, et une péroraison plus modeste termina ainsi : « Surtout, qu'on ne vienne pas au « nom de la liberté m'inquiéter dans ma maison. » Monsieur le révérend ne voyait que trop juste.

L'Autriche a été souvent comparée à la Chine; des lettrés gouvernent l'empire asiatique, des teneurs de livres celui de la maison d'Hapsbourg, et l'immobilité chinoise a été réalisée par ces derniers autant qu'elle était possible en Europe. L'horreur des nouveautés, le bien-être matériel, l'obéissance passive des masses prenant modèle en cela sur une nombreuse caste d'employés civils, vrais mandarins pour la hiérarchie et la discipline morale, tout cet échafaudage habile a pu subsister jusqu'en 1848, au milieu d'un siècle de fièvre et de tiraillements politiques; c'est merveilleux. Le sort de ces employés était fort agréable et réalisait le *doux loisir* d'Horace autant que cela est possible au milieu de livres poudreux et de taches d'encre; leur journée allait à six heures de travail et encore trouvaient-ils à y intercaler un second déjeuner, une lecture de gazette et des conversations sur des sujets futiles et ridicules, mais ayant les dehors de la gravité. Les allures du *beamt* ou employé civil avaient même passé en proverbe dans toutes les classes pour dire quiétude et routine. Mais en revanche, ils étaient soumis sans restriction à certaines exigences : dévouement au souverain, absence d'esprit de critique et même d'interprétation, déférence machinale aux supérieurs. A Vienne seulement, le nombre des familles d'employés était porté à huit mille, et cette classe par la foule d'hommes influents et respectés qu'elle renfermait, avait un grand poids dans la société; les habitudes de discipline, de silence, de dissimulation de tant de gens, en un mot l'influence non contrebalancée des grandes chancelleries, et leur mille yeux et oreilles pour tout épier, avaient transformé l'esprit inquiet et presque républicain du Viennois du seizième siècle en une excessive malléabilité. Chaque administration avait un rapport annuel à remettre sur la statistique de ses travaux, en y joignant des annotations sur l'esprit et la soumission des individus ; ces rapports ne sortaient point des mains des employés supérieurs, et c'est ce qui a toujours rendu si difficiles les recherches statistiques sur l'empire.

La grande machine administrative une fois montée, et réparant ses vides elle-même, il coule de source que l'esprit bureaucratique s'y maintenait à tous les échelons, qu'il prenait une vie et des intérêts propres et se posait en surveillant jaloux, en rival des intérêts individuels ou collectifs des particuliers. Si l'administration eût pu, elle aurait tout accaparé, il n'y eût plus eu d'industrie privée, ni même d'hommes privés, on eût vendu le pain et la bière au nom de l'empereur et tout sujet eût porté les couleurs impériales. Ce n'est point une simple figure dont je me sers ici ; le gouvernement était tout, industriel, marchand, agriculteur, voiturier. Il avait des usines donnant du cinquième au quart de toute la production du fer dans la monarchie ; le cuivre, le plomb et d'autres métaux étaient entre ses mains et il ne cédait guère ses droits sur les mines qu'à des familles seigneuriales ; il exploitait la houille, et récemment il avait déterré une vieille loi qui lui donne les droits régaliens sur les métaux non nobles et il expropriait les possesseurs des riches houillères de la basse Hongrie. La loi d'avicité lui procurait les domaines des familles hongroises dont le nom s'éteignait, enfin il possédait jusqu'à des fabriques de tissus. L'occasion de créer un nouvel employé impérial n'était jamais négligée ; un impôt qui ne couvrait que la paye des percepteurs était une bonne affaire, et une foule de gens aux couleurs de l'État avaient pour mission de remplir du matin au soir certaines formalités ridicules et sans but, non pas uniquement pour vexer les particuliers comme ceux-ci le croyaient, mais parce que cela rentrait dans le système d'occuper beaucoup de monde.

Il y avait trop d'employés et trop d'inutiles pour qu'ils pussent être bien payés ; la *majorité* d'entre eux ne gagnait pas la

moitié de ce qu'il faut pour vivre et ils devaient se procurer le
supplément en puisant dans les poches du public ; de là cette
vénalité universelle si odieuse aux étrangers. Avec le moyen
peu sonore d'un chiffon de bank-notes on arrivait à tout obtenir, à obtenir même son droit pur et simple, car sans cela,
les employés vous eussent fait des chicanes interminables et
c'était leur droit à eux d'opposer ouvertement de la mauvaise
volonté aux demandes légitimes non lestées d'un cadeau. —
Pour entrer dans les rangs des employés il fallait s'y qualifier
par un long noviciat ; ces aspirants, nommés *pratiquants*, restaient souvent de longues années sans paye, et on lisait sur
la *Gazette de Vienne* de pompeuses décisions, par lesquelles
sa majesté daignait nommer tel employé surnuméraire et
non payé à une autre place également non rétribuée ; mais
l'avantage était qu'une fois casé, il n'y avait plus de chances
à courir à moins de crimes inouïs, et tout le corps des employés exploitait paisiblement son brevet d'infaillibilité. —
Les grandes entreprises industrielles, dont le retentissement a
été si fort depuis quinze ans, avaient un grand danger : celui
d'inspirer aux employés du gouvernement un esprit de mécontentement et d'innovation à la vue du sort meilleur offert
par l'industrie privée. Cet effet a été produit sans nul doute,
mais le gouvernement, après quelques années, se ravisa et
essaya de le combattre habilement. D'abord, des ingérences
arbitraires du pouvoir dans l'administration des compagnies
anonymes de chemins de fer et de pyroscaphes et des con-
seillers auliques délégués pour y exercer une vraie tyrannie,
firent baisser de force le taux des salaires et réduisirent à un
dur servage et à une grande incertitude de leur sort tous les
hommes employés dans ces compagnies ; ensuite, l'État s'empara lui-même de tous les chemins de fer non concédés jusqu'en 1842, c'est-à-dire des principales lignes. La navigation
à vapeur du Lloyd dans l'Adriatique et les mers du Levant
n'avait jamais été une société anonyme que de nom, et de fait

l'État la dirigeait et possédait la plupart des actions sous le nom de la maison Rothschild ; quant à la compagnie du Danube qui était sortie du fleuve et avait poussé ses opérations jusqu'en Égypte, le gouvernement, moitié par des intrigues suscitées parmi les actionnaires et moitié par violence, la força de vendre au Lloyd toute sa division maritime.

On le voit donc, l'État était une bureaucratie organisée, mais de manière à ce qu'une révolution ne rencontrât pas de grands obstacles une fois que le plus grand de tous, cette bureaucratie, voudrait bien manquer à son institution. « C'est par les employés mêmes du gouvernement, qu'une révolution se fera, » avait-on déjà dit. Le gouvernement était un compromis entre une aristocratie fort distraite et contentée par des places honorifiques, et une bourgeoisie pédante d'où sortait une armée de scribes, plus habile à maintenir la cohésion des provinces, par ses cent mille plumes et ses ramifications dans tous les rangs de la société, que ne le pouvaient faire les trois cent mille baïonnettes de l'armée. Ces scribes consommaient au delà de la moitié du papier à écrire fabriqué dans le pays, ce qui forme on le voit un respectable champ de bataille ; les troupes seules se réduisaient pendant la paix, mais cette autre armée dont la mission était de verser des flots d'encre augmentait de nombre, et autant que possible par des employés allemands.

La paix et la prospérité d'un grand empire sont d'un prix élevé aux yeux des hommes sensés, et tout mauvais que soit le système dont j'ai parlé, au moins avait-il le mérite de conserver ces biens. Mais le flot des révolutions une fois déchaîné, ceux qui ne l'ont pas souhaité, peuvent en bonne conscience espérer qu'il nettoiera, en partie du moins, ces administrations, vraies étables d'Augias, et que le caractère moral de tout un peuple systématiquement avili pourra se relever ; cette dernière assertion demande encore quelques développements.

La confusion, l'obscurité et la tracasserie des lois étaient excessives; elle ne concordaient point toutes, et cependant tout individu était supposé être un légiste vivant d'accord avec elles. Les ordonnances qui réglaient les divers états étaient trop compliquées ou absurdes pour qu'il fût possible à aucun homme d'être irréprochable sur tous les points; personne ne se sentait la noble confiance d'avoir rempli tous ses devoirs envers la loi et le pays, et chacun se trouvait dans un état de malaise, dans des liens; pour vivre paisible et se faire pardonner de fréquentes atteintes aux lois, il n'y avait donc qu'une recette, devenir ami ou serviteur du gouvernement; système profond et démoralisant que Rome a la première pratiqué sur une grande échelle envers ses prêtres.

Les professions diverses étaient donc enrégimentées pour servir la police en proportion même de la quantité de délits petits ou grands qui eussent donné prise sur elles; je saute les plus scandaleuses pour citer seulement douze cents cochers de fiacres, une trentaine de mille de domestiques appelés de temps à autre pour ouvrir leurs cœurs sur leurs maîtres et sur l'air de la maison, huit mille portiers de la ville et des faubourgs, les marchands et leurs commis pouvaient rendre aussi des services. Les rapports entre gens rapprochés étaient si peu francs, que chacun prenait ses relations, car il en faut cependant, dans les quartiers éloignés; ainsi il arriva en juin 1848 que pour les élections au parlement autrichien, le vote ayant eu lieu par petits districts dans la capitale, et personne ne se connaissant entre électeurs, la mauvaise humeur éclata et les petits journaux vinrent expliquer cette position par des révélations honteuses sur l'ancienne police. — Ce n'est pas que cette administration manquât d'employés directs. Le gouvernement a toujours eu la manie des biographies d'étrangers et de régnicoles et doit en posséder des milliers de volumes. Une nuée de scribes aux frontières et dans la capitale avait pour but de lui composer sans cesse des bulletins sur les commis-voyageurs et sur les plus minces touristes, tout cela de crainte des révolutionnaires, et ces Plutarques à gages se fournissaient les matériaux soit par des interrogatoires personnels et qui atteignaient les voyageurs les plus respectables, soit par des moyens déjà décrits. En résumé, une moitié du peuple espionnait l'autre, mais à quoi tout cela a-t-il servi? On craignait la contagion, et la maladie est venue dans l'air par la grande voie des épidémies. Des mystères de vexation, des trésors de gêne et d'ennui étaient accumulés dans le cœur du peuple, un jour ce fardeau porté gratis lui a semblé intolérable et il s'est livré à des mouvements libéraux qui ont dégénéré en saturnales de sauvages. Le peuple une fois lâché sur l'ancien système montra cet odieux acharnement qui est propre à un complice, quand il se brouille avec celui qui l'a utilisé et joué; sa méfiance surtout ne connut plus de bornes. Le vrai coupable est en cela l'ancien régime qui étouffait toute publicité, et pour tranquilliser les esprits les livrait à de perpétuels soupçons devenus aujourd'hui partie intégrante du caractère national, et dont le règne d'un prince noble et généreux le guérira seul. Espérons que le jeune souverain actuel remplira ces vœux, réservera les moyens de terreur pour les tribuns insolents et les agitateurs issus de la fange sociale, et travaillera de bon cœur à moraliser tant les masses populaires que ses propres administrations.

Les événements de 1848 sont connus; il ne faut cependant rien y voir de trop irrésistible; ils eussent pu tarder encore dix ans et la cause du pouvoir absolu eût surnagé tout ce temps. La machine du gouvernement était montée, fonctionnait, et ne demandait que des hommes de résistance, car jamais l'art de gouverner ne fut mis plus à la portée de personnages vieux et préférant leurs aises au tracas de travailler et de réfléchir; on ne faisait plus rien, toute amélioration était indéfiniment ajournée, et comme il n'y a pas de sottise dont on ne puisse faire un grave système, les ministres et les employés, hormis le baron Kübeck, en avaient fait un de leur propre paresse ; c'est ce qu'on appelait le système Metternich.

Mais à dater du jour où une seule personne osa proclamer la nécessité d'une réforme, tous ceux qui connaissaient le pays durent voir qu'un grave événement était proche ; cette personne devait vaincre ou périr ; elle le savait, tout le monde le savait ; elle devait donc être presque sûre du succès. Aussi la première nouvelle que l'Université présentait une pétition pour demander des libertés, fit battre les cœurs avec une violence inouïe, et non sans raison ; car de là, jusqu'à la fuite du prince de Metternich, on compta plutôt des heures que des jours.

L'Université, où se sont élaborés tous les plans et tous les coups de main du libéralisme, va attirer notre attention. Deux mille cinq cents étudiants y étaient autrefois régentés par leurs professeurs d'une manière on ne saurait plus opposée à l'esprit des universités allemandes. Tout un abîme de hiérarchie existait entre eux, mais il fut comblé quand il fallut vivre ou succomber ensemble. Ce grand nombre d'étudiants se doubla par l'appui des élèves de l'école polytechnique, espèce d'école centrale des arts et métiers. Chaque étudiant eut un fusil et des chefs tirés de son sein ; la légion académique marcha au premier rang de la nouvelle garde nationale, et comme la plupart des étudiants, jeunes gens pauvres, vivent à l'étroit dans les faubourgs, ils furent parmi les habitants et les ouvriers autant d'agents passionnés d'une propagande à laquelle était attaché leur propre salut. Chaque étudiant pouvait disposer de quinze à vingt hommes aux bras robustes, et ces derniers reconnurent aussi entre eux une sorte d'organisation un peu occulte, et furent toujours prêts à accourir dans la cité sur des signaux partis du balcon supérieur de l'Université. Qu'on juge de la puissance d'une pareille franc-maçonnerie, au moins aussi nombreuse que l'armée d'Italie, et formée avant tout de gens restés en dehors de la garde nationale. Pendant le jour et la nuit les étudiants bourdonnaient dans les vastes salles et dans l'aula de l'Université, et écoutaient leurs orateurs; des messages étaient faciles à échanger avec leurs bras des faubourgs (c'est le nom officiel que se donnaient les ouvriers); ces derniers déjà réunis pour le travail dans les fabriques, étaient par cela même formés en escouades pour les émeutes.

C'est ainsi qu'une agitation incessante de sa nature, exploitée par les comités polonais et les agents de Paris, a pu passer d'un libéralisme modéré et salutaire, aux tendances les plus anarchiques; aucun gouvernement issu de la terre ou des enfers n'eût réussi à satisfaire ces jeunes gens livrés à l'égarement; un cataclysme par jour ne leur eût plus suffi; détruire et être détruits, c'était leur destinée.

Leur costume un peu théâtral a figuré dans tant de scènes, et a si fort impressionné les masses, qu'il vaut la peine de le citer. Une redingote courte, une ceinture ornée d'un sabre de dragon traînant sur le pavé, un chapeau calabrais à larges bords, retroussé sur le côté gauche, pour y fixer une cocarde allemande rouge, noir et or, et des plumes d'autruche noires, se balançant en panache jusque sur une jeune et blanche figure, tout cela était d'un effet peu ordinaire. L'étudiant ne prenait son fusil et sa giberne que dans les journées de concessions ministérielles, ou pour monter la garde à l'Université, et dans les nombreux postes conquis sur le militaire.

Pour pénétrer dans l'Université il fallait être étudiant, homme du mouvement, femme perdue ou aristocrate arrêté du fait de la légion académique. Grâce à un étudiant, je pus un jour franchir les gardes et respirer le plus pur de l'air des révolutions. De nombreuses figures d'étudiants amaigris rayonnaient d'une exaltation fiévreuse; des hommes plus âgés les chauffaient du milieu de petits groupes pour leurs secrets desseins; l'aula, cette magnifique salle d'apparat de l'Université, tout en marbre et dorée, retentissait des déclamations d'un jeune orateur monté sur un vieux pupître ; une foule debout sur des bancs l'entourait, si avide de ses cris sur la réaction, que les premiers rangs semblaient vouloir ravir aux derniers les paroles au passage. La foule ardente réagissait sur l'orateur ; il aidait de gestes forcenés sa voix enrouée ; que dire encore : des chapeaux calabrais, des fusils, des sabres à tous les coins ; sur les parquets de la poudre écrasée et des imprimés de la veille ; dans les corridors, dans les escaliers et les ex-salles d'études, un vaste murmure.

Quand la misère eut amené la création d'un atelier national de quinze mille travailleurs, on peut dire que le communisme eut ses clubs en plein air, et les étudiants un noyau permanent de leur armée soldé par le trésor. Les théories socialistes avaient un programme plus simple qu'à Paris, mais tout aussi dangereux ; *un florin par jour* était pour le moment l'idéal du peuple, et comme il ne recevait qu'un peu plus du tiers de cette somme, ou un franc, pour le premier pas cela lui aurait suffi. Pour subvenir à la faible paye, un demi-pillage s'organisa sur les propriétés impériales ou publiques ; les trois mille ouvriers du Prater rentraient chaque jour en ville de bonne heure, avec leurs dos chargés de trois mille fagots de bois coupés dans ce magnifique parc. Fort inutilement le comité de salut public leur adressa en juin une proclamation en ces termes : « Couper du bois dans les propriétés publiques est un vol ; les lois répressives sur le vol subsistent comme par le passé ; ergo, etc. » On continua à entendre de tous les côtés le bruit de la cognée au milieu des bosquets.

Tout ceci était peu de chose, si les travailleurs ne fussent avec le temps devenus les hommes des agents de l'étranger, charmés de trouver des instruments plus aveugles encore que l'Université. Dès lors des démonstrations en faveur de l'affranchissement de la Pologne et de l'Italie eurent lieu ; les baraques de recrutement pour l'armée de Radeztky furent détruites, les recruteurs maltraités ; la corporation des maçons eut même, au 15 mai, la gloire d'avoir la première donné le mot de la journée en venant assaillir la cité avec un drapeau portant la devise : *Une seule Chambre*. La démocratie et la dissolution de l'empire marchaient de front.

On prévenait par affiches les travailleurs sur le malheur de ternir leurs lauriers ; l'admiration de l'Europe les quitterait, leur disait-on ; mais ce nouveau langage ne leur allait pas. Ils buvaient de la bière obtenue par force chez les brasseurs ; ceux-ci, pour éviter de si redoutables visites, se soumirent à en livrer chaque jour gratis un quantum à un comité chargé de la distribution. Les étudiants avaient seuls encore un semblant de crédit sur ces masses brutales ; une députation tirée de l'Université alla un jour informer de certains excès commis par les travailleurs ; ceux-ci en finirent vite, mirent la députation sur un vieux char-à-bancs ; hommes et femmes déguenillés, demi-nus, la traînant et courant autour en masse, la ramenèrent ainsi avec de furieux applaudissements au lieu d'où elle était partie ; je vis passer ce tumulte devant moi, d'abord sans y rien comprendre. Le moyen de punir des gens qui vous portent en triomphe ! La garde nationale, avec du canon, eut plus d'une fois à surveiller pendant douze heures certains ateliers de quelques mille travailleurs ; mais cela ne pouvait durer.

Quand l'empereur eut quitté Vienne, le 17 mai, les sentiments de loyauté pour la famille du souverain reprirent le dessus ; la bourgeoisie semblait consternée ; des gens pleurèrent dans les rues. Un certain juif, nommé Hafner, avec un collègue, ayant parcouru les faubourgs le 18, pour proclamer la république, en lançant à tous les vents des appels imprimés, il dut s'estimer heureux de sortir des mains d'un peuple exaspéré pour passer dans une prison ; depuis lors on l'a relâché, mais les esprits n'étaient pas encore aussi avancés. On maudissait en public les étudiants, et la clôture de l'année scolaire fut prononcée sans résistance. La révolution était terminée.

Les étudiants sortent presque tous des provinces ; ceux dont les parents étaient aisés furent rappelés chez eux ; des centaines partirent, mais ce n'était pas la majorité, car la noblesse et la riche bourgeoisie sont à leurs terres et à leurs comptoirs, et laissent l'Université aux classes inférieures. Cependant cette jeunesse imberbe, après avoir chassé le plus vieux et rusé ministre de l'Europe, rentrait assez glorieuse et en assez grand nombre dans ses foyers, pour que le reste amoindri des plus capables n'osât plus rien entreprendre. Un malheureux manifeste, signé de l'empereur seul, voulut brusquer ce dénouement en fixant *un terme* de vingt-quatre heures au désarmement de la légion, et le 27 mai éclata, gros de tout ce qui a suivi. L'empereur dut tout agréer, quoique « profondément blessé, » ainsi que portait bonnement la déclaration. La légion académique arriva alors à l'apogée de son pouvoir ; ses vides se comblèrent par les hommes les plus dangereux, et un coup de filet donné sur tous les chapeaux calabrais à Vienne, eût produit au triage d'étonnantes saisies. Les comités de la noblesse gallicienne qui s'étaient cotisés pour envoyer des sommes et des agents à Vienne, et les agents polonais également de la propagande de Paris, eussent été mis dans un jour aussi peu favorable que les Caussidière et les Ledru-Rollin.

Les étudiants vécurent de la victoire ; des milliers d'ouvriers se cotisèrent pour faire des pensions aux uns ; des patriotes, les instituts du gouvernement, le Theresianum, et jusqu'à des couvents, logèrent les autres ; quelques aristocrates timorés en prirent aussi, comme une sorte de paratonnerre contre la colère du peuple, et tous ceux qui demandaient au comité de salut public une garde, n'en reçurent pas d'autre ; le comité ne pouvait garantir que les gens résignés à des sacrifices, telle fut sa déclaration. Mais les travailleurs jouèrent derrière les étudiants le rôle de cet esclave qui admonestait les triomphateurs de Rome; au passage de toutes les barricades on voyait des jeunes gens, les futures lumières des quatre facultés, le sabre d'une main, une assiette dans l'autre, demandant, exigeant même un péage pour des travailleurs ivres, accroupis dans le voisinage sur des monceaux de débris.

Tout ce qui avait été tenu dans une oppression obscure depuis des siècles remontait à la surface, malheureusement aussi avec un impur limon; par contre ce qui avait brillé pâlissait. Le colonel F*** en Tyrol, revenant d'Italie, croisa l'empereur dans sa fuite du 17 mai; les voitures arrêtèrent leur élan, la sienne en face de celle de l'impératrice; mais après qu'il eut donné les nouvelles du sud à cette princesse et à l'archiduchesse Sophie, quelles paroles ce loyal militaire plein d'espoir dut-il entendre! « L'empereur s'est sauvé, lui dirent-elles; oui! nos deux époux, lui et François ont dû voir dans leur maison la statue de leur père chanceler sous les assauts de la foule; ils entendaient aussi les imprécations.... L'empereur n'était plus en sûreté. Les placets n'allaient plus à lui, mais aux étudiants devenus usurpateurs, etc. »

La noblesse aussi disparut de Vienne, comme par enchantement dans la matinée du 18; les gens se sauvaient, à peine habillés, dès qu'ils surent la fuite de l'empereur, et depuis lors on n'entendit plus parler d'eux. Comme l'aristocratie confiait de tout temps ses jeunes gens à des prêtres et à des abbés, et les jeunes personnes à des couvents, cette éducation essentiellement de bigoterie et d'idées exclusives de naissance cultivées en famille, ne put la mettre à même de conserver une place au soleil dans la tourmente. Elle devait former une chambre haute dans le parlement, mais le 15 mai lui enleva tout, sans que par un manifeste, par des démarches, par une entente quelconque, par le moindre signe de vie, elle parut avoir le sentiment qu'elle avait été en cause. Le reste de l'année, transie au fond de ses châteaux, elle laissa son souverain, homme faible, mais moralement respectable, se débattre seul avec quelques vieux serviteurs contre la crise. Beaucoup de nobles sont aux armées, mais que de fils d'artisans et de laboureurs également. L'Autriche, parcourant d'un trait la vaste distance qui sépare le despotisme de la démocratie, n'a plus fait que de grandes oscillations d'un de ces extrêmes à l'autre; heureuse si elle parvient à trouver une station intermédiaire.

CHAPITRE VI.

De Vienne à Pesth.

Le lieu où je m'embarquai pour Pesth est de l'autre côté du Prater, sur les bords du grand Danube, près d'une plage nommée *Kaisermühlen*, plantée de vieux arbres. Sous ces ombrages, il s'est improvisé depuis quelques années une sorte d'entrepôt de marchandises; des milliers de ballots contenant des produits bruts arrivés de la Hongrie et de la Turquie y forment des piles énormes, pendant que d'autres moins nombreux renferment des produits autrichiens destinés à retourner en échange dans ces deux pays. Une flottille de vapeurs et de bateaux de remorque, tous en fer et de grandes dimensions, est à l'ancre le long de la rive et y occupe un long espace. La scène est animée et tout à la fois mercantile et sauvage, car tout le mouvement se fait entre des troncs d'arbres et en face d'un fleuve jaunâtre qui coule avec une extrême rapidité. On charge quelques bâtiments, et d'autres se déchargent; le matelot italien chante en tirant la *braga*, les travailleurs allemands jurent, les préposés de la douane et de l'octroi font les importants et se fâchent, et des fiacres arrivent à la file pour déposer sur le sable ici un gros marchand de Hongrie, là un noble magyar, à l'œil hautain et à la barbe noire et profonde, puis une élégante de Pesth, un Arménien d'Orient en bonnet rouge et en large pantalon, enfin toute une société de juifs de Presbourg, dans leurs longues robes noires graisseuses; il faut les accepter pour compagnons de route. Au milieu de tant d'agitation, l'officier de police est seul impassible; il reçoit et vérifie avec une exactitude minutieuse les *passirschein* ou laisser-passer des voyageurs. Enfin la vapeur surabonde et siffle avec force, le capitaine s'impatiente, fait lever l'échelle, prononce le « full steam » consacré, et livre à son sort un voyageur attardé dont le fiacre arrive ventre à terre. Nous fuyons depuis un moment, et un coude du fleuve nous dérobe la plage, tandis que des passagers en groupe sur le pont sont encore à raisonner sur le magique « full steam » et sur la mystérieuse machine à vapeur qui obéit seulement à des ordres anglais ; et puis qu'on s'étonne si les Anglais sont si respectés partout.

La *flèche* de Saint-Étienne reste longtemps visible et on en suit les dégradations sur la voûte du ciel avec intérêt; mais c'était chez moi de l'émotion, quand le 18 mars 1843, en partant pour Constantinople, je saluai ce dernier clocher gothique sur le Danube pour aller voir mon premier minaret.

Nous laissons à gauche l'île de *Lobau* dont tant de morts et de mourants, en 1809, n'ont point enlaidi l'aspect; des levées de terre à la tête du pont d'*Esslingen* sont encore reconnaissables. — Après trois heures de descente, une masse rocheuse a grandi sur la rive gauche et nous marque le dernier jet des monts Carpathes, venant mourir au sud dans le Danube ; c'est la roche de *Theben*, couronnée de vieux murs en ruines, toute déchirée et minée par la nature et les travaux des hommes, et qui annonce fièrement l'entrée du pays des Magyars. Des flots de peuple venus de l'Orient et de l'Occident ont souvent lutté autour de cette barrière significative, mise par la main de Dieu entre deux pays. La rivière de la *Marche* qui arrive du nord, et se mêle au cours du Danube en rasant la roche de Theben, a roulé souvent bien du sang, surtout dans la bataille du 12 juillet 1260, où le roi de Bohême *Ottochar,* aidé de tous les peuples de l'Allemagne orientale, repoussa dans les flots de cette rivière les Hongrois aidés des

Russes, des Polonais, des Bulgares, des Serbes et des Valaques. On aime aussi à contempler une petite tourelle penchée
sur le fleuve et où, suivant une tradition un peu apocryphe,
deux amants virent troubler un bonheur qui sans cela eût
été trop grand ; poursuivis et sur le point d'être saisis, ils
aimèrent mieux s'ensevelir dans le tourbillon qui écume au
bas du roc.

De là jusqu'à *Presbourg*, où le vapeur passe la nuit, il n'y
a plus qu'un quart d'heure de descente. Durant ce court trajet
j'assistai une fois à la conversation suivante, qui pourra faire
juger le degré de susceptibilité nationale des Magyars. —
« C'est ici, dit un juriste de Presbourg au capitaine, en lui
montrant Theben, que le drapeau autrichien doit s'effacer,
vous entrez sur nos eaux. — Nous ne manquerons pas d'ar-
borer vos couleurs en abordant à Presbourg. — Cela ne suffit
pas, vous êtes en Hongrie du moment que vous dépassez
Theben. — Ferez-vous tant de bruit pour un quart d'heure
de différence ? — Oui et davantage ; pas une minute de grâce,
quand il s'agit de l'honneur d'une terre magyare. — Monsieur
le juriste, puisque vous le prenez sur ce ton, je vous déclare
que ce navire étant autrichien, il peut faire flotter où bon lui
semble le blanc et le rouge de son pavillon, et personne n'a
le droit hormis un pirate ou un ennemi de faire déposer à
quelque navire que ce soit les couleurs nationales. — Sur
mer, je vous l'accorde, mais pas sur le fleuve ; la mer est à
tout le monde, le fleuve est à nous. — Si même le fleuve est
à vous, un navire ne change jamais ses couleurs qu'après avoir
fait échelle ; c'est la règle — Je ne l'admets pas.

Là-dessus la discussion s'échauffa, mais l'arrivée à Presbourg rappela le capitaine à son poste et interrompit les
clameurs. Elles furent reprises un moment après, quand le juriste débarqué revint à bord avec une troupe d'amis, et la dispute dura toute la soirée pour aller mourir sans solution au
parterre du théâtre. — Il faudrait, me dit le capitaine, quand

je le revis, une bonne guerre pour décider à qui appartient la Hongrie ; je vous avoue que, pour le moment, je n'en sais rien moi-même. C'est peut-être la cinquantième fois que je soutiens le même débat avec ces forcenés pour une misère dont l'importance est seulement dans notre bon droit, que je ne pourrais abandonner sans honte. On ne peut nous faire poser nos couleurs tant que nous n'avons abordé nulle part et même après, c'est une question ; mais, dans leur présomption, ces Magyars traitent l'Autriche avec mépris, avec rage même, et vous en entendrez bien davantage de leur part. — Ce capitaine, poussé à bout, était cependant, en toute autre circonstance, un Italien vrai libéral.

Les abords de *Presbourg* sont agréables, et, de loin déjà, on voit son pont de bateaux s'ouvrir pour laisser passer notre vapeur. La ville est sur la rive gauche, dominée et resserrée par une chaîne de collines parallèles au fleuve et dont l'une porte un vieux castel ruiné, flanqué de quatre hautes tours aux angles et admirablement situé pour l'effet général. Des curieux bordent la rive et un groupe d'entre eux s'est placé dans les positions les plus pittoresques, sur un très petit monticule situé à dix pas du débarcadère et barricadé aux abords par des couffes de charbon et des ballots à embarquer. Ce tertre insignifiant, et si peu respecté durant toute l'année, acquiert cependant, à de rares époques, l'importance que voici : le couronnement des rois de Hongrie s'y consomme, et le souverain, revêtu d'ornements qui datent de saint Étienne, doit y monter en grande pompe, à cheval, et brandir son sabre vers les quatre vents des cieux, pour promettre sûreté et défense au royaume ; spectacle chevaleresque rehaussé par les applaudissements d'une des plus belliqueuses noblesses du monde. — Au débarcadère, dans cet espace grand comme un mouchoir de poche, se trouve réuni tout ce qui anime Presbourg ; les rails d'un petit chemin de fer allant vers le nord passent au pied du tertre du couronnement et les

wagons y circulent, traînés par des chevaux, bousculant les
flâneurs, le charbon qu'on embarque et les passagers qui
prennent terre. Le drapeau tricolore hongrois, au bout d'une
perche, flotte gaiement sur cette cohue et il y a là vraiment de
quoi crayonner. Le pont du Danube est à deux pas et offre un
lieu de réunion plus vaste pour les oisifs ; on le traverse pour
aller se promener sur l'autre rive, dans un grand parc planté
à l'anglaise. Presbourg a été la ville de la Diète jusqu'au printemps de l'année 1848, et les habitants, qui ont toujours
souffert des députés nobles, sont, pour parler le langage des
fictions constitutionnelles de ce pays, un peu plus attachés à
l'empereur d'Autriche qu'au roi de Hongrie.

Ils sont Allemands la plupart ; cependant j'ai toujours
trouvé avec surprise les sympathies pour les Magyars plus
fortes qu'elles n'eussent dû raisonnablement l'être chez des
hommes d'une autre race et d'intérêts opposés ; ainsi, à
Presbourg, où on devrait les détester, ils ont encore des amis.
Il faut que l'esprit impétueux et la mâle vigueur d'un caractère demi-sauvage, sévère comme celui des Espagnols, puissent gagner quelquefois les Allemands et les Slaves, ou, à
défaut, leur en imposer. Une des servitudes dont Presbourg
avait à gémir vaut la peine d'être citée. La Diète y prenait ses
logements gratis et la loi fixait qu'ils devaient consister dans
le *tiers* de toutes les maisons, tiers meublé et habitable, s'entend, et choisi par un commissaire. Cette charge a pesé sur
Presbourg pendant soixante-cinq Diètes et n'a été abolie qu'en
1844, lorsque la durée des sessions, allant parfois jusqu'à
deux ans, rendit aux habitants leur position insupportable.

Le départ du vapeur a lieu de grand matin. Des rives
basses et monotones, des îles innombrables et boisées, des
troncs d'arbres arrêtés au milieu du courant, du gibier de rivière, un grand cachet de solitude et de rudesse primitives,
tout cela réuni c'est la Hongrie. Des *moulins* flottants rangés
en files obliques ferment plus ou moins le passage, car la

police du fleuve est encore à créer. On les compte par centaines ; le meunier apparaît souvent à la porte de sa maison
flottante et regarde d'un air narquois le vapeur manœuvrant
avec peine pour l'éviter, car lui s'est emparé du meilleur fil
de l'eau pour y placer commodément sur leurs ancres ses deux
bateaux, entre lesquels se déploie une interminable roue hy-
draulique. Le capitaine n'a pas de plus grand ennemi que ces
moulins et la ruse machiavélique de leurs hôtes. « Die verf...
Mühlen, » dit-il avec horreur, comme s'il parlait de vipères
ou de serpents à sonnettes. C'est que si le propriétaire trouve
son moulin vieux ou endommagé, il ne manque jamais de le
placer dans quelque étroit passage pour le faire abîmer par la
rencontre diurne ou nocturne d'un vapeur et se faire payer la
valeur d'un moulin neuf. Quels affreux carambolages que ces
brutales rencontres ! On voit tous les passagers cherchant à
s'accrocher à quoi que ce soit et à se remettre sur leurs
jambes, en criant dans les dix-huit langues parlées en Hongrie : « Monsieur le capitaine, monsieur le capitaine ! » Et lui,
de son côté, furieux, désolé, se voit à huit jours de là, mis hors
du service actif ou tout au moins passant un mauvais quart
d'heure devant les directeurs de la compagnie des bateaux
siégeant en conseil de guerre à son sujet.

Durant le printemps de 1845, ce trajet, au bas de Presbourg, était fort curieux ; une inondation, la plus forte qu'on
eût vue dans ce siècle, changeait le pays à perte de vue en une
plaine d'un beau jaune doré. Ici sortait le pignon d'une maison
submergée, plus bas une société de toits de chaume descendait le courant ; plus de ces vastes champs de roseaux sur les
rives ; le sommet des forêts surnageait seul, des corbeilles de
verdure marquaient çà et là la place des îles boisées, et quelques oiseaux chantaient sur les branches, mais on eût dit
de désespoir. L'immense île de Schutt avait comme disparu pour se changer en un lac de la dimension de celui de
Genève.

Gönyö est une de nos stations. Là, pour la première fois, on aperçoit sur la rive nombre de paysans hongrois dans l'attirail de leurs peaux de mouton ou de leurs manteaux de feutre blanc plus lourds encore. Immobiles, hérissés de flocons de laine, ces bergers assistent à l'embarquement du charbon, comme au plus attachant des spectacles. — L'île de Schutt, sur notre gauche, se termine à la forteresse de Comorn dont les murailles s'avancent en pointe vers le sud à l'endroit où le grand Danube et un de ses bras opèrent leur jonction; ces fortifications, tant vieilles que neuves, sont rasantes, et par des soins excessifs sont devenues une Mantoue de la Hongrie, un véritable boulevard pour l'Autriche, destiné à arrêter anciennement les Turcs et plus récemment les mécontents hongrois; mais on sait quel jeu bizarre des révolutions a donné à ces derniers mêmes la ressource magnifique qui avait été préparée contre eux. Le pays des environs est très fertile et concourt à augmenter les avantages d'une place dont un seul côté est vulnérable. Le prince Eugène usa vainement ses forces à l'attaquer en 1809, et les habitants mettent leur gloire à vivre sous ces remparts et à rappeler de vieux adages en souvenir de sa résistance toujours heureuse jusqu'à ce siècle; mais ce devrait être plutôt leur terreur, car les forteresses, comme les pics orgueilleux des montagnes, ont la propriété d'attirer la foudre. Un pont de bateaux joint les deux rives sous le canon de la place.

Sur l'autre rive, plus bas, est la ville de *Gran*. Un jour j'y descendis, et je pus vérifier que sa réputation d'être la Rome du Danube est fort méritée; quinze cents ou deux mille novices, prêtres et solliciteurs de bénéfices, y habitent continuellement, et dans leur loisir affluent en public, se mettent en colloque entre eux ou avec des femmes sur les places, près des portes et des magasins, et jouissent d'un grand renom de galanterie. Le premier dignitaire ecclésiastique de la Hongrie, l'archevêque palatin, réside à Gran et y fait bâtir sur un rocher, à la place de l'ancienne forteresse, une cathédrale splendide à laquelle, il voue, dit-on, un demi-million de ses revenus par année. Le fronton est grec, à pilastres, d'un goût équivoque, et derrière l'édifice on élève pour clocher une tour massive formée d'anneaux qui vont en retraite vers les étages supérieurs. Elle ressemble à la tour de Babel des vieilles gravures, et paraît une épigramme contre le pays où s'est le plus transplantée la confusion des langues. Le faîte de l'église et le pourtour de la terrasse où elle est bâtie sont ornés de statues en marbre vouées à divers saints. Un saint Pierre se rendit, il y a quelques années, coupable d'une seconde chute, car sa statue colossale tomba du haut du rocher sur la ville et y écrasa deux maisons avec ce qui s'y trouvait; et comme si l'origine de cette cathédrale devait être plus ou moins tachée de sang, indépendamment de nombreux accidents d'ouvriers, perdant leur équilibre sur les hauteurs aériennes où ils travaillaient, l'architecte lui-même fut assassiné par son domestique; les circonstances étaient aussi étranges que celles d'un procès célèbre sous la restauration, et sa femme eut grand'-peine à être acquittée.

Le clergé hongrois est le plus opulent du continent et peut lutter pour ses revenus avec celui d'Angleterre, dans un pays, notons-le bien, cent fois moins riche et où le paysan est accablé de redevances et de corvées. Ainsi, la plus belle rue de Gran est formée de douze hôtels tout neufs appartenant aux douze chanoines de la cathédrale dont chacun à trente mille florins de revenu et un train de seigneur. C'est ce qui irrite l'opinion publique depuis des années; nobles et bourgeois à l'envi traitent le clergé avec un mépris tel, que les déclamations d'un radical anglais sur ses évêques sont innocentes en comparaison. Dans les Diètes même, les évêques ont dû s'entendre dire de la part des magnats les plus grosses injures dont un langage humain soit capable; la noblesse ne s'est point crue solidaire des périls du clergé, comme c'est le cas en Angleterre, et la position de celui-ci est devenue assez mauvaise pour le forcer à se jeter dans le libéralisme, prêt à beaucoup sacrifier pour beaucoup sauver.

Gran a un pont de bateaux sur le fleuve; c'est le second depuis Vienne. Ces ponts sont autant de coupe-gorges pour les finances de la compagnie des vapeurs, car je me rappelle une époque, où pour l'ouverture de trois ponts seulement, à Presbourg, à Comorn et à Neusatz, elle dépensait au-delà de 30,000 francs par année. C'est que la libre Hongrie est le plus beau pays à abus qu'il y ait sous le soleil; les vapeurs sont autrichiens, et les riverains hongrois n'ont pas de peine à faire prévaloir dans la pratique leur droit de couper la navigation par de nouveaux ponts de bateaux là où bon leur semble, et de ne les ouvrir que pour un droit variable de 4 à 6 florins. Un jour donc, les bourgeois de Gran s'étant avisés qu'ils pouvaient établir une excellente communication avec l'autre rive, sans dépenser un kreutzer, le pont fut en moins de rien construit par eux, bon et solide, avec une seule ouverture, et les vapeurs durent capituler. C'est le moyen âge sous une autre forme.

Tout le pays du voisinage repose sur du charbon fossile dont les limites n'ont pas encore été déterminées; l'épaisseur des couches dans les mines de Tath, que je visitai, se trouva être de trois pieds jusqu'à trente-six. Ce combustible s'exploite à des prix minimes, se rend en peu d'heures au rivage et promet un développement illimité à la navigation à vapeur et à l'industrie de Pesth qui s'en alimentent déjà.

Les rives sont montueuses à partir de Gran; sur la droite est le château de *Vissegrad*, ancienne résidence royale. A voir ce nid d'aigle, tout ruiné, placé sur des pics noirâtres qui surplombent le fleuve, on se rend difficilement compte de l'emplacement qu'y pouvaient occuper les jardins délicieux dont parle une ancienne chronique. On les qualifiait de paradis sur la terre, mais ce n'en est plus un que pour les lézards.

Aux approches de *Pesth* le fleuve se tourne vers le sud, et la contrée s'adoucit pour faire place à une capitale et à la grande plaine de Hongrie. A droite des îles boisées; il s'en élève un bruit retentissant de marteaux, frappant sur des timbres métalliques, qui doivent être immenses, car, durant le silence du soir qui s'approche, on les entend à toute distance; c'est que ces îles renferment les chantiers de la compagnie du Danube, deux mille ouvriers et des navires en fer que l'on construit et sur lesquels tombent ces bruyants marteaux. Derrière ces îles, sur la rive droite, apparaissent les toits des premières maisons d'*Alt-Ofen* ou de la *vieille Bude*, emplacement digne d'être cité, puisque Attila y avait fixé sa résidence, ou si l'on aime mieux son camp, comme des fouilles récentes ont paru le prouver; au-dessus d'Alt-Ofen sont des collines à vignobles arrosées de vieux sang chrétien et turc et d'où le vin de Bude a pris son nom de « *Türkenblut* » sang de Turc. Sur le prolongement de ces collines en suivant le fleuve se trouve la ville de *Bude* proprement dite, avec une éminence saillante garnie de vieux bastions sur lesquels trône une masse carrée, imposante, le palais du palatin; c'est le Bude historique, fort original d'aspect, et qu'un voyageur musulman a trouvé si ressemblant à la citadelle d'Angora en Asie Mineure; elle fut tour à tour le boulevard de la chrétienté et du croissant. En face de ces deux villes de *Bude* si ardues et si vieilles, on trouve sur l'autre rive et dans le plus parfait contraste une vaste plaine couverte d'une multitude de maisons neuves éclairées par les rayons d'un soleil à son déclin; cette ville toute moderne avec des édifices ornés de colonnades et de portiques, avec des barques et des pyroscaphes amarrés le long de beaux et larges quais, c'est Pesth. Entre ces villes se faisant face une contre deux, coule en se contournant le fleuve d'où elles tirent la vie et l'air. La dernière fois que j'y arrivai, on voyait deux masses sombres s'élevant du sein des eaux et couvertes d'engins, de poutres et d'hommes;

il s'en échappait la respiration précipitée et sifflante de machines à vapeurs à haute pression. Depuis lors, ces deux châteaux marins sont devenus les deux piles du pont suspendu de Pesth, le plus hardi du continent ; mais alors, il était encore une question d'avenir et la perspective était fermée dans le bas du fleuve par l'ancien pont de bateaux ; notre vapeur rasant les escarpements de la citadelle de Bude décrivit un vaste demi-cercle et vint s'appuyer aux quais de Pesth.

On débarque ; grande foule sur le quai ; des figures de voleurs, ou plutôt de vrais voleurs, bordent la haie.—Prenez garde à vos effets, me dit un voisin ; ce quai fashionable est un des lieux les plus mal famés de Pesth. — Demandera-t-on les passeports et la visite ?—Non pas ; vous et votre malle vous arrivez sur la terre libre de Hongrie !—C'est en effet la liberté la plus illimitée du monde, s'il y en a pour les voleurs et les volés, pensai-je, tout en suivant de fort près mon bagage jusqu'à l'hôtel d'Angleterre, fort bel et bon établissement où j'ai toujours logé dans mes séjours à Pesth et où j'aurais certainement du plaisir à me retrouver encore, si les bombes du brave général bernois *Henzi*, renfermé à Bude, ne l'avaient converti ce printemps 1849 en un monceau de ruines. Quelle société bigarrée de tous pays on y trouvait ! Sans parler d'heureuses coïncidences comme celle du prince Puckler Muskau, avec son Abyssinienne, son petit nègre, ses chevaux arabes et ses excentricités.

CHAPITRE VII.

Bude. — Pesth.

« Quelle eau diabolique voulez-vous me faire boire là? demandai-je le soir à souper au garçon; c'est du soufre, du nitre et de l'absinthe? — *Vos grâces* savent sans doute qu'on ne peut pas boire notre eau de Pesth à moins d'être du pays? — Et comme je n'en suis pas... — Vous préférerez peut-être l'eau minérale de Roitsch ou celle des jardins Orcsy. — Va pour le Roitsch. » Là-dessus parut un long flacon de verre bleu à cou fort mince, renfermant une eau minérale détestable encore, mais préférable à l'eau ordinaire. La plus minérale des deux n'est pas celle qu'on pense, me dis-je; cependant, je voulus encore essayer l'eau des nobles jardins Orcsy, et cela devint tolérable. — Quant au vin, il y en avait un des environs ressemblant à s'y méprendre à du bordeaux, mais un peu plus chaud. — Un poulet et un plat de côtelettes parurent sur table nageant dans une sauce au poivre rouge, le paprika national; c'était brûlant d'épices à mettre le corps en feu, mais je vis des gentilshommes mes voisins avaler d'énormes quantités de ces ragoûts sans sourciller, et conclure par deux plats, l'un de saucisses et l'autre de boudins. — Évidemment, j'étais dans un pays nouveau, pour la cuisine du moins, ce qui emportait déjà une série de conséquences sur tout l'ordre social. Madame de Genlis l'a dit, et c'est une des choses durables de ses écrits; la cuisine et la civilisation ne font qu'un. D'emblée je compris que si les portes de l'estomac ne devaient ouvrir que discrètement un de leurs battants à la cuisine magyare, les yeux et les oreilles avaient à gagner à s'épandre de tous côtés.

En remontant à ma chambre, j'y retrouvai un employé supérieur de la compagnie du Danube auquel le préfet de police de la ville, présent aussi, faisait d'interminables politesses. Cette nouvelle connaissance faite, je me lève pour aller sonner les garçons au bout du corridor, lorsque M. le préfet, découvrant mon intention, s'élance comme un bouledogue (il avait une belle corpulence), m'arrête d'un bras, saisit le pommeau de la porte de l'autre : « Vous, s'écrie-t-il, vous? Jamais! » Il court, sonne, et revient tout essoufflé, et un peu trop vite pour que nous eussions eu le temps de comprimer une immense hilarité. Après cet exploit, M. le préfet trouva encore le moyen de nous faire mille *salem* pour quelques misères, et se retira avec humilité, me laissant fort inquiet sur l'état de son cerveau. — On eût pu en douter à moins ; le chef de la police d'une ville de quatre-vingt mille âmes dans laquelle tout le monde porte la fierté jusqu'à ce degré d'attitude insolente où l'homme n'est plus qu'une pétrification, devenir un serviteur si humble de modestes étrangers!... Cependant, deux mots d'éclaircissement. — La police des villes hongroises est un corps militant et souffrant dont l'action porte sur les bourgeois de la ville et a peu de prise sur les nobles ; ceux-ci, dans leur outrecuidance du moyen âge, ont toujours la canne levée sur les employés de la police, lorsqu'elle oublie envers eux les égards qu'un serviteur doit à son maître. Ils l'osent, car leur personne est inviolable, un esprit de corps les anime, et il faut à la police des précautions de tous les jours pour échapper aux mauvais traitements ; la plus mince prétention, celle de maintenir l'ordre public par exemple, suffit pour faire écraser les municipaux de soufflets et de coups. De là cette profonde humilité ; de là cette profonde vénération de la police de Pesth, la plus exposée de toutes,

pour sa glorieuse sœur en Autriche, et pour tout ce qui est
Autrichien. Le préfet de Pesth lui-même tournait les yeux sur
Vienne comme sur la patrie de la félicité et du bon ordre, il
priait tous les jours pour que les limites de cette terre pro-
mise pussent s'étendre jusqu'à lui, et devait sans doute voir
des mortels privilégiés en nous, employés de l'administration
des vapeurs autrichiens, entreprise alors en grande prospérité. Que ceci explique ou non l'ovation dont j'eus ma part,
toujours est-il que ce pauvre homme menait une vie épouvan-
tablement dure, et nous le verrons reparaître plus loin pour
se faire assommer par les nobles.

La tendresse des Hongrois pour leur ville de Pesth tient de
la passion de Jacob pour Benjamin ; les rues, les places sont
des créations de ce siècle, les plus belles de leur pays, ou mieux
les plus belles du monde à leur avis. Toutes les notabilités du
royaume y ont un palais ou un logement, et bien que la population soit allemande aux deux tiers, le Magyar y entend à
chaque pas les sons chéris de sa langue ; car, à force de per-
sécutions, il a presque fini par l'imposer à tout le monde, à
commencer par les marchands et leurs écriteaux. « A Vienne,
me dit un patriote magyar, tout est mesquin. Il y manque
nos rues régulières, ce superbe quai, notre mouvement com-
mercial. Vienne est léchée par un filet d'eau dérivé du Danube ;
mais à Pesth ce fleuve coule majestueusement comme une
Tamise à notre usage ; nous sommes presque un port de mer,
à voir cette flottille de barques bordant nos quais, à entendre
ces coups de canon prolongés par les échos de la forteresse, et
annonçant le départ ou l'arrivée des vapeurs. Les édifices qui
bordent nos quais ont un air monumental, et le pont achevé,
nous aurons la plus splendide des capitales, car pour la plus
libre, nous l'avons déjà. Tout peut se dire et se faire à Pesth,
nos hommes portent leur fierté à l'impossible, et il n'y a ni
votre Metternich, ni votre police, pour avilir les caractères.
N'êtes-vous pas frappé de ces moustaches et de ces barbes

incultes de nos patriotes? De pareils sauvages ne pourraient se mouvoir sur le pavé de Vienne sans être suivis d'une queue de mouchards, tandis que chez nous on les admire et nos belles en raffollent. »

Il y a quelque vérité dans ces assertions, mais je dois chercher à les compléter. D'abord, sous le point de vue matériel, un des fléaux de la contrée ne tarde pas à se révéler au premier souffle de vent; c'est un linceul de sable fin comme celui du désert, et dont la ville est en un clin d'œil enveloppée, le jour obscurci, et l'air rendu irrespirable; ces colonnes de poussière, aussi épaisses que les brouillards de Londres, passent sur le toit de l'hôtel, s'abattent dans la cour, sur le quai et le fleuve, et cachent pour des heures entières la vue non pas seulement de la rive opposée, mais de celle même où nous sommes. Cet inconvénient détestable vient de la nature du pays où Pesth est placé, sur les bords d'une plaine de sable mélangé de substances salines. Qu'on tire de Pesth à Szégédin sur la Theyss une ligne longue de trente-cinq lieues environ, on aura sur tout cet espace les landes de la Hongrie, habitées par les Cumanes dans les parties les moins arides; l'immense village de Keckskemet est à peu près au centre de cette triste contrée. En traversant une fois ce désert dans la belle saison, au mois de mai, je ne trouvai qu'une maigre végétation luttant péniblement sur un sol alcalin; l'horizon était tout parsemé de taches jaunâtres ayant de cent pas à une demi-lieue de largeur, et celles que nous eûmes à traverser se trouvèrent être des îlots d'un sable fin. Chaque année les vents font émigrer ces îlots, soit pour en réunir plusieurs, soit pour les morceler, et dans leurs allures capricieuses ils enterrent ici de maigres récoltes d'orge et d'avoine, et là vont noyer sous quelques pieds de sable les jardins d'un village, obstruer la route et bloquer les portes et les fenêtres des maisons. Ces inondations de sable sont incomparablement plus fatales que celles d'un torrent ou d'un fleuve débordé, car elles ne séjournent pas un jour ou une semaine dans la même localité, mais y persistent des années entières, et partout où elles ont passé la fertilité disparaît pour une longue période. Il n'y aurait pour arrêter ce fléau que des plantations de conifères, mais les bras et les moyens manquent à ce travail qui devrait être gigantesque pour emprisonner et fixer des sables mouvants aussi étendus; les Cumanes n'y ont probablement jamais songé, car on voit peu d'arbres dans ces plaines, et elles sont utilisées seulement par des troupeaux d'oies et de porcs, là où quelque humidité restée dans le sol a favorisé la végétation. La voiture de Szégédin, continuellement en danger de verser, cahotait péniblement sur ces vagues de sable ou s'enfonçait parfois jusqu'à l'essieu, et à chaque péripétie saillante du trajet, un des voyageurs prenait la parole pour grossir d'une personne tuée ou blessée le catalogue de toutes les autres victimes déjà connues de cette mauvaise route. Je dis route, mais c'est par erreur, il n'en existe aucune, il y a seulement une direction plus ou moins reçue, où les pluies et le vent font disparaître la trace des roues à mesure que la voiture avance, et mettent souvent le voyageur qui suit dans l'incertitude; les squelettes d'animaux égarés abondent dans ces lieux, vrais avant-postes des déserts de la Tartarie, et les voyageurs isolés y laissent aussi parfois leur dépouille, qu'on retrouve blanchie au soleil. — La nature saline de tout ce pays et des plaines plus fertiles sur les contours est la cause du goût salé, amer et nauséabond des eaux de source, comme je l'ai dit en commençant; une bouteille d'excellent vin est plus vite trouvée qu'un verre d'eau potable. L'air lui-même participe aux propriétés salines du terrain, probablement par la fine poussière qui est plus ou moins en suspension dans l'atmosphère; pour ma part, je gagnai une inflammation aux yeux dans ce voyage sur les sables, et à la même époque des ophtalmies à divers degrés avaient envahi la ville de Pesth et mis la moitié de la garnison à l'hôpital.

8.

L'absence de végétation à Pesth et sur les promenades est une privation pour les étrangers, mais les Pesthois s'y sont merveilleusement accommodés ; bien plus, leur aversion pour tout ce qui verdit et fleurit est portée au point d'exclure systématiquement tout végétal de l'enceinte de leur ville, et de voir en cela un trait de leur supériorité sur le reste du pays. Parlez-leur du bon effet que des lignées d'arbres pourraient produire dans leurs vastes rues et dans leurs places dont l'éclat blanchâtre fatigue la vue, ils croyent vraiment qu'on se moque d'eux. Des acacias plantés sur le sable devant les maisons ! il faut laisser cela aux villages du Banat ; les soins d'une municipalité pour conserver de la verdure sur les boulevards de Paris, ou les dépenses des habitants de Londres pour leurs squares, c'est pour eux un trait tout à fait méprisable. Pesth est donc une ville de briques dont la verdure ne peut approcher d'un certain rayon ; heureusement que la rive opposée de Bude est toute garnie de collines, de champs et de bosquets.

Le luxe a des déploiements excessifs ; Vienne est une ville modeste et d'un goût délicat comparée à Pesth, où, meubles et vêtements étalent sans ordre et sans mesure tout ce que les soieries peuvent porter de couleurs tranchantes. Une lourde robe de soie traînant sur le sol sa queue bien poudrée était de grand genre. Les équipages des seigneurs ont des chevaux plus vifs, plus fringants, mais peut-être moins bien dressés que ceux de Vienne. Des hussards en rouge ou en vert et fort empanachés servent de laquais et donnent une dignité particulière à ces carrosses, fuyant rapidement dans un nuage de poussière ; tout en volant, le noble jette un regard superbe au piéton juif, qui disposera demain peut-être à merci de ses terres et de son palais. — Pesth est le rendez-vous de la noblesse, dont le point de réunion central est un fort beau casino. Les étrangers y étaient plus libéralement accueillis par ces grands seigneurs, qu'ils ne le sont dans les cercles des villes bourgeoises, et il y avait un puissant intérêt et d'étranges pressentiments

à étudier au milieu de ces chevaleresques et impétueuses figures de Magyars, tout ce que leur caractère renferme de mouvements généreux, d'énergie primitive et de violent patriotisme. Pour l'esprit et la vivacité, on eût dit les Français des
temps plus rudes de Bayard, et pour la figure austère, des
Espagnols de Philippe II. Que le patriotisme est une belle
chose, puisqu'il est si difficile de résister aux vibrations de sa
voix chez autrui, lors même qu'il aspire ouvertement à la
tyrannie; et tel il était parmi ces nobles.

L'université fut pendant bien des années un repaire craint
de la bourgeoisie, comme le sont les établissements de ce
genre en Allemagne; enfin, il y a plusieurs années, les autorités organisèrent contre elle un corps défensif où les bouchers
figuraient en première ligne. L'épée que les juristes portent
tous, de droit, au côté, fut impuissante contre un ennemi
armé de gros gourdins, et depuis cette épreuve les deux mille
étudiants ont vécu plus rangés que dans mainte autre université.

Il y a des théâtres, et ils forment avec les casinos les lieux
où éclatent les opinions du jour, ou plutôt des espèces de mêlées, car le manque d'ordre est la plaie universelle. Le bourgeois a des priviléges spéciaux dans les villes où il habite, et
cependant la noblesse y vient lui dicter la loi; ainsi quoiqu'il
y ait un théâtre en langue magyare à Pesth, la noblesse prétend dominer despotiquement celui de la bourgeoisie où l'on
joue en allemand. Il y a quelques années, les deux classes à
Pesth eurent le malheur de ne pas s'entendre sur le mérite
d'une chanteuse; la noblesse lui lançait des pommes, assez
pour la meurtrir, et ce fut une guerre civile à coups de poing
et de bâton pendant plusieurs mois. Enfin, un magnat, le
jeune comte K***, voulant en finir et décider la question que
les nobles étaient maîtres sur le terrain d'autrui, se présenta
un soir au théâtre, mit deux pistolets chargés sur le devant de
sa loge, et aux cris d'*éljen* (vivat) des siens, menaça de brûler

la cervelle au premier assez osé pour applaudir. La bourgeoisie allemande se leva tout entière et ce fut une sauvage mêlée. Ce chef de la police que nous avons déjà vu si accommodant, jugeant que le moment suprême pour la cause de l'ordre dans la ville était arrivé, crut qu'il fallait vaincre ou succomber, et il succomba malgré les efforts surhumains de lui et des siens; on l'emporta demi-mort ainsi qu'une foule de gens, et la chanteuse presque mutilée ne reparut plus. — Un ambassadeur turc, venu de Constantinople, était de passage à Pesth alors, et se trouva assister à ce spectacle; les projectiles pleuvaient autour de lui, le parterre, la scène et les galeries gémissaient sous le poids de combattants forcenés, et le grand capitaine Mayer, un des favoris de son excellence, cherchait à lui persuader que l'opéra pour lequel elle était venue prenait une tournure inattendue et qu'il était prudent de s'éloigner. Mais le pacha persista à rester sur le devant de sa loge, et à rire aux éclats, chose rare pour un Turc, ne pouvant admettre qu'une représentation si amusante fût, comme on le prétendait, manquée.

On regardait en Hongrie Pesth, comme une sorte de capitale, mais c'était, avant les concessions de 1848, beaucoup plus une tendance nationale persistante, qu'un droit reconnu par le souverain; et le fond de la question, le véritable emplacement de la capitale était indécis et formait un des nœuds les plus insolubles dans la position embrouillée du royaume. Le peuple magyar ayant été nomade à l'origine, les rois avaient dû participer à ces habitudes ambulantes. Le roi Étienne qu'on a canonisé *aimait* à se trouver à Gran, mais c'était un simple goût, un penchant; ensuite on couronna les rois et on garda leurs insignes à Stuhlweissenburg, à quelques heures de Bude, et les États s'y assemblaient annuellement. Le château de Wissegrad que nous avons vu, perché sur un roc, à quelques heures au-dessus de Pesth sur le fleuve, eut plus tard son tour, mais au quatorzième siècle la résidence fut transportée à Bude, des architectes français et italiens l'embellirent, et sous Mathias Corvin elle fut dans un état de splendeur. Mais, hélas! peu après sa mort, le croissant y fut planté, et dès lors les Hongrois ne revirent plus d'une manière permanente leur souverain au milieu d'eux; Presbourg fut déclaré capitale. Depuis Joseph II les autorités centrales n'y résidèrent cependant plus, et quoique les Diètes aient continué à s'y tenir à cause de la proximité de Vienne, cependant cette ville n'était qu'un chef-lieu de comitat. Une chancellerie hongroise résidait à Vienne, et une succursale, si l'on peut dire ainsi, à Bude, avec son président le palatin ou viceroi. Jusqu'aux derniers bouleversements la royauté et le gouvernement avaient donc leur résidence à Vienne de fait, à Bude de nom, la Diète se tenait à Presbourg, et la nation siégeant par son esprit public à Pesth, ne considérait Bude que comme un faubourg et une chancellerie. Les nations élisent des centres de leur génie et de leur civilisation à des titres aussi valables que celui du souverain qui choisit un lieu convenable pour son palais, aussi doit-on désormais regarder Bude-Pesth, moralement et politiquement, comme le centre du pays; et que le titre de capitale lui soit ou ne lui soit pas confirmé par les événements, cela n'y changera rien.

Comme Pesth résumait en soi la vie et les passions bonnes ou mauvaises du pays, on peut dire aussi que les abus y prenaient également leurs plus vastes dimensions. Une flânerie dans les rues et sur les quais le long de ce puissant Danube qui est à la fois l'artère et la raison d'être de la ville, ne manquait jamais de conduire aux abords du pont de bateaux entre Pesth et Bude. Là, on pouvait voir jusqu'à l'année dernière (depuis je l'ignore) la pratique bien primitive de la levée d'un impôt en Hongrie. Le péage de ce vaste pont formait un revenu de la ville, et était prélevé par quelques agents appuyés par deux pelotons de soldats toujours sous les armes, échelonnés des deux côtés de l'entrée. Tout noble, tout bourgeois, tout étranger bien vêtu passait fièrement tête levée, mais le pauvre diable en guenilles, le paysan avec sa voiture traînée de maigres chevaux s'arrêtait tristement au milieu du flot des gens riches et non taxés, pour alléger sa poche de quelques pièces de cuivre. Cependant voici arriver un autre misérable conduisant des pourceaux, lequel, bien loin d'obtempérer à la brusque demande des agents, leur assénait quelques coups; grand émoi dans le poste, fusils et baïonnettes se présentaient, mais fort inutilement, car il se trouvait qu'on avait irrité en lui ce qu'il y a de plus susceptible au monde, la fierté magyare sous les haillons; le récalcitrant était noble, noble offensé, et s'était trouvé dans son droit en meurtrissant l'agent pour lui apprendre à reconnaître la physionomie des gens de qualité. La fréquence de ce pont au centre des villes de Bude et Pesth amenait si souvent des scandales pareils, qu'un groupe de curieux était toujours en permanence à la tête du pont pour les attendre et jouir des mille incidents procurés par ce triage des boucs et des brebis.

J'entendis beaucoup discuter à la même époque si le péage du nouveau pont en chaînes que faisait alors construire le baron Sina pourrait se prélever. Cependant aucune entreprise n'eût pu répondre à des vœux plus ardents. Chaque année, pendant les mois d'hiver, les glaces du fleuve font supprimer le pont de bateaux, et les communications sont rendues fort dangereuses ou même impossibles entre Bude et Pesth, c'est-à-dire entre deux quartiers peuplés, l'un de quatre-vingt mille âmes et l'autre de moitié; les gens que des affaires pressantes ou le simple travail journalier pour gagner leur vie appelait d'une rive à l'autre, laissaient chaque année des victimes dans le fleuve. La foule stationnant sur les deux rives assistait au spectacle vraiment primitif de faibles nacelles portant des hommes armés de rames et de longs bâtons, qui luttaient contre le courant et le choc redoutable des glaçons flottants; parfois les bateliers sautaient à l'eau ou sur les glaces, ou bien balançaient leurs embarcations pour les dégager avec accompagnement d'un certain cri soutenu, *youlaï*, *youlaï*. — Mais peu importait à certains nobles fanatiques de voir mettre un terme aux noyades et au sauvage cri de *youlaï* au milieu de leur capitale, pourvu qu'ils n'eussent rien à payer ; beaucoup d'entre eux voyaient une première atteinte à leurs priviléges intacts depuis un millier d'années, dans ce péage sur tout le monde accordé par la Diète à l'entrepreneur du pont, et cependant sur cette base fragile celui-ci consacrait une dizaine de millions à des travaux tels que rien de semblable ne s'est encore fait sur le continent. Pour fonder les deux piles nécessaires entre les rives, il fallut travailler jusqu'à plus de cinquante pieds au-dessous de l'eau, avant de dépasser un gravier mouvant et d'atteindre une argile assez compacte pour servir de base à la maçonnerie. Les piles furent faites dans des bâtardeaux formés par une double paroi de gros pieux contigus battus à la vapeur ; la force des bâtardeaux devait être énorme pour résister à la pression des masses de glaçons qui descendent au printemps, de ce terrible *eisstoss* qui fend les îles par le milieu et déchire les rivages. Ce n'a donc pas été le moindre mérite des ingénieurs anglais préposés à ce travail, de faire en un été de l'ouvrage assez solide pour n'être pas lavé par la grande crue à la fin de l'hiver suivant, et toute la population de Pesth, rangée sur les rives, assista alors avec émotion à cette lutte de l'art contre les forces aveugles de la nature ; mais plus tard, au moyen de beaux cubes en pierre de taille venus de la haute Autriche et tous reliés entre eux par des crampons, on donna à chacune des deux masses la solidité d'un roc d'une seule pièce. Le pont est sur chaînes de fer, en trois jets, sous chacun desquels les vapeurs passent aujourd'hui commodément et presque sans baisser leur cheminée. — La reconnaissance magyare n'a point brillé jusqu'à ce moment, et sous de misérables prétextes Kossuth a fait confisquer les propriétés du baron Sina.

Les hauteurs de Bude sur la rive opposée offrent une vue très vaste; les remparts sont à peu près démantelés et les pentes abruptes de cette forteresse sur lesquelles Turcs et chrétiens ont si souvent monté à l'assaut ont été changées en promenades avec de charmants sentiers. Quant aux vues de la forteresse et à ses bâtisses, chancelleries et palais la plupart, elles ont en temps ordinaire cet aspect silencieux propre aux quartiers où siége la haute aristocratie et la haute politique. La forteresse fut surprise en 1529 par les troupes de Soliman, et resta un siècle et demi aux Turcs jusqu'à ce que le duc de Lorraine la leur enlevât en 1686 après un siége et un furieux assaut, où périt le commandant Abdi-Pacha; je crois me rappeler que sur cette affaire Zschokke a bâti une de ses plus jolies nouvelles. Le reste de la ville qui consiste en quartiers ouverts situés plus bas, et Alt-Ofen à une lieue de là, n'ont que des rues inégales, sans mouvement, sans aisance, de vrais villages en comparaison de Pesth. L'inondation du printemps 1837 avait laissé des traces jusque dans l'automne de 1839, où je parcourus ces villes pour la première fois; le fleuve avait monté d'une trentaine de pieds au-dessus du niveau moyen, et indépendamment des édifices emmenés par les eaux, beaucoup d'autres à peine atteints dans le bas s'étaient écroulés; car ils sont bâtis la plupart de briques mal cuites ou seulement séchées au soleil, à travers lesquelles l'eau s'insinue de bas en haut, et finit par faire tomber les murs lorsqu'ils sont ramenés à l'état de bouillie[1]. Pesth avait souffert davantage, mais avait plus vite réparé ses pertes. Un seul grand édifice en s'affaissant avait englouti cinq cents personnes qui s'y étaient réfugiées; beaucoup d'autres maisons avaient croulé de même en se fondant pour ainsi dire dans l'eau et ne laissant qu'un nuage de poussière au-dessus qui marquait la place où les bateaux de sauvetage

---

[1] C'est là le grand inconvénient des murs en *pisé*.

et les vapeurs circulant dans les rues avaient la chance de sauver quelques personnes; on a estimé le nombre des victimes, dans ce désastre, à 4 ou 5,000. — Le Blocksberg, colline fort élevée sur la même rive que Bude, est le point dominant de la contrée; au sommet est un observatoire avec quelques instruments délabrés, hormis deux beaux télescopes tournés plus souvent sur les objets lointains du paysage que sur les astres.

R. I.

CHAPITRE VIII.

Les Hongrois, les Croates et l'Autriche.

Le Hongrois vante, non sans raison, son pays comme une miniature fidèle de l'Europe, pour la variété des climats, des productions et des richesses minérales ; mais, hélas ! ce même pays est aussi l'Europe pour la multiplicité des races et pour leurs haines mutuelles. A ne juger que d'après la carte, on trouve la Hongrie si bien, si nettement dessinée, munie de barrières naturelles si puissantes, que la nature semble avoir destiné ce bassin à la force et à l'unité politiques ; et cependant c'est une des contrées les plus déchirées du globe ! Sans la présence d'un gouvernement vigoureux, les races diverses seront toujours prêtes à s'y entr'égorger, et ne voyons-nous pas, dans ces temps calamiteux, le pouvoir réduit par les fureurs de la caste dominante, les Magyars, à accepter le défi et à prendre parti, les armes à la main, pour les opprimés.

Ce pays de polyglottes sera-t-il jamais la patrie d'hommes heureux ? Qu'attendre de ces tiraillements dans des villes et des villages où trois et quatre nations vivent entre elles porte à porte au milieu de la confusion des langues et de la discorde des sentiments ? C'est un malheur inouï et presque irréparable. Il y a des générations, des siècles même que ces Allemands, ces Slaves, ces Magyars, ces Valaques se rencontrent dans la rue ou dans leurs travaux sans que des marques extérieures de sympathie viennent couvrir d'un léger voile l'abîme qui sépare leurs natures. Traits du visage, langues, sons de la

voix, habillements même, tout est si différent qu'on croirait
à une puissance maligne dont le plaisir aurait consisté à réunir spontanément, d'hémisphères opposés, des créatures humaines, afin de jouir de leur invincible répugnance à se traiter
en concitoyens !

Essayons pourtant de dérouler quelques-uns des malheurs
du plus bizarre et du plus incurable malade parmi tous les
royaumes de l'Europe, bien que la difficulté de peindre une
pareille complication soit grande et que la passion ait rendu
cette tâche presque rebutante. Il n'est aucun homme, aucun
peuple qui ne retrouve en Hongrie des races ou des tendances
sympathiques, et ne soit enclin à la partialité sur ce terrain,
puis nulle part on n'a vu de factions si acharnées, une barbarie
de termes et de procédés si outrageuse. Presque tous les écrivains qui ont traité ce sujet ont reçu des injures et des dé-
mentis violents, et le manque de données exactes sur la population, la richesse et les droits politiques a servi de prétexte
à des insultes littéraires sans nombre. La magyaromanie a été
jusqu'à des provocations en duel pour des questions de langue
et de statistique, et des écrivains magyars, battus sur le terrain de la publicité par leurs adversaires slaves, ne craignaient
point le ridicule d'en demander un autre.

Rechercher les causes de cette confusion de Babel que la
Hongrie nous offre seule à un si déplorable degré, c'est un
problème historique fort intéressant ; on a déjà soulevé de
plusieurs côtés le voile qui le couvre, mais il serait bien hardi
de prétendre jamais déchiffrer tous les hiéroglyphes de cette
vieille terre des Huns et des Magyars ; il y a des ouvrages spéciaux sur ce sujet, et les écrivains récents s'en sont beaucoup
occupés. Ici je me contenterai d'indiquer les Slovaques des
Carpathes comme passant pour les plus anciens occupants du
pays, et les Allemands comme ceux dont les immigrations ont
duré le plus tard, puisqu'elles continuaient encore de nos
jours, lorsqu'un décret de la Diète, du 31 janvier de l'an-

née 1848, a interdit toute nouvelle entrée d'étrangers (il faut lire d'Allemands), et a interdit aussi à tout étranger d'acheter des terres! C'est par d'aussi pitoyables retours vers une législation violente que les Magyars songent à acquérir dans le pays une supériorité numérique qu'ils n'ont jamais eue ; mais la considération que leur race est beaucoup moins prolifique que celle des Slaves, et aussi moins laborieuse, leur énergie tournée vers les déchirements politiques et la guerre, et enfin le simple tableau des autres habitants prouveront suffisamment qu'il y a un mauvais sort attaché à un but injuste ; les terres restées encore désertes en Hongrie ont peu de chances de se peupler par la race dominante, si elle ne trouve pas des moyens plus en harmonie avec la science de l'économie politique.

C'est au neuvième siècle que la Hongrie fut conquise par ces Magyars, race asiatique, arrivant de la Russie méridionale au nombre d'environ deux cent seize mille hommes en état de porter les armes, sans compter les femmes, les enfants et les vieillards. Ce peuple épouvanta par sa laideur, sa férocité et ses incursions dévastatrices tout le cœur de l'Europe ; sa cavalerie légère était aussi prompte à envahir un pays, et à tout brûler et piller qu'à l'évacuer ensuite. Cette terrible race ne s'établit définitivement que dans la Hongrie et la Transylvanie, et même elle n'y prospéra jamais de manière à se trouver en majorité vis-à-vis des autres occupants. Le danger résultant de cette infériorité numérique a augmenté de nos jours pour les conquérants ; ils l'ont senti, et ont voulu y parer par un aggravement de pression sur les peuples soumis ; de là cette tension dans tous les rapports intérieurs du pays, tension telle, que de simples questions de langage y ont pu amener quinze ans de troubles, et enfin la guerre.

Durant cet état de malaise progressif, les écrivains magyars, en parlant de la population de leur pays, n'ont jamais eu en vue que l'intérêt de la caste dominatrice ; ils ont développé tout un art de grouper les races en exagérant le nombre et l'unité de la leur, le morcellement des autres, diminuant le chiffre des peuples soumis, niant leur malheureux état d'oppression et leur aptitude à un sort meilleur ; qu'on ne s'étonne donc plus si ces infortunés ont dû se jeter dans les bras de l'Autriche et de l'influence russe. Cette polémique sans équité a été la seule connue des journalistes et écrivains Kossuth, Lucacs, Pulsky et de bien d'autres. La vérité a été sacrifiée aux nécessités d'une domination violente, et bien des gémissements sont restés étouffés. L'histoire, hélas ! ne compte et ne peut compter que les souffrances de gens pouvant écrire et se faire lire, aussi des millions de malheureux passent sans bruit et sans historiens. Le mal a été d'autant plus ignoré, que des écrivains étrangers, surtout français, séduits par les apparences révolutionnaires d'un certain parti chez les Magyars, ont coloré de leur approbation indistinctement tout ce qui, dans cette conduite, était hostile à l'Autriche, sans se soucier que l'oppression des faibles fût la base de ce plan d'hostilités.

Suivant les écrivains magyars, il y a dix-huit races différentes en Hongrie, parlant autant de langues ou dialectes ; mais huit d'entre elles forment à peine trente mille têtes, en sorte que noyées dans la masse ou reléguées dans un coin du pays, leur présence ne s'aperçoit pas. Disons en passant, que ce sont des *Bulgares* race slave, des *Français* venus de la Lorraine, puis des *Grecs*, des *Zinzares*, quelques *Arméniens*, des *Monténégrins* et des *Albanais*. Ajoutons à cette énumération les *Zigeuner* ou *Bohémiens*, et il ne reste que dix races importantes : mais elles peuvent se réduire à neuf, en songeant qu'une d'elles, les *Serbes* ou *Ratzes*, est séparée en deux rites de grecs unis et non unis, et que c'était un pur artifice de vouloir en faire deux peuples différents, puisque l'origine et la langue sont communes. Les neuf races distinctes sont les *Magyars*, les *Allemands*, les *Valaques*, les *Juifs* et cinq branches de Slaves nommés *Slovaques*, *Serbes* ou *Ratzes*, *Rhuthenes*, *Windes* et *Croates*.

Déterminer le nombre relatif de ces neuf peuples n'est pas possible exactement ; les Magyars ont évité jusqu'ici le chemin qui y aurait conduit, et parmi de nombreux projets de réforme, ils ont oublié un dénombrement. L'écrivain magyar le plus estimé sur ces matières, M. Fenyes, est arrivé, en 1844, à quelques résultats, fruits d'un travail d'autant plus incertain qu'il est laborieux et compliqué de méthodes différentes. Tout ce qu'on y trouve d'un peu solide vient d'un dénombrement sur la frontière militaire en 1838, et de quelques registres tenus par les évêques catholiques et grecs sur leurs coreligionnaires ; tout le reste est du pur arbitraire ou n'a guère plus de valeur scientifique ; des approximations de vieux écrivains ou de l'auteur, des compléments de population calculés au sentiment ou d'après la surface d'un district, ne satisfont pas l'esprit.

Ces chiffres de population, plutôt devinés que trouvés, ont été joyeusement accueillis par les Magyars, mais contestés par toutes les autres nationalités, et les voici :

En joignant à la Hongrie, la frontière militaire, la Croatie et la Transylvanie, toutes trois *partes adnexæ* du royaume, il affirme que les Magyars y forment plus de quatre millions huit cent mille têtes, dont un demi-million au moins dans la Transylvanie sous le nom de Szèkles. Les Slaves réunis formeraient un demi-million de moins que les Magyars, les Allemands un million deux cent mille en tout, les Valaques deux millions deux cent mille, et les Juifs deux cent cinquante mille[1].

---

[1] Il répartit ainsi les cinq grandes branches slaves :

1,687,000	Slovaques,
1,258,000	Serbes ou Ratzes,
886,000	Croates,
40,000	Windes,
442,000	Ruthènes,

4,313,000	tous Slaves, auxquels il faudrait ajouter quelques Bulgares, Albanais et Monténégrins.

En joignant l'armée à tous ces chiffres, on ne trouve pas loin de treize millions pour la monarchie hongroise et ses annexes, et c'est bien peu en songeant que ces pays forment plus de la moitié de la surface de tout l'empire d'Autriche.

Ces calculs sont surtout attaqués sous le point de vue de la distribution des chiffres entre les diverses races, et ils ne sont admis que par les Magyars et leurs partisans. Les Allemands réclament, mais c'est surtout à l'égard des Slovaques, peuple des Carpathes, que porte la discussion. Ce peuple est nombreux et compacte au point d'habiter, sans mélange d'aucune autre race, quatre comitats, sans parler de bien d'autres où il domine ; tandis que les Magyars n'occupent pas un seul comitat à eux seuls, et qu'on en peut dire autant des autres nations. Un auteur slave très estimé, Schafarik, a donné aux Slovaques un million de plus que Fenyes ne le fait, et un habile statisticien du dernier siècle, Schwartner, paraît frappé du chiffre de cette race. D'ailleurs sur onze mille bourgs et villages en Hongrie, les Magyars en occupent trois mille sept cents, et les Slaves cinq mille huit cents, quoique à vrai dire on réponde à ce fait que les premiers sont généralement plus peuplés que les seconds.

Quoi qu'il en soit, en abandonnant ce sujet riche en disputes et en affirmations gratuites, retirons-en ce grand fait avoué de tout le monde, c'est que l'infériorité numérique des Slaves vis-à-vis des Magyars, si elle existe, n'est en aucun cas bien sensible.

La civilisation en Hongrie a dû ses progrès les plus marqués aux *Allemands* ; si, durant tout le moyen âge, ils ne fussent continuellement venus en corps nombreux se fixer dans ce pays et y bâtir des villes sous la protection et avec de beaux priviléges obtenus des rois, il est indubitable que de nos jours encore on n'y verrait qu'une plaine parcourue en tous sens par des nobles à cheval, sans que les arts s'y fussent élevés au-dessus d'une agriculture dans l'enfance. De nos jours encore, les Allemands font plus de la moitié de la population dans les villes qui méritent ce nom, et où les arts et les métiers sont exercés; et si, embrassant le pays entier, on y compte un artisan pour quatre nobles (ce qui est étonnamment peu), c'est avant tout aux Allemands qu'on le doit. L'agriculture a aussi profité du séjour des Allemands; en cultivant la même terre que le Magyar ou le Valaque, ils en retireront toujours un tabac, un maïs supérieur, un blé plus nourri, moins souillé de terre et d'ivraie et pour lequel on donnera un meilleur prix. C'est tellement vrai, que dans le Banat on parle de *blé allemand* et de *blé hongrois* comme s'il s'agissait de deux graines différentes. Ils est cependant singulier que l'Allemand, si bien doué pour l'économie domestique et le patient labeur, ces vraies bases de l'homme civilisé, n'ait jamais tenu aussi fortement à sa nationalité que d'autres peuples, lorsqu'il est transplanté loin du sol germanique; il peut se métamorphoser en Français, en Suisse, en Anglais, en Russe, en Turc même sans beaucoup de difficulté, et dans ces cas le type paternel disparaît complétement chez ses enfants. Si de nombreuses colonies allemandes vivent concentrées, la transformation est moins prompte, mais l'esprit national se retire du corps, et les habitudes primitives n'ont plus qu'un refuge de moins en moins sûr au foyer domestique. C'est cette malléabilité du type extérieur au gré des circonstances contre laquelle se cabrait un peu rudement l'écrivain allemand qui disait à ses compatriotes : « Vous êtes l'engrais de la civilisation. » En Hongrie, l'Allemand a toujours eu le sentiment de sa supériorité sur la noblesse magyare désordonnée et endettée; il a toujours préféré en être le créancier que l'égal; mais cependant lorsque, dans les dernières années, le fanatisme des Magyars faisait trembler pour leur existence toutes les autres nationalités, l'Allemand a été le plus lent à se réveiller; il a tourné au Magyar, ou bien il a cédé, transigé, patienté. Aujourd'hui qu'une grande lutte est engagée entre un gouvernement régulier et le despotisme d'une noblesse exclusive, il hésite, et, hormis le Saxon de Transylvanie, ne se joint point encore aux armées de sa nation accourues pour le délivrer.

Si les Allemands sont une richesse pour le pays qui les possède, par suite de leur industrie et de leur facilité à passer dans le corps de la nation, les *Juifs* offrent le tableau le plus opposé. Au moyen âge, ils ont éveillé les idées en montrant qu'on peut s'enrichir autrement que par l'épée et la lance, et en se faisant les propagateurs de la science des Arabes et surtout de la médecine ; mais de nos jours, ils ne font rien pour la civilisation et enrayent le commerce honnête et les améliorations agricoles dans les pays du moins où ils sont un peu nombreux. Le peu d'argent qui est en Hongrie, ils savent l'accaparer pour ne le restituer à la circulation qu'à des intérêts monstres, si bien que le taux de quinze et vingt pour cent des capitaux en Turquie serait fort libéral en comparaison de celui que doit subir la noblesse hongroise pour bâtir ses palais, nourrir son luxe, sa galanterie, ses chevaux et ses hussards. C'est un vrai pays de cocagne pour les enfants d'Israël ; il n'y a là point d'empereur de Russie pour les taquiner sur leurs barbes, mettre un impôt sur leurs longues robes sales et forcer leurs mains rebelles à tenir les cornes de cette charrue dont ils ont tant horreur ; ils parcourent le pays et jusqu'aux moindres villages sur des charrettes, achètent au paysan sa laine, ses grains, son suif, et se chargent de réaliser en fait de bénéfices tout ce que peuvent offrir les cinquante-cinq comitats. Les Ratzes ont seuls pu lutter jusqu'ici avec le savoir-faire juif dans le négoce, aussi n'ont-ils pas la meilleure réputation. On citait dans les derniers temps comme une rareté quelques grands seigneurs, pour avoir rétabli leurs affaires et s'être émancipé de l'esclavage des créanciers juifs ; toujours est-il que ceux-ci ont excité une haine fanatique chez tous les peuples moins intelligents qu'ils exploitent ; l'Allemand ne parle des juifs qu'avec cette amertume dont on poursuit des rivaux heureux ; le noble s'avilit pour leur emprunter, mais en retour les couvre de mépris jusqu'au jour de l'échéance ; la populace enfin ne demande qu'à les piller et à faire couler leur sang comme au moyen âge ; c'est ce qu'elle a pu réaliser en différents lieux pendant les désordres de l'année passée, et si des nouvelles fort vagues ont seules transpiré des districts reculés, vrais coupe-gorges pour ces malheureux, on a lu avec horreur que, dans le séjour de la Diète, à Presbourg, le magistrat, tiède ou impuissant à les protéger, les exilait de la ville pour vingt-quatre heures, afin de mettre sa responsabilité à l'abri pendant qu'on les assommait dans leurs maisons !

L'intelligence supérieure des juifs est un trait remarquable ; presque partout la législation les entrave plus ou moins et les charge à double pour l'impôt ; en outre, ne travaillant pas le samedi et fort peu le dimanche, puisque leurs affaires principales qui sont avec les chrétiens se font dans le reste de la semaine, il leur faut ramasser en cinq jours la subsistance que nous nous procurons en six ; or ils comblent et au delà tous ces désavantages et font hurler de jalousie leurs ennemis.

Leur nombre augmente considérablement. La Bohème et la Moravie, par une législation barbare, ont fixé à 8600 et à 5400 le nombre des familles juives qui peuvent habiter leur territoire, et dans chaque famille *un* fils seulement peut se marier, après en avoir obtenu permission de l'autorité ; mais les pays voisins ne connaissent pas ces restrictions. En Hongrie, les juifs ont triplé en cinquante ans : c'est une augmentation comparable à celle dont ils effrayèrent l'ancienne Égypte, aussi les politiques s'en inquiètent avec raison ; cette population ennemie de l'agriculture, adonnée à l'usure et au commerce uniquement, est une immense difficulté ; elle coudoie rudement les chrétiens qui veulent faire une industrie ou un trafic quelconque. Les droits civils qu'elle ne possède pas complétement il faudra bien les lui donner, ce n'est que justice ; mais quant aux droits politiques, c'est plus douteux, et

on se demande même si c'est possible ; car il reste à faire
l'expérience que des centaines de mille juifs peuvent exercer
ces droits dans un pays restreint, sans causer des tiraillements
désordonnés. L'expérience de la France ne prouve rien, car
elle a, proportion gardée, neuf fois moins de juifs que la Hongrie, et quant à l'Angleterre, elle n'en a presque pas. On voit
approcher l'époque où, aux Juifs comme aux Polonais errants,
il faudra rendre leur ancienne patrie.

Une nation tombée aussi fort bas, c'est les *Valaques*; ils
occupent en nombre égal la Hongrie et leur pays propre, la
principauté de Valachie, et, chose bizarre, c'est dans celle-ci
qu'ils sont le plus misérables. En Valachie, la contrée paraît
plus déserte qu'elle ne l'est, parce que beaucoup de paysans
y habitent, non des maisons, mais des espèces de terriers dont
le toit est au niveau du sol ; un vieux chaudron pour faire
cuire la mamaliga ou maïs pilé, et quelques peaux ou guenilles,
voilà l'ameublement. En hiver, il n'est point rare de voir in-
sinuer dans ces caves un arbre entier pour y chauffer non la
la famille, qui songe peu à ce luxe, mais quelque voyageur en
détresse ; une extrémité du tronc brûle dans l'intérieur pendant que l'autre ressort par le trou de la porte qui sert en
même temps d'issue à la fumée ; la neige et le vent entrent jusqu'à ce que la combustion ait assez raccourci l'arbre pour
qu'on puisse fermer l'ouverture. Cette race valaque si déchue
est encore chaussée de sandales à l'antique, et son habit rappelle les Daces de la colonne Trajane ; dépourvue de nerf pour
le travail, elle conduit mollement des chariots dont les roues
sont de simples pièces de bois, massives, sciées d'un gros
arbre et encore garnies de lambeaux d'écorce sur le contour ;
aussi à sa vue on ressent une pénible surprise ; c'est comme
une sanglante ironie jetée sur nos temps civilisés ; des raffine-
ments sociaux nous agitent, et voilà encore en Europe, à
quelques journées de voyage, des peuples couverts de peaux
de bêtes et sans conscience de ce qui se passe dans le monde !

En Hongrie, les *Valaques* sont plus avancés; le gouvernement qui s'y est occupé d'eux valait mieux que celui des Turcs en Valachie ou de leurs successeurs les boyards; ils ont eu sous les yeux d'autres peuples qui les ont un peu stimulés, et ceux qui habitent la frontière militaire autrichienne ont dû plus de lumières et de bien-être que tous les autres à une tutelle éclairée des officiers allemands; l'empereur les a mieux traités que le seigneur féodal. Ils ont aussi moins que les autres cette invincible apathie, cette indifférence suprême pour les coups, l'argent ou la mort même, indifférence qui ne fait plus tendre le bras que pour de l'eau-de-vie de prunes, le *sliwovitz* favori.

Le Valaque hongrois ou transylvain n'en était point encore à demander de droits politiques, lorsque les concessions improvisées de l'année 1848 sont venues le trouver; il se fût contenté d'être un peu dégrévé et de sentir mieux observées à son égard les lois de l'humanité dans les lieux où il était soumis à la féodalité. L'insensibilité apparente du Valaque cède devant celui qui le traite pendant quelque temps comme un être humain; ainsi un vieux soldat, coupeur de bois à Clausembourg, se rappelait, la larme à l'œil, des six mois qu'il avait passés comme prisonnier de guerre en France; ce temps avait été le plus beau de sa vie; des coups de crosse, il pouvait en avoir reçus, mais, ajoutait-il : « les Français me donnaient du bon vin et me disaient *camarade* et quelquefois *monsieur*; c'est le peuple le plus gai et le meilleur à vivre. »

Il est vrai que les Valaques sont du rite grec; mais ce serait une erreur de croire qu'il y ait chez eux une prédilection pour les Slaves ou les Russes; les Allemands mêmes ne leur plaisent qu'à demi; les Saxons de Transylvanie les emploient aux plus rudes travaux et les maltraitent. C'est au manque d'union entre ces deux peuples qu'est due la ruine des Saxons de Cronstadt et d'Hermanstadt; les Valaques, tout ennemis des Székles qu'ils sont, ont néanmoins pillé et égorgé dans les districts saxons au lieu de se joindre à eux contre le terrible Bem. Si le Valaque hongrois attend tout de l'empereur, celui de Valachie ne trouve de vraiment sympathique que le Français; sa langue n'est d'ailleurs qu'un latin corrompu; c'est à peine si un mot sur cent est slave.

On regarde les Valaques comme un débris des anciennes populations romaines de ces pays, infortunés sur lesquels ont passé toutes les invasions en les écrasant. A côté de la barbarie et de la paresse constitutives, fruits de quinze siècles d'oppression, on trouve chez eux quelques restes d'une ancienne civilisation ou corruption dont on soupçonnerait l'origine romaine. Par exemple, dans certains endroits, les paysannes se mettent toutes du fard. Une fois je rencontrai sur la frontière militaire un capitaine allemand, obscur et respectable philanthrope de ces contrées. Tous les dimanches, les cérémonies grecques finies, il rassemblait ses sujets devant l'église, et donnait des instructions variées suivant l'âge et le sexe. Le règlement militaire et la morale, l'agriculture, la tenue du ménage, et jusqu'à la préparation des aliments entraient dans son programme. « J'ai eu quelques succès, ajouta-t-il, mais je n'ai jamais rien pu contre les fortes doses de blanc et de rouge dont les femmes et les filles badigeonnent leurs joues; elles préfèrent subir les conséquences de cet usage, se faner jeunes et perdre leurs dents. »

Les mœurs sont le côté faible des Valaques; plus ils sont d'une condition relevée, plus ils en profitent pour vivre dans le désordre, et en particulier leur aristocratie de Bukarest a littéralement épouvanté tous les étrangers qui ont porté le regard sous le vernis de sociabilité dont elle se couvre en imitant les Français. Le divorce est si facile et si fréquent, que le mariage est devenu une fantaisie dont la durée est ce qu'on veut bien. La polygamie franche et légale des Turcs serait préférable à un pareil état de pourriture morale; elle est susceptible de règlements et de lois et avilit moins le caractère. Qu'on veuille, au reste, prendre une carte de géographie et suivre la ligne du Danube ; il se trouve que la moralité des pays riverains descend avec le cours des eaux, et le dernier degré se trouve aux bouches du fleuve ; supposer un état pire serait supprimer toute société humaine, du moins telle que les anciens et les modernes l'ont connue.

Les *Slaves* vont maintenant attirer nos regards. Ils étaient les occupants légitimes de la Hongrie, lorsque les Magyars, venant de l'Asie et se jetant au travers de ce riche bassin, en ont rempli l'est et le centre, et les ont refoulés vers les Carpathes au nord, et vers les Alpes et le Danube au sud. Ces deux groupes de Slaves ont eu depuis lors peu de contact mutuel, et ont développé de plus en plus librement les différences de génie et de langage qui les caractérisaient. Le *Slovaque* du nord est laborieux et paisible ; sur lui, et nullement sur le Magyar, repose l'avenir industriel de la Hongrie ; car il est seul apte à ce genre de travail. Ses traits sont larges et plats, et un voyageur allemand, ayant été assister aux scènes fanatiques du congrès slave à Prague l'été dernier, pouvait dire : « Je n'eus, en arrivant, rien de plus pressé que de m'écraser le nez contre un mur pour n'être pas reconnu. » Une grosse tête, de gros membres, des cheveux longs et raides, un habillement de laine blanche et de toile grossière, voilà le paysan ; mais sous cet aspect un peu lourd, il y a du talent pour la musique, la poésie et tous les genres d'études. Une affection peu bruyante, mais profonde pour sa langue et sa nationalité, présage au Slovaque un plus heureux sort, aujourd'hui que le niveau social des races vaincues tend à se relever. La population a tellement augmenté dans quelques comitats slovaques, que la famine y est en permanence, et les inondations venant s'ajouter à de mauvaises récoltes sur un sol stérile, ont amené des émigrations en masse. Toute la Hongrie a vu ces fugitifs, et il s'en trouvait, en 1844, mourant de misère dans les rues de Pesth, et suppliant les passants de leur acheter leurs enfants. Est-ce à la même cause qu'il faut attribuer les ravages du typhus dans l'année 1847? Il a péri vingt et trente pour cent de la population en plusieurs endroits; des troupes en marche, arrivant le soir dans leurs quartiers, ont trouvé les maisons silencieuses pleines de cadavres! Cette longue arête stérile et montueuse au centre de notre continent, qui se compose des montagnes du nord de la Bohême et se continue par les Carpathes, est une espèce d'Irlande continentale, où la surpopulation amène d'incurables souffrances. L'industrie, ce champ arrosé par des eaux plus capricieuses que celles du ciel, a augmenté le mal; malheur aux populations d'ouvriers dont une crise commerciale peut faucher la moisson! Il ne faut rien moins que ces causes puissantes pour entraîner à des centaines de lieues de leurs chères montagnes ces pauvres Slovaques, que nous voyons venir chez nous à pied avec de grosses balles de toiles sur le dos.

Pendant la longue période où les Slaves du nord perdaient leurs droits politiques, se familiarisaient au joug des Magyars, et ajoutaient à leur condition les ressources et les misères de l'industrie, les Slaves du sud, toujours le fer à la main, luttaient avec les Turcs. Cette peuplade des *Croates*, une vraie poignée de gens, offrit dans ses montagnes une résistance plus indomptable que la Hongrie entière; le croissant flotta sur Bude mais pas sur Agram. Qu'on se demande maintenant si ces hommes de fer, ces Circassiens de la Save iraient aujourd'hui se soumettre sans combat aux volontés des avocats et des journalistes de Pesth et aux clameurs d'une Diète? Ils leur répondront comme ils ont répondu aux Turcs dans des cas pareils, en faisant marcher à l'armée tout ce qui chez eux peut porter un fusil.

Les *Croates* appartiennent tous à la religion catholique; le tiers environ de leur nation habite la frontière militaire en face de la Bosnie, et le reste est répandu dans les trois comitats voisins d'Agram, Warasdin et Kreutz, formant la Croatie civile, et dans les comitats slavons. La pauvreté de leur pays leur fait mener une vie active et frugale; ce qu'ils ne produisent pas en blé pour couvrir leur consommation leur vient tous les ans de la basse Hongrie en remontant la Save. Il y a une grande variété de climats et de natures du sol dans la Croatie, depuis les plus âpres montagnes jusqu'à de jolies collines couvertes de vignobles; et l'empreinte de ces variétés physiques se remarque dans le visage doux ou terrible, dans le caractère paisible ou belliqueux de l'habitant. Il y a des Croates petits, maigres, jaunes et fort laids, d'autres plus favorisés de la nature; d'autres enfin, comme ceux des régiments frontières d'Ugulines et de Liccanes qui offrent, pris indistinctement, les plus nobles figures humaines qu'on puisse voir. Une grande taille svelte, un front élevé, le nez aquilin, une voix puissante et rauque, des armes à la ceinture comme les Turcs, une intrépidité sans égale, surtout à la baïonnette, tout cela fait de ces montagnards les plus pittoresques et les plus solides soldats d'infanterie. Les costumes des Croates varient, et il y en a d'extraordinaires; les *Seressanes*, avec des cheveux tressés, un bonnet et un manteau rouges, ont fait avec l'armée du ban leur apparition sur le sol autrichien à l'effroi général. Au reste, les Croates sont un peuple soumis et point difficile à gouverner pour l'Autriche, dont ils n'ont jamais reçu que du bien; le goût du pillage, en temps de guerre, leur est fort reproché; mais pour des gens si pauvres, qui passent leur vie entière à garantir leur misérable patrimoine des incursions bosniaques, ou à se payer les armes à la main sur le territoire ennemi, des déprédations continuelles dont ils sont l'objet, on ne peut point trouver de jugements bien sévères, et il faut réserver ceux-ci pour les populations viciées de nos grandes villes, lorsqu'elles se laissent ramener sciemment, par la jalousie contre les riches, aux excès des barbares.

Les *Serbes* ou *Ratzes* sont voisins des Croates. La vigueur, le courage uni à la ruse, du goût pour les armes et le trafic indifféremment, sont les traits dominants chez eux, et ils paraissent prédestinés à jouer dans l'avenir un rôle de plus en plus important. Qu'on veuille bien jeter les yeux sur les pays entre la Drave et la Save, et sur la *Servie*, la *Bosnie*, le *Monténégro*, sur tout ou partie de la *Styrie*, de la *Carinthie*, de la *Carniole*, de *l'Istrie* et de la *Dalmatie*; on y trouvera partout des Slaves rapprochés de langage et d'esprit, et offrant les éléments futurs d'un royaume ou d'une confédération, si le joug des Magyars d'un côté, et des Turcs de l'autre, vient à être brisé. L'Autriche paraît appelée à couvrir de son aile protectrice l'union de ces nationalités qui ont encore à peine une conscience vague de leurs destinées communes, mais sont toutes bien disposées pour le gouvernement impérial. Des symptômes annoncent cet avenir, aussi a-t-on vu dans la levée actuelle de boucliers contre l'ennemi commun, le Magyar, des milliers de Serviens, de Bosniaques, et jusqu'à des Monténégrins, accourir armés en Slavonie pour se joindre aux Ratzes, et ne prendre aucun souci du déplaisir des autorités turques; celles-ci ont mis le feu aux maisons des gens qui les compromettaient ainsi, et la suite montrera si elles suffiront à réprimer par là un réveil si dangereux pour le sultan.

La prévision d'un danger slave faisait depuis plusieurs années crier fort imprudemment les Magyars contre une prétendue conjuration illyrico-croate; on déroula à la Diète hongroise de vastes plans d'une immense conspiration ayant pour but de réunir et de soulever tous les Slaves du sud; la peur était sans doute pour beaucoup dans ces imaginations, mais le gouvernement autrichien fut si fort harcelé, que, pour montrer aux Magyars quelque bonne volonté, il fit défense de prononcer jamais l'épithète d'Illyrien, supprima la « *Gazette Illyrienne* » d'Agram et en cassa le censeur. Au reste, quand des peuples sont poussés par la persécution vers une idée nationale, ce sentiment peut faire son chemin dans les cœurs sans mots officiels, et l'*Illyrisme,* si fort persécuté, est devenu de nos jours un des leviers de l'Autriche pour raffermir son pouvoir ébranlé.

Je passe enfin à la race qui au moyen âge a conquis la Hongrie par le sabre, et qui combat aujourd'hui pour ne point y perdre le pouvoir absolu du même droit dont elle l'a saisi. Le caractère chevaleresque et impétueux du *Magyar* semblait le destiner au commandement ; à sa vue on reconnaît une race énergique, fortement trempée, et on comprend que cette nature ait pu résister aux Turcs et reconquérir le pouvoir après une lutte séculaire. De nos jours il est infatigable à reconstituer de toutes pièces sa nationalité, que tout avait conspiré à ensevelir ; car son pays fut bouleversé depuis quatre cents ans, tantôt au nom d'Allah et de Mahomet, et tantôt au nom du Christ ; la liberté hongroise, fière de ses batailles contre les Ottomans et contre les champions de l'intolérance romaine, fière de son parlement restauré dans la plénitude du pouvoir et de sa langue nouvellement élevée à une place exclusive dans l'État, ne tient plus aucun compte du gouvernement autrichien, dont l'appui a seul empêché tout son pays de rester un pachalik jusqu'à nos jours ; elle ne prétend rien moins que reprendre l'œuvre de la conquête et du moyen âge, et effacer, au dix-neuvième siècle, du sol commun, des peuples beaucoup plus nombreux ; injuste et fatale prétention, au nom de laquelle elle a fait verser beaucoup de larmes suivies aujourd'hui de fleuves de sang.

D'où sont venus les *Magyars,* et où se retrouvent des peuples de la même famille ? C'est là une question non résolue. Les uns voient une parenté entre eux et les Finlandais ; l'écrivain Horvath prétend que les *Scythes,* les *Pélasges,* les *Parthes,* les *Philistins,* les *Cananéens* jébusiens et ammonites, les *Sabins,* auxquels les Romains enlevèrent leurs jeunes

filles, étaient tous du pur sang magyar ! Quant aux Magyars
instruits, je leur ai souvent entendu citer avec complaisance
des traits de rapprochement entre eux et les *Turcs*; ils ne
seraient pas éloignés de considérer leurs ancêtres comme une
tribu nomade de l'Asie centrale, parente des Turcs. L'incli-
nation que les *rebelles* hongrois eurent toujours à se lier avec
la Porte sans ressentir aucunement pour elle cette horreur
instinctive propre à tous les chrétiens de l'Europe fut augmentée, selon eux, par une sorte de consanguinité ; car la lutte fut
plutôt politique, lutte de suprématie que de races entre les
Turcs et les Magyars. Un grand voyageur magyar, Korösi
Csoma, s'était posé pour problème de retrouver en Asie quelques vestiges de sa race ; mais il y a peu d'années qu'il mou-
rut de froid et de misère dans les montagnes du Thibet sans
avoir avancé, par son érudition et ses souffrances, le but de
son pèlerinage patriotique.

Les Magyars ne paraissent pas blancs comme les peuples
caucasiens, mais plutôt un peu bruns; il faut qu'il y ait eu
mélange de sang avec des Allemands ou des Slaves pour qu'on
trouve chez les individus de cette race un teint parfaitement
clair. Une belle taille se rencontre fréquemment, et l'attitude
offre quelque chose de leste, de vigoureux et de décidé; les
hommes avec des yeux noirs, brillants, enfoncés sous un
orbite ombragé par d'épais sourcils, avec des pommettes de
joues saillantes et une couleur bronzée, ont quelque chose
d'inculte et même de sauvage. La voix est forte, rauque parfois, la prononciation nasillarde et lente, pleine de caprices
et de laisser aller. Leur passion pour les moustaches n'est à
comparer qu'à celle des Turcs pour leur barbe; dans aucun
pays on n'en trouverait de si grosses, de si longues, de si
pointues, de si raides; le paysan les enduit de graisse, et tous
les rangs de la société les allongent, les tordent en tire-
bouchon, les font pointer en avant ou s'en aller sur les côtés
jusqu'à disputer de largeur avec les épaules; il en est de la

végétation des moustaches comme de ces arbrisseaux, si faibles chez nous, et dont les dimensions deviennent gigantesques jusqu'à en paraître fabuleuses dans certaines zones plus propices ; c'est le roseau devenu bambou.

On affirme en Hongrie que l'ancien type magyar est d'une laideur repoussante, et que le vrai descendant des conquérants venus de l'Asie ou du Thibet possède à peine la forme humaine. Il est constant que ce peuple, à son apparition en l'Europe, au moyen âge, ne produisit pas un effet flatteur pour son amour-propre ; les chroniques en font foi ; cependant la laideur est loin de former aujourd'hui son caractère distinctif, et il reste à expliquer ce changement heureux.

La laideur repoussante, les formes athlétiques, les visages farouches, contournés, mongols peut-être, irréguliers et impossibles à décrire dans tous les cas, se retrouvent encore, mais confinés dans les parties reculées du pays, dans les montagnes principalement. Sans aller si loin cependant, les régiments de ligne, formés d'hommes pris dans tous les comitats, donnent des exemples faciles à saisir de ce que l'on appellera le type brut du Magyar si l'on veut. Le plat pays offre, à partir de ces épouvantables figures, toutes les gradations, jusqu'à ces beaux hommes auxquels les nations plus policées de l'Europe ne peuvent rien opposer pour la noble et mâle contenance et la légèreté des formes. Cependant il y a des villes où peu de relations subsistent entre certains quartiers, et c'est alors que des différences notables y séparent le caractère des habitants. Szégédin est exclusivement magyar, et renferme dans la vieille ville beaucoup de ces figures sauvages et aborigènes qui tranchent de la manière la plus énergique sur le fond commun des physionomies.

Quelques gens expliquent tout cela par le mélange avec les Turcs ; mais comment serait-il possible que ces conquérants eussent anobli ou modifié aucune race étrangère, puisque ce mélange n'a pas pu exister? Ils prennent des femmes aux chrétiens, mais ne leur en donnent jamais ; leur religion et leur race profitent exclusivement de leur faible pouvoir de propagation ; aussi toutes les nations au milieu desquelles les Turcs ont vécu sont restées intactes, tandis que la leur a vu modifier ses caractères extérieurs. Les Grecs, les Arméniens, les Bulgares, les Serbes, les Bosniaques, les peuples de la Syrie n'ont jamais subi d'autre atteinte des Turcs que celle de leur sabre, et c'est ce qui rend leur résurrection politique possible ; les Magyars n'ont donc pu faire exception à cette loi et il faut chercher ailleurs.

Il y a dans ce peuple des tribus différentes, les unes laides, les autres fort belles. Les populations des Cumanes et des Jazyges sont restées compactes, et leur type a dû subsister sans mélange ; or c'est en traversant la grande et la petite Cumanie que je vis les plus beaux hommes du monde ; la parfaite régularité chez ces grands et fiers paysans, tous nobles et drapés dans leurs peaux de mouton, m'a laissé une admiration ineffaçable ; ils sont à comparer aux plus beaux des Croates. Il est intéressant de remarquer que ces noms de Cumanes et de Jaziges ont été au onzième siècle, et peut-être aussi avant, ceux de deux tribus de la grande race des Oghouzes, d'où sont sortis les Turcs. A partir de cette époque, ces Oghouzes, qui habitaient sur l'Oxus à l'est de la mer Caspienne, cherchèrent toujours à s'avancer vers le sud, et eurent de grands démêlés avec la dynastie des Seldjoukides persans. Les Jaziges qui ont fondé Jassi en Moldavie, en souvenir de leur ancienne ville du même nom, au delà de l'Oxus, sont une tribu oghouze ; ainsi quand ils se trouvèrent comme alliés dans l'armée de l'empereur byzantin Romanus Diogène, pour combattre le sultan Seldjoukide Alparslan, *beau-père* du prince des Oghouzes, ils trahirent leur parti, et en se jetant du côté où étaient leurs sympathies de race, ils amenèrent la défaite et la captivité de Diogène. Les Cumanes et les Jaziges de Hongrie ont-ils une origine oghouze, ce serait là la question? Leur langue semble prouver le contraire, mais toujours reste-t-il à expliquer cette curieuse communauté de noms pour les tribus des deux races. Probablement elle doit reposer sur des rapports inconnus, et dater de l'époque où les Magyars et les Oghouzes vivaient rapprochés dans l'Asie centrale. Les noms des empires périssent, mais rien n'est persistant comme un nom de tribu et de race, surtout lorsque cette race a la fierté du sang, et se conserve pure durant des émigrations de bien des siècles.

L'action lente d'un climat plus doux que celui de l'Asie centrale, une nourriture abondante, une vie facile et ces mille influences inexplicables du sol, de l'air et des eaux, ont dû contribuer à enlever les traits les plus rudes de la figure du Magyar Il n'y a aucun doute que la figure humaine se modifie quoique très lentement, pour s'harmoniser avec les transformations subies par l'âme et l'intelligence, lorsqu'un peuple se civilise ; ainsi les Allemands ont bien changé avec le cours des siècles, et ne correspondent plus guère aux peintures faites de leurs ancêtres ; en particulier ils ont bruni et sont devenus plus méridionaux d'apparence, comme si la civilisation et ses besoins étaient un feu par lequel les peuples sont transformés, ou mêmes consumés comme les Indiens d'Amérique.

Les Magyars aiment les habitations libres de tous côtés, séparées entre elles par des jardins, des fossés, des marais, et c'est par un reste de goûts asiatiques nomades, par une suite de ce plaisir inné pour le sans gêne et la liberté que leurs villes ressemblent souvent à d'immenses villages, à des campements. Qu'on aille dans les quartiers non allemands de *Temeswar*, de *Szégédin*, *Mohacs*, *Essek*, *Débrecsin*, dans toutes les bourgades, on voit toujours deux rangées de maisons, souvent de huttes, séparées par une immense largeur rarement pavée, marécageuse, et à laquelle on ferait trop d'honneur en l'appelant une rue ; les porcs, ces animaux favoris du Hongrois, y abondent, et sont les seuls êtres qui, dans la mauvaise saison, se plaisent à affronter des voies de communication destinées, on le croirait, à eux seuls. La perspective de ce tableau incomfortable va se perdre dans un lointain tout plat, et l'on ne voit de terme ni aux habitations ni aux boues. Durant les chaleurs, ces marais se transforment en champs de poussière fine et soulevée par le vent ; l'atmosphère en est alourdi et l'horizon disparaît comme en temps de brouillards. Les voies de communication, même les plus importantes, sont encore de simples directions ou ornières tracées par l'usage et dangereuses surtout aux abords des villes et des bourgs ; il n'y a pas de plus sûr moyen, en voyageant la nuit, pour deviner la proximité d'un lieu habité que de sentir un redoublement de cahots ou même d'avoir sa voiture collée au fond d'un bourbier ; j'ai vu le cocher arrivé à cent pas de sa destination et réduit à crier au secours. S'il y a des fragments de routes passables et des villes avec des habitations un peu plus serrées que d'ordinaire, les Allemands en sont presque toujours les auteurs ; la capitale, Pesth, a été aux deux tiers bâtie pour eux et par leurs soins.

Tous, nobles ou paysans, vivaient donc comme attachés à une glèbe de l'espèce la plus honteuse, et durant six mois de l'année étaient cloués au sol et aux boues, lorsque l'usage de la vapeur sur le Danube, et plus tard sur la Theyss et la Save, vint faire cesser un blocus qui durait depuis l'époque du déluge. Jamais entreprise ne fut plus bienfaisante et plus populaire que la Compagnie du Danube ; mais elle dut son existence aussi à l'argent allemand. Les Hongrois y contribuèrent peu.

Tout le monde a entendu parler de l'enthousiasme des Magyars pour leur langue et leur nationalité ; ils trouvent un charme puissant et inconnu du reste de l'univers à tout ce qui se prononce ou se chante dans cette langue traînante et mélancolique ; la mélodie en est bizarre, le timbre nasillard, et cependant elle paraît être une source d'ineffables jouissances pour ceux qui la possèdent. Cette idolâtrie a été augmentée par la peine qu'ils ont eue à la rendre enfin langue politique et privilégiée, on peut le dire bien contre tous les droits qu'elle y pouvait apporter, vu son incroyable pauvreté. Une nation de pasteurs asiatiques nomades ne pouvait avoir beaucoup d'idées à exprimer à son origine ; cependant il paraît extraordinaire que sa langue n'ait que trois cents racines, comme on l'affirme, et que pour exprimer les choses les plus communes elle ait dû faire des emprunts à tous les peuples voisins et même aux Turcs, dont elle a accueilli les mots par centaines. On ne s'étonnera donc pas que cette langue, ayant été introduite partout en 1844, dans l'enseignement, il se trouva qu'elle était hors d'état de servir aux cours de sciences, par exemple de théologie, de métaphysique, de mathématiques, de chimie, d'anatomie, et qu'il fallut rester sur ces matières au latin et à l'allemand. Indépendamment des raisons politiques, cette infériorité intrinsèque de la langue magyare fait comprendre à quel point l'entreprise de l'imposer aux peuples slaves, dont les idiomes sont si riches et si flexibles, était folle et condamnée par les lois de l'histoire et de la nature humaine.

Le caractère du Magyar est loyal et généreux ; l'hospitalité n'a pas de bornes chez lui, et plus d'un voyageur, entré dans son pays avec une seule lettre de recommandation, a été adressé par celui qui le reçut le premier à un de ses voisins, et ainsi de proche en proche il a traversé le pays, fêté partout, et défrayé, lui, ses chevaux et ses domestiques. A côté des plus mâles vertus, on trouve cependant chez ce peuple un dangereux penchant à un enthousiasme irréfléchi et à l'emploi de la violence ; il s'échauffe vite, croit alors les plus étranges fantaisies possibles, puis, avec cette ardeur soutenue dont il est capable, il s'enfonce à la poursuite de vraies chimères.

La discussion politique est la manière la plus générale de passer le temps ; combattre des arguments et opposer des dénégations, c'est un plaisir que tous, pauvres et riches, se procurent tous les jours avec une chaleur et un intérêt soutenus.

Rien n'a limité la parole chez de pareils hommes, même du temps de Metternich ; elle a toujours dû jaillir sous la forme avec laquelle elle était conçue. Auparavant la censure subsistait pour la presse, mais c'était un filet à mailles fort larges ; il y passait les plus vives diatribes contre le pouvoir, et quant aux violences, aux grands excès de la parole contre le roi, les ministres et le mauvais gouvernement, chacun pouvait se donner pleine et irresponsable carrière dans les rues, dans les cafés et les clubs ou casinos ; grâce à l'infatigable loquacité et à l'instinct voyageur des nobles hongrois, on a toujours su jusqu'au fond du pays les détails les plus intimes sur ce qui s'élaborait à Pesth ou ailleurs.

La Hongrie est, par excellence, le pays où l'on discute et aussi où l'on *proteste*. Le noble, habitué à surveiller avec jalousie les droits énormes dont il jouit, ou à les réserver pour l'avenir quand une force quelquefois supérieure l'en prive dans le présent, fait un usage continuel de la protestation. Le pays inscrit les siennes contre le roi ou quiconque dans le gros livre des « gravamina, » et attend avec une ténacité séculaire que le jour propice arrive pour en faire redresser quelquesuns ; quant au gentilhomme paysan, il emploie continuellement et de la manière la plus ridicule le mot sacramentel, le mot magique « je proteste. » Ses compatriotes sont les premiers à en rire ; ainsi je lus une fois sur un journal à Arad que, durant l'hiver précédent un noble, un peu pris de vin, voulant passer la Marosh à l'époque de la descente des glaces, et ne trouvant pas de batelier pour cette dangereuse équipée, réserva tous ses droits, *protesta* et lança son cheval dans le fleuve. Un glaçon culbute l'homme : les gens accourent sur la rive, le croyant perdu, mais non, le voilà reparaissant seul, nageant et s'accrochant heureusement à un petit îlot au milieu du fleuve. Bloqué par les glaces, son sort paraissait décidé ; enfin quelques bateliers hasardent leur vie pour sauver la sienne ; cependant il avait fallu du temps pour les décider, et le malheureux avait pu faire bien des réflexions. Mais il n'y parut pas, car du plus loin qu'il vit leur intention, il la désavoua du geste et de la voix, et durant tout le périlleux trajet pour revenir à son malencontreux point de départ, il ne cessa pas un instant, mouillé, transi et furieux de protester contre son propre salut.

Sur le chapitre des jouissances de la vie sociale, après la politique qui y occupe tant de place, c'est à peine si l'on doit citer la littérature et le théâtre; ces deux éléments sont fort peu cultivés, mais je n'en saurais dire autant de la musique et de la danse. La musique nationale est en mineur, et ses thèmes peu variés ont un air de famille; cependant, par la répétition, ils saisissent l'âme d'une impression étrange et douloureuse; il y a là tout à la fois un cachet vague de force et de dignité, et cependant aussi de soupir, de plainte, comme pour un peuple souffrant qui attend de la civilisation quelque chose de mieux que son état actuel. Les étrangers goûtent assez vite dans cette musique une sorte d'entraînement inculte vers la nature et vers une liberté autre que celle de nos climats; elle est sortie d'un peuple habitant de vastes plaines, jouissant de monotones loisirs pour se complaire dans la répétition fréquente de la même mélodie et y faire passer ce qui lui est le plus familier, le murmure des eaux, le bruissement du vent et tous les sons vagues de la nature. La danse est vraiment danse chez lui, et non une convention entre gens énervés pour se contenter de mouvements faciles et négligés. C'est une humeur tantôt molle et qui paraît s'oublier, puis, s'enflammant sans préparation, pour plier en un clin d'œil les membres en vrais esclaves de la fantaisie dans des figures très vives et très compliquées. Le bras gauche est fréquemment replié derrière le dos, c'est l'attitude du laisser aller et du plaisir chez ce peuple; le talon est d'un emploi fréquent par ses battements, qu'un éperon rend souvent plus sonores, et jusqu'à la tête inclinée et balancée, tout prend part à l'action. La beauté du corps et l'agilité trouvent amplement à se mettre en relief dans des difficultés presque de gymnastique, et il y a dans un bal hongrois plus de plaisir à être un cavalier bien tourné que dans aucun autre au monde. Le premier grand bal que je vis à Pesth m'étonna; c'était quelquefois du silence, puis tout à coup le bruit et les entrelacements de cent couples confondaient l'œil et l'oreille.

Quoique les Magyars ne forment qu'un peu plus du tiers des habitants en Hongrie, leur influence politique est prépondérante pour ne pas dire absolue; c'est ce qui me conduit à dire quelques mots de l'organisation politique telle qu'elle a existé jusqu'à cette année.

L'ancien recueil des lois, ou *Tripartitum*, déclare que la nation, ou corps politique, se compose exclusivement des nobles; or, sur cinq cent cinquante mille nobles, les Magyars en comptent quatre cent soixante-quatre mille, ce qui laisse seulement le chiffre de quatre-vingt-six mille, et par suite une bien faible influence aux Slaves, aux Allemands et aux Valaques. C'est ce corps, de moins d'un demi-million de Magyars, qui tient en échec le gouvernement autrichien, les Slaves, les Croates et les Allemands, qui a remporté sur eux de grands avantages législatifs dans les dernières années et leur a enfin, dans celle-ci, déclaré à tous la guerre. Les nobles ont seuls des voix dans les cinquante-cinq comitats du pays, et ils se réunissent à des élections nommées « *restaurations* » pour élire leurs magistrats pour trois ans et leurs députés à la Diète. Le premier *gespann*, ou chef plutôt honorifique que suprême du comitat, est à la nomination du roi, mais le premier et le second vice-gespann, les juges des divers districts, les jurés et assesseurs de ceux-ci, les notaires, le fiscal et ses aides, les percepteurs des contributions, en un mot, tout ce qui tient à l'administration, aux tribunaux et à la police est entièrement à la nomination des nobles. Les comitats forment ainsi de vrais gouvernements presque indépendants, variant, du reste, en population et en richesse à un degré étonnant, car il y en a comptant un demi-million d'âmes; on peut donc juger si l'état des routes, des établissements publics et de la police diffère d'un comitat à l'autre, puisque chacun d'eux fait ce qu'il veut ou ce qu'il peut. Ce système a maintenu la liberté politique dans le corps de la noblesse; le despotisme bureaucratique n'a pu prendre pied, car partout il rencontrait des points de résistance, mais la comparaison du misérable état de la Hongrie avec l'état florissant des autres provinces de la monarchie prouve que, tyrannie pour tyrannie, celle des employés d'un pouvoir intelligent vaut matériellement mieux que celle de nobles ignorants et paysans.

L'assemblée noble, ou « *congrégation*, » ne tient pas toujours sa « *restauration* » sans excès, et elle cause au moins un état de crise dans la ville où elle se réunit. La corruption a lieu dans des limites restreintes, et les candidats pour la Diète ou pour les emplois du comitat amènent les votants à leurs frais sur des chars accompagnés de musiciens, et par des flots de vin transforment la troupe en procession bachique. Dans l'assemblée même il se forme souvent un parti de *hurleurs* qui, par des crix affreux, cherchent à épouvanter et à faire reculer le candidat opposé; au reste, on ne saurait trouver là rien de plus inculte que le pays même, en voyant les excès commis dans ces occasions chez les peuples les plus éclairés. Quatre fois par an, au moins, la congrégation se réunit pour accepter ou rejeter les communications du gouvernement.

La congrégation envoie deux députés à la *Table des États* ou chambre basse de la Diète, où chaque comitat possède une voix; cependant cette chambre, où réside véritablement le pouvoir, a eu toujours une constitution très embrouillée, parce qu'une foule de gens et de corporations y avaient voix délibérative, et par des menées et des clameurs influaient en mal sur tout ce qui se faisait. Voici la raison de cette licence. Chaque noble, au moyen âge, avait le droit de voter aux Diètes et regardait même comme un devoir d'y paraître ; aussi vit-on jusqu'à 80,000 législateurs à cheval dans la plaine de Rakos près de Pesth. La pauvreté des uns, les intérêts agricoles des autres finirent par faire tomber cette affluence ; un demi-système représentatif en fut la suite ; on ne compta plus mais on *pesa* les voix, la « *pars sanior* » l'emporta et le désordre parvint à son comble. L'année 1608, on fixa que la masse des nobles serait exclue, mais pourrait toujours entrer dans la salle avec le costume hongrois et le sabre et se mêler à ses députés. C'est cet élément qui a le plus poussé de clameurs, brandi le sabre et causé de résolutions violentes dans les dernières années ; ce sont là ces milliers de journalistes, d'avocats et d'intrigants qui encombrent les Diètes, commettent les voies de fait dans la salle et dehors, et amenaient ces rescrits royaux dont la modération même ne faisait que plus rougir les patriotes honnêtes. Quant aux voix délibératives, elles sont d'après les lois distribuées aux villes, à des magnats, à des veuves, à des prélats, à des chapitres, à des couvents, à de certaines peuplades, en un mot à des gens la plupart défenseurs d'intérêts privés.

La *Table des Magnats,* ou chambre haute, se compose des grands, laïques ou ecclésiastiques, qui prennent part comme individus au pouvoir souverain et ne représentent qu'eux-mêmes. Cependant cette chambre n'a pas l'initiative réservée au roi et aux États, et si un conflit se prolonge entre elle et les États, les deux chambres se fondent en une pour décider à la pluralité des voix ; mais il y a chez les magnats une tendance prononcée à éviter cette extrémité ; car la séparation en deux chambres n'est qu'un usage, et la loi ne connait qu'une assemblée où ils sont ordinairement battus. Le magnat ne se distingue des nobles, même les plus pauvres, que par son siége à la Diète, et son droit à la plupart des emplois n'est que le droit commun de tous. C'est le palatin ou vice-roi qui préside la Diète.

11.

Les droits des nobles étaient aussi vastes jusqu'ici que ceux dont une caste privilégiée et conquérante pût jouir, car hormis l'esclavage antique qui procurait la nourriture et le vêtement aux maîtres, il ne leur manquait sur les non nobles aucun des avantages qu'avaient les Spartiates sur les Ilotes. Le noble était inviolable de sa personne ; on ne pouvait mettre séquestre sur ses biens pour satisfaire des créanciers, et il restait sur le pied libre si on l'accusait : le vilain seul était bâtonné légalement, lui, non ; lui et ses domestiques ne payaient aucun impôt ou redevance au roi ou au comitat, soit pour les personnes, soit pour les terres ; jamais ses gens ou ses chevaux n'allaient travailler aux routes ou aux digues. Celui qui a payé l'impôt dit « domestical » pour fournir au frais de la Diète et à l'administration des comitats, c'est toujours le paysan. Celui qui a payé le maître d'école, le notaire, le prêtre, les gardes ; qui a bâti où entretenu de ses deniers ou par des corvées les routes, les ponts, les églises, écoles, édifices publics, digues, canaux, qui a desséché les marais pour autrui, changé le cours des fleuves, etc., etc., c'est le paysan d'abord, et en partie le bourgeois. Celui qui a payé l'impôt de guerre et fourni des recrues, c'est le paysan et le bourgeois. En outre le paysan a donné le neuvième de son revenu au seigneur, la dîme au clergé catholique, cinquante-deux jours de corvée avec un attelage, sans parler de charges extraordinaires et de transports de bois pour le seigneur ; il a fourni en toute saison ses chevaux à un prix nominal aux employés du comitat ou à leurs protégés, subi des logements militaires, et avec tout cela cet infortuné était moins chargé que le paysan de Bohème, de Moravie et surtout de Galicie ! La dépréciation dont ces charges frappaient la terre était telle, que, dans le riche Banat, une terre libre de toute redevance valait jusqu'à deux cents florins, et une terre dite urbariale, ou sujette, au plus trente par arpent.

L'horreur des nobles pour tout impôt leur fit porter, en 1740, une loi terrible contre tout homme qui oserait jamais

soulever cette question ; les bocskoros, ou nobles paysans,
voyaient surtout dans ce privilége l'essence de leurs droits et le
salut de la constitution. Tout alla ainsi jusque dans les derniers
temps, et c'était une chose révoltante de voir les charges ne
pesant que sur les misérables.

C'est le comte Széchényi auquel revient, en ceci comme
pour toutes les autres réformes sérieuses, l'honneur d'avoir
le premier élevé sa voix généreuse dans le pays ; ses écrits
firent sentir fortement aux nobles la nécessité d'abandonner
un privilége qui retenait leur patrie dans la barbarie, et il
fut approuvé de la plupart des hommes éclairés. Au reste, à
la persuasion s'ajoutait une dure nécessité ; le gouvernement autrichien ne couvrant pas ses dépenses dans un pays
où l'on ne payait pas deux florins par tête, était obligé d'en-
tretenir une douane entre la Hongrie et les provinces allemandes dans le but d'augmenter sa recette et d'éviter aux
producteurs agricoles de l'Autriche une concurrence trop dé-
favorable avec leurs rivaux non taxés du riche sol des Magyars ; il était cependant toujours prêt à abandonner ces
restrictions du moment où on lui accorderait l'imposition de
la noblesse. Mais celle-ci, peu disposée à céder, aurait voulu
que l'argent des pays allemands et italiens vînt fournir à ses
vastes domaines ce qui leur manquait en routes, en canaux
et établissements, et s'aigrissait de la prétendue injustice
qu'on lui faisait en laissant le pays livré à ses propres ressources, et, suivant l'expression reçue, « *étouffant dans sa
graisse.* »

Quand la Diète de 1843 dut se réunir, on savait que les
propositions royales attaqueraient vigoureusement le sujet
de l'imposition de la noblesse, aussi une agitation extraordinaire régna dans les *congrégations* réunies pour nommer
leurs députés et voter les instructions. Le parti anti-autri-
chien, déjà très fort, était furieux de voir la mesure la plus
vraiment libérale réclamée par le royaume sortir du gou-

vernement, aussi, réchauffa-t-il partout l'indignation des paysans nobles contre ceux qui voulaient le réduire au niveau du vilain, de la « *misera plebs contribuens.* » Dans beaucoup de comitats, moitié surprise, moitié patriotisme, la masse céda aux recommandations des gens éclairés, mais il n'y eut que trop d'endroits où les ennemis du gouvernement, les vrais révolutionnaires, réussirent à amener de grands excès. A Veszprim, on cria : « Nous ne voulons contribuer que de notre sang ! Dieu soit en aide aux contribuables, mais nos épaules resteront vierges de leur fardeau. Le comte L. Batthyani, chef de l'opposition libérale dans la table des magnats, était pour l'impôt, et dut sauver sa vie en sautant par une fenêtre. A Gömör le parti des *Cortès*, ou nobles violents, fit une irruption furieuse dans la salle, et par la crainte du massacre obligea les électeurs qui avaient déjà admis le principe de l'impôt à retirer leur décret. A Kehida il y eut quelques hommes tués. A Szaboles on tira des couteaux, et aucun orateur ne put faire entendre sa voix, car les discours étaient étouffés par des hurlements comme ceux-ci : « Si tu parles les chiens boiront ton sang ! » Mais rien n'égala cependant la catastrophe de Szatmar.

A huit heures du matin cent quarante Cortès entrent par une porte détournée dans le bâtiment des élections, refoulent à coups de gourdins et de fourches de fer tous ceux qui y étaient déjà, se barricadent dans l'édifice et passent à l'élection. Cependant les électeurs arrivent de tous côtés, et, se voyant bientôt quatre mille environ, songent à forcer les portes pour faire cesser l'intimidation. Le combat s'engage, les pierres volent, et les hommes du dedans plongeant avec des projectiles et de longues fourches sur les flots humains qui ondulaient contre les murs, y font un grand massacre, y portent le découragement, et ne voient plus à la fin qu'un millier de gens autour d'eux. « Ayant alors terminé leur élection, » comme le dit le rapport, ils firent une sortie, couchèrent toujours, avec leurs terribles fourches, cent quatre-vingts hommes sur le carreau, dont une trentaine de morts, et repartirent de la ville comme en triomphe sur les chars qui les avaient apportés. La terreur fut telle que cette journée électorale, décidée par cent quarante assassins contre des milliers d'électeurs, eut quelque temps l'autorité de fait accompli ; ensuite on revint en arrière, deux hommes honorables furent élus en remplacement des premiers, mais en se rendant à leur poste ils eurent à essuyer de la part du même parti violent d'épouvantables orgies à Pesth et à Presbourg.

Ces terribles élections, qui firent presque autant de victimes que, plus tard, toute la guerre du Sunderbund en Suisse, portèrent enfin la Diète hongroise à faire une loi sévère pour prévenir le retour de semblables malheurs ; et c'était d'autant plus urgent que, pendant qu'elle en délibérait, il y eut, dans une seconde élection à Comorn, trente morts ou blessés, sans parler d'autres meurtres à Szalad. Tout ce sang avait été versé pour une cause qui eût besoin encore de trois ans pour triompher ; car si le principe de l'impôt fut voté alors, la noblesse ne se pressa pas pour passer à la pratique, et aucune loi sur l'exécution n'apparut avant le mois de janvier 1848.

Pendant que l'abolition des priviléges exclusifs de la noblesse se préparait de longue main, l'émancipation du paysan avançait peu à peu ; il n'était pas serf de nom, mais de fait, ce qui était pire, et il lui fallut attendre jusqu'en 1834 pour qu'on lui permît d'acquitter ses corvées avec de l'argent. La justice seigneuriale fut adoucie alors, mais cinq ans encore furent nécessaires avant qu'on enlevât décidément aux seigneurs la décision légale dans les contestations avec leurs propres paysans ; ils purent cependant les frapper encore d'une prison de huit jours pour le cas d'excès commis. Le rachat définitif des corvées a été décidé par la Diète en 1848, quelques semaines seulement avant les bouleversements qui auraient tranché la question d'une manière fatale pour beaucoup de nobles.

Les villes dont je n'ai point parlé jusqu'ici sont un des corps politiques de la Hongrie. Il y a cinquante-deux villes, portant la qualification de *libres et royales*, et contenant six cent mille habitants; elles doivent leurs priviléges au roi qui les a créées et peut en créer de nouvelles. La bourgeoisie entière d'une ville représentait autrefois la personne et les droits d'un gentilhomme et, en cette qualité, devait fournir *un cavalier* au ban noble et pouvait aussi voter en Diète. Le bourgeois, sur le terrain d'une ville et de la banlieue, ne connaît que les autorités librement élues par lui, juges, employés et bourgmestre; mais il paye l'impôt et fournit des recrues comme le paysan. L'influence politique des villes a beaucoup varié; en 1608, quand la masse des nobles fut exclue de la Diète, les villes y restèrent et leurs voix perdues avant dans la foule, acquirent une grande importance; mais dès la fin du dix-septième siècle cette position se gâta sans que la cause en ait été bien mise au jour dans les violents débats de l'année 1843. Toujours est-il, que la voix des villes dans ce siècle est devenue simplement délibérative, et qu'humiliées par là, elles ont demandé et obtenu l'appui du roi pour une réintégration dans leurs droits. Il fut question en Diète de répartir seize voix entre toutes ces villes, mais la noblesse, sous cette lueur de bonne volonté, cachait une vive jalousie qui éclata à la fin du débat ; on jeta au nez des villes que leurs conseils étaient des corporations fermées, se recrutant elles-mêmes, et qu'avant de peser en Diète, ces corps devaient se réformer, se rajeunir par l'élection libre des bourgeois ; et c'est ainsi qu'en prétextant une grande réforme libérale, désirable il est vrai dans les villes, la noblesse en prit occasion pour continuer à refuser toute représentation à une partie de la nation plus nombreuse, plus éclairée et aussi riche qu'elle.

En retour de tant de priviléges et d'exemptions, les nobles

n'avaient qu'un devoir à remplir : celui de suivre le roi aux armées et de former le ban de la noblesse, nommé assez bizarrement du mot latin « *insurrectio* ». Ce service d'*insurrection* était devenu à peu près nominal depuis un siècle ; c'était comme un manteau pour couvrir d'iniques avantages sur le vrai peuple, fournissant, lui, les vrais soldats et gagnant des batailles et des provinces au souverain. Depuis l'an 1800, il n'y eut que trois fois service de l'insurrection, et elle ne parut qu'une fois sur le champ de bataille, à Raab ; mais son rôle actif, brillant, fut dans les discours des orateurs qui, pendant les derniers temps, répétaient sans cesse aux électeurs la fiction de ce sang versé dans un service imaginaire, et les amenaient facilement par là à repousser toute idée de se soumettre à l'impôt.

La position exceptionnelle du noble l'a fait hautain et prompt à venger son offense ; son inviolabilité le rend très redoutable à la police des villes, et il suffit de la plus mince prétention, fût-ce celle de maintenir l'ordre, pour attirer sur les employés de cette administration une pluie de coups de canne. Si la ville persiste dans une demande en réparation, la question s'envenime de suite et devient insoluble. Au premier abord, la police des villes en Hongrie paraît humble à former un contraste assez agréable avec sa formidable sœur en Autriche ; mais plus tard on en ressent les inconvénients, et le bourgeois tout le premier ; car il n'est pas sûr même sur son terrain, en dépit de ses priviléges.

Tel est le manque de surveillance en Hongrie, que les voleurs y sont presque impossibles à saisir. A Vienne, si on apprend qu'un malfaiteur a passé la frontière de ce pays, cela veut dire qu'il est insaisissable, et on ne s'en occupe plus. Il faudrait le don de la divination pour tomber sur celle des cinquante mauvaises polices des comitats, à laquelle il convient de s'adresser, et cela même causerait des frais et du tracas pour rien. Par là se comprend la longue et merveilleuse carrière de Schaubri. Au reste, ce fameux brigand n'était pas précisément sans ménagement pour le pauvre peuple et pour les faibles; son goût et son intérêt le portaient à s'ériger en espèce de redresseur de torts du système féodal. Il était aussi chevaleresque et bon prince, aimait à danser et trinquer incognito aux noces des paysans, et terminait la fête en sortant pour aller, avec sa bande, exercer une épouvantable justice sur de petits tyrans du voisinage, faire mourir de peur quelque chanoine joufflu, ou remettre sur la bonne route, et sans se nommer, des femmes ou des voyageurs égarés.

Un autre brigand, moins généreux que Schaubri et fort au-dessous dans l'opinion publique, avait longtemps exploité les environs de Szégédin. Faute d'or ou d'argent à prendre, il fondait avec une troupe à cheval sur un de ces immenses troupeaux de bœufs ou de chevaux qui paissent dans les pusstes de Hongrie, en séparait les meilleures bêtes, et, avec de longs fouets armés de pointes aux extrémités, il mettait sa prise au galop durant quinze ou vingt lieues de suite; ces expéditions étaient calculées pour arriver juste à propos dans quelque foire éloignée. A la fin, cet homme, nommé Rosza, je crois, ennuyé de meurtres et d'aventures, voulut reparaître dans la vie civile, et entra en négociations avec les autorités de Szégédin; il demandait une amnistie pour toute la période où il n'était pas net de sang, et promettait de se soumettre à un jugement pour les méfaits postérieurs moins considérables qu'on aurait à lui reprocher. Lorsque je passai dans cette ville, on m'apprit que la négociation, au grand regret des habitants, traînait en longueur, parce que la chancellerie hongroise y avait mis quelque opposition. Il paraît que, depuis lors, cet homme a été mis en prison, et à peine a-t-on remarqué, au milieu des bouleversements de ce printemps, un acte de Kossuth, dont se seraient certes gardés ces dictateurs de l'ancienne Rome imités par lui dans ce qu'ils ont de plus énergique. Il fit sortir le brigand de prison, et lui confia la formation d'une bande pour guerroyer en partisan contre l'armée autrichienne et la harceler, grâce à une connaissance plus parfaite des localités. Ce fait, au reste, ne fut pas isolé; la même époque a vu les prisons des comitats se vider de ce qu'elles avaient de plus signalé en malfaiteurs, et les rangs des braves soldats magyars, obligés d'abord de les accepter, les trier ensuite et les vomir avec horreur.

La distribution des races et de l'influence politique en Hongrie explique facilement l'âpreté de leurs contestations. Dans le siècle passé, les tentatives de Joseph II, pour germaniser ce pays, y causèrent une réaction, et déjà on fit une loi pour interdire toute autre langue que le magyar à la Diète. Cependant, comme le latin était excessivement répandu, et s'était emparé de l'administration, des affaires politiques et de l'enseignement, il n'était pas facile ni même désirable de l'expulser brusquement, fût-ce de la Diète seule; et on pouvait prévoir qu'en le détrônant pour une langue vivante, quelle qu'elle fût, le malheur du pays voudrait que plus de la moitié de la population y sentît une mesure hostile. C'est ce qui devait se réaliser, mais beaucoup plus tard.

Pendant que le comte Széchényi, esprit formé sur le modèle des hommes d'État anglais, employait son activité à pousser ses compatriotes vers des réformes et des améliorations solides sur les lois et l'état matériel du pays, le mauvais réveil, celui des haines de race et des jalousies contre un gouvernement trop faible déjà, se déclarait aussi. Ce réveil est le *magyarisme* qui, dès l'entrée, fit peur au gouvernement autrichien, et porta celui-ci à abandonner aux Magyars quelque chose des droits des autres nations de leur pays, chaque fois qu'ils y prétendaient avec menaces : faible politique du cabinet Metternich qui a enivré les vainqueurs, et doit être aujourd'hui corrigée avec les larmes et le sang des deux partis.

Le magyarisme contenu dans les bornes prescrites par l'humanité eût été une belle chose. Les Magyars sont le peuple

le plus énergique du pays, le plus nombreux peut-être aussi ;
ils y dominent de fait, et la tendance d'y étendre toujours
plus leur influence n'eût été que légitime, si elle se fût res-
treinte à des voies civilisées. Il y a des menées slavo-russes
chez eux, et dans la confusion ethnographique du pays,
quelqu'un doit finir par l'emporter. — Mais si la franchise va
m'obliger à relater quelques uns des malheureux excès par
lesquels les Magyars ont terni le plus noble sentiment humain,
le patriotisme, que je rende auparavant un éclatant hommage à ce sentiment même dans la généralité de leur nation.
Leurs chefs ont pu aller jusqu'au crime, mais leurs masses jusqu'au martyre ; ces phalanges de pauvres paysans que le seul
mot de patrie transforme en vieux soldats, me dévoilent une
puissance de dévouement qui m'arrache un cri d'admiration
pour eux, suivi d'un profond soupir sur mon pays. Si notre
nation veut subsister, me dis-je, il faut que le patriotisme,
au lieu d'être enfoui sous des monceaux d'écus, ou étouffé
dans les cœurs d'un peuple bassement avide d'argent et en-
vieux de bien-être, trouve encore des milliers d'hommes prêts
à l'accepter au lieu de richesse et de famille, prêts à y trouver
un adoucissement à leurs blessures et à leur agonie. Il faut,
comme je l'ai vu faire aux Magyars, déjà avant la guerre, être
capable de s'endetter pour subvenir aux dépenses du pays, et
se séparer avec joie de son argenterie pour l'envoyer toute à
la monnaie. Il faut que les démocrates rougissent de se laisser
mener par des aventuriers *libéraux*, et les conservateurs de
laisser émigrer par misère de pauvres compatriotes trop vite
remplacés par des étrangers. Il faut enfin que le drapeau national, brandi par un Kossuth, purifie l'air des miasmes socialistes, et que le génie propre de la race déchire la blouse dont
on l'a affublé. La Hongrie, à ces divers égards, est pour nous
un pays plein d'enseignements, mais c'est sur les malheurs
et les aberrations dérivant de sa position spéciale, que je vais
jeter quelque lumière pour le moment.

Les Magyars comprenaient qu'ils ne seraient jamais complétement les maîtres dans le pays tant que leur langue n'y serait pas celle de la moitié des habitants, et ceux qui songeaient de loin à se détacher de l'Autriche voyaient surtout dans cette diversité de races un réseau où le gouvernement les retiendrait toujours captifs si, pour dompter une rébellion, il en venait à une forte alliance avec ces autres peuples. Ils suivirent donc la pente la plus naturelle à la passion, celle de se livrer à une propagande désordonnée pour magyariser ceux dans lesquels ils prévoyaient des ennemis. Les hommes qui rêvaient un futur royaume magyar indépendant, laissant dans un avenir vaporeux, mais captivant, leurs idées de bouleversement, entraînèrent à leur suite des milliers de bons patriotes dans le projet chimérique de priver huit millions de concitoyens de leur langue, de leur nationalité et de droits consacrés par un usage séculaire ou de solennels traités. On ne lisait que douleurs violentes dans les gazettes de ce pays sur les districts, où la maudite langue des étrangers se conservait, et l'on parlait d'enlever le pasteur, l'école slave ou allemande à tel ou tel bourg ou village pour leur en donner de magyars, comme s'il se fût agi de réclamations aussi justes que pressantes. Il y a près d'un demi-million de Slovaques qui sont luthériens, ainsi que beaucoup de Magyars, et cette confession reconnaît un synode dirigeant ; cette circonstance offrait sur ce peuple slave, d'un caractère doux et religieux, le plus beau moyen d'action, et il fut saisi avec passion pour changer d'autorité la langue de la prédication et de l'école dans une foule de villages. Le comte Szay, dans son discours d'installation comme inspecteur général, formula ainsi sa politique au synode : « Une allure ferme dans la magyarisation de notre pays est le devoir le plus sacré de tout bon patriote, de tout défenseur de la liberté et de l'intelligence, de tout fidèle sujet de la maison d'Autriche. »

Avec de pareils principes il n'est donc plus si étonnant que défense sévère eût été faite aux étudiants slaves de se réunir pour cultiver leur langue ; que ceux des employés slaves allés à Vienne pour présenter à l'empereur les doléances de leurs malheureux compatriotes fussent persécutés et privés de leurs places à leur retour ; que les paysans désolés d'être dépouillés eux et leurs enfants de toute instruction pour ce monde et pour l'autre, reçussent, à ce qu'on prétend, le peine du bâton par ordre d'autorités auxquelles ils adressaient leurs plaintes ; et que les mesures fussent si persévérantes que quelques paroisses offrissent à la fin le résultat désiré. Mais la langue de tout un peuple qui résiste n'est pas chose facile à transformer, et il se trouva dans le synode même quelques champions des Slaves assez courageux pour élever la voix. C'est ainsi qu'une assemblée, qui aurait dû se vouer tout entière à l'administration d'une église, devint le théâtre de violentes passions politiques.

Les Slaves du sud furent entrepris par d'autres moyens. Les Croates, depuis sept cents ans d'union avec la Hongrie, s'étaient montrés toujours gens sans défiance et de composition facile ; ils avaient cédé à la Diète de Presbourg, entre autres droits, celui de voter les impôts généraux et de naturaliser ; mais leur pays avait toujours conservé, avec le rang d'un royaume, un parlement national, un ban ou chef suprême commandant les troupes pour le roi et beaucoup d'autres priviléges ; le Hongrois ne pouvait aspirer qu'à certains emplois en Croatie, et les institutions municipales y jouissaient d'une grande indépendance ; en un mot, ce royaume était annexé à la Hongrie, non par la conquête, mais à de certaines conditions valables, parce qu'elles avaient obtenu un consentement mutuel.

Dès l'année 1836, les Magyars manifestèrent le vœu de faire parler exclusivement leur langue dans la Diète, et dans l'administration intérieure et les écoles du pays. Cependant pour procurer à ces innovations l'entrée en Croatie, il eût fallu de plus l'adhésion de ce pays et du roi, puisque ces deux pouvoirs, dans l'année 1805, y avaient légalisé le latin comme langue administrative et politique. Malheureusement les Magyars ne songèrent, comme ressource, qu'à l'intimidation, et dans ce cas ils durent la porter à un degré excessif; il ne suffisait pas en Croatie, comme auprès des Allemands de Pesth, de déchirer des affiches sur le seul prétexte qu'elles étaient dans une langue détestée, pour ne les voir plus reparaître. Les députés croates furent honnis en 1840 quand ils prirent la parole à Presbourg en latin, et dans l'intervalle qui s'écoula jusqu'à la session suivante, on fit jouer dans leur pays un ressort singulier. A deux lieues d'Agram se trouve une petite peuplade de Magyars comme noyée au milieu des 260,000 Croates du comitat; c'est le district de Thuropolya, dont les paysans, tous annoblis depuis Mathias Corvin, jouissent du droit de voter aux *restaurations* d'Agram et d'y balancer presque le petit nombre de voix nobles des Croates, combinaison vraiment vicieuse, par laquelle une nombreuse population est exposée à recevoir la loi d'une imperceptible minorité d'étrangers. Le comte de ce district, un certain Jozipovics, homme violent, chauffait les esprits et amenait toujours en ville sa petite troupe de huit cents électeurs avec des armes apparentes ou cachées; il alla même si loin, qu'il eut à soutenir un procès à ce sujet. Dans une *restauration* en 1842, par un accident resté sans explication satisfaisante, des troupes magyares, postées dans des maisons voisines du lieu des élections pour les surveiller, firent feu sur les électeurs croates. Ceux-ci ramassèrent leurs morts, les mirent dans un tombeau commun avec ce cri de vengeance pour épithaphe : « *Hodie mihi, cras tibi* », et répondirent à cette poignée de paysans et de soldats magyars, qui les brutalisaient, en destituant tous les employés de cette nation qui se trouvaient chez eux. En cela ils ne violaient pas la légalité, mais comme ces décisions se prenaient dans les restaurations, les Thuropolyens ne devenaient que plus ardents à y paraître et à s'y faire craindre. L'élection des députés pour la Diète, en 1843, aurait été fort sanglante si on ne l'eût ajournée ; les Thuropolyens ne reparurent pas quand elle fut reprise, et leur chefs Jozipovics, qui a voix délibérative en Diète, alla porter à Presbourg ses réclamations ou plutôt ses déclamations ; il prétendait faire casser les élections d'Agram, séparer son district de la Croatie et enlever à celle-ci un bon territoire pour arrondir le sien ! La Table des États lui montra une vive sympathie, mais les magnats parvinrent à empêcher l'explosion complète de ces haines, et une requête au roi qui eût été presque un commencement de guerre civile. Cette Diète cependant fut loin d'être rassurante. Le roi l'avait ouverte par un discours en latin, et ils recommandait aux députés des améliorations dans le système d'élections et l'état matériel du pays. Tout cela captiva peu l'attention, une banque hypothécaire destinée à arrêter l'épouvantable fléau de l'usure qui ronge les propriétaires fut refusée par l'opposition, comme institution destinée à gagner et corrompre le patrictisme, et elle se lança dans les controverses de langue et de nationalité les plus irritantes. Deux ans se passèrent ainsi en messages entre le roi et la Diète. Les prétentions des Magyars allaient, quant à la Croatie, à lui enlever son parlement national, à remplacer les armes et les couleurs de ce royaume par les leurs, à imposer leur langue aux Croates à la Diète, et chez ceux-ci, à toutes les écoles, à tous les tribunaux, à tous les registres officiels d'églises et autres, à les priver du littoral de Fiume et de Boccari, et à déclarer nulles leurs prétentions sur la Dalmatie. Aussitôt que la nouvelle d'un si grand danger pour leur nationalité parvint aux Croates, une fermentation générale s'empara du pays, la congrégation réunie donna l'ordre péremptoire à ses députés de ne point abandonner l'antique usage du latin dans la Diète, et de protester contre toute atteinte aux droits du royaume. Jusqu'alors les députés ma-

gyars s'étaient contentés de déclarer nuls et non avenus les
discours de leurs collègues croates, d'étouffer leurs voix avec
du bruit et de leur refuser avec mépris toute insertion au protocole ; mais quand la dispute s'envenima, ils ne se continrent
plus. Un député croate commençait son discours par « Excel-
lentissimi Domini, » suivant l'usage, lorsque éclata une longue
scène de fureurs et d'outrages sans parallèle avec tout ce
qu'un passé riche en ce genre pouvait offrir. Les Croates
quittèrent la salle avec les hauts employés présents, pénétrés
tous d'indignation, et aucune arène pacifique ne resta plus
pour leurs réclamations.

Tel était le fanatisme de cette époque, que le président de
la Diète, l'archiduc Joseph, qui seul parlait encore latin, dût,
malgré son grand âge, promettre d'apprendre le magyar pour
la session suivante ; et de vives réclamations obligèrent également son neveu l'empereur et la famille régnante à se faire
instruire dans cette langue pour la même époque. Le pouvoir
royal sanctionna aussi l'invasion du magyar, comme langue
politique, administrative et scientifique dans tout le pays ; il
fut même stipulé que tout acte quelconque, rédigé à l'avenir
dans quelque autre langue que ce fût, n'aurait aucune valeur
judiciaire. Les Croates eurent un répit de six ans pour abandonner le latin dans la Diète et dans leurs gymnases, et pour
faire apprendre le magyar aux employés de leur pays, et purent continuer en attendant à écrire aux autorités hongroises
en latin. Mais ce décret, qui ajournait à six ans une guerre
inévitable, ne reçut pas même son exécution ; les correspon-
dances latines des autorités croates leur furent constamment
renvoyées par les Hongrois sans avoir été ouvertes.

Pendant cette longue Diète, qui dura deux ans, les Magyars
y préparèrent l'abaissement de leur race, ou du moins une
formidable réaction en voulant augmenter le poids déjà énorme
dont elle pesait sur les autres habitants ; il se fit peu de choses
utiles, et de ce peu l'honneur revint au gouvernement. Je

l'avouerai même, il y avait au premier abord pour un observateur impartial quelque chose de répugnant à devoir donner des éloges à ce gouvernement autrichien, le même qui si peu libéral, si ennemi de la pensée dans les autres provinces, devenait ouvertement et sagement progressif en Hongrie; et cependant ce rôle était fort naturel de sa part vis-à-vis d'une partie de l'empire aussi notablement arriérée à côté des autres provinces. L'opposition hongroise avait le droit d'être furieuse; les mesures vraiment libérales, l'extension de la liberté religieuse, le droit aux non nobles d'acheter des terres nobles et d'être élus aux emplois (mais pas encore électeurs!) avaient rencontré un appui moins sincère chez elle qu'auprès du gouvernement; elle se voyait discréditée aux yeux des gens de bien; aussi après avoir été comme un boulet attaché aux pieds de toute amélioration pacifique, elle en devait venir fatalement à pousser à la rupture de la paix.

Le moyen d'agitation que les meneurs conçurent était profondément habile; ce fut de soulever une polémique acerbe contre le gouvernement autrichien sur le manque de fabriques en Hongrie, et de saisir ce prétexte pour former une vaste association dont le programme serait de ne consommer que des manufactures indigènes et par cela même de faire fleurir en un clin d'œil tous les genres d'industrie dans leur vaste pays. Une entière ignorance régnait encore dans le public sur toutes les questions économiques, et le crédule assentiment des masses se présenta pour couvrir une mesure dont il ne jugeait point la portée, et qui renfermait tout un plagiat du commencement de la révolution d'Amérique. Le patriotisme, l'intérêt, la promesse fabuleuse de faire de la Hongrie un Manchester, un Sheffield pourvoyeur des pays voisins, l'antagonisme contre les pays allemands, les insultes et la terreur contre les récalcitrants, tout fut employé avec succès pour soumettre un chiffre formidable de gens aux meneurs de l'association, et les habituer à une rigoureuse discipline dans le

dessein ultérieur de tourner cette arme contre le gouvernement.
Mais telle était la faiblesse des bases économiques de ce plan,
que tout le monde fut bientôt las d'avoir des trous au coude
ou d'acheter des étoffes grossières à des prix excessifs; les
marchands y ajoutèrent la fraude de vendre pour *hóni* ou indigène ce qui leur venait secrètement de l'étranger, et la foule
quitta sans bruit ses tribuns, laissant pour cette fois avorter
leur rêve de domination [1].

Kossuth, président de l'association, gagna néanmoins beaucoup en influence à cette époque. Le comte Széchényi, qui
voyait son pays si fort berné en matière d'industrie et si
dangereusement agité en politique par son adversaire le président, eut peu de succès quand il voulut éclairer un comité
qui parlait de fabriques uniquement par esprit révolutionnaire. Il aurait voulu que son pays créât d'abord ce qu'on ne
peut acheter tout fait chez ses voisins : des routes, des ponts,
des canaux, des améliorations agricoles et sociales, de bonnes
lois; et comme on manquait de tout cela, il jugeait moins
pressantes les fabriques de mousselines et de foulards; cependant sur ce dernier point il donna seul les vrais principes ;
mais à quoi bon, dans un pays pauvre, ignorant, et que la
moindre pluie change en un vaste marécage, prison de tout ce
qui y habite ! Il voyageait beaucoup alors, et sa voiture ayant
cassé une fois sur la grande route de Pesth à Vienne, il se mit

---

[1] Je vis des gens riches sortir avec des habits en grosses étoffes grises
quand le drap indigène vint à manquer. Des montres faites à Pesth se
payèrent mille francs, tandis qu'on en offrait de meilleures venues de Suisse
pour le tiers de ce prix. Dans tout cela le ridicule et l'admirable se tou-
chent, mais le premier m'y semble comme un alliage qui disparaît au milieu d'un métal noble. Plût à Dieu qu'à côté de chacune de ces choses
ridicules qui surabondent dans le monde, il y eût comme là un trait généreux ! Le lecteur aura du reste compris que dans mon exposé je n'avais
à envisager que le côté politique de l'association du *hóni*, et à mettre en
lumière le but secret des meneurs qui imposaient si facilement des sacrifices au caractère passionné de leurs compatriotes.

à gagner à pied la station voisine; cette route était un long marais presque dangereux, et lui et son domestique y laissaient leurs bottes, lorsque celui-ci, en repêchant une du fond du bourbier, se mit à la brandir en l'air, méconnaissable qu'elle était, et s'égaya de cette exclamation : « Beau pays pour des fabriques ! » Le peuple se voyait mener à l'absurde.

La Diète de l'année 1847 fut ouverte en novembre par un discours en magyar que l'archiduc François-Joseph y prononça pour son oncle ; mais la discussion du *gravamen* suivant donna bientôt la supériorité à l'opposition.

Le gouvernement s'était aperçu que les magnats, en possession de la haute dignité de *premier gespann* dans les comitats, n'y remplissaient aucun de leurs devoirs et violant la loi par une absence continuelle, y reparaissaient seulement de loin en loin pour donner quelques dîners d'apparat. Après avertissement, il en avait cassé plusieurs et les avait remplacés, en 1845, par des employés d'une moins haute naissance, mieux payés et fort assidus. C'était jeter le gant à la haute noblesse. Les employés inférieurs du comitat, tous nommés par les *congrégations* nobles, virent aussi que la mine des abus et des injustices sur le pauvre peuple allait tarir pour eux, du moment où ils seraient surveillés ; l'opposition surtout ne put tolérer que le gouvernement exerçât son droit, car les premiers gespann sont à la nomination du roi, et elle subordonna l'intérêt de tous, à sa haine contre le pouvoir. Aussi à la Diète une majorité put bien se déclarer satisfaite des explications du gouvernement, mais Kossuth revint à la charge et scella sa tyrannie par la honte de l'assemblée, en lui faisant retirer son décret le 12 février de l'année passée.

C'est ce même Kossuth qui, longtemps journaliste et agitateur, prenant le fanatisme de race pour du libéralisme, joua dès lors un rôle de plus en plus considérable ; il avait poussé jusqu'à l'extrême la haine de l'Autriche et l'exaltation du magyarisme, et se trouva donc tout placé par ses antécédents pour aller au mois de mars arracher à l'empereur, au moment de sa plus grande détresse, la concession d'une Hongrie séparée, avec un ministère et un parlement à Pesth, et une royauté de fait, quoique pas encore de nom pour la dignité de palatin ; concession funeste, car c'était celle d'une guerre de races dans sa patrie !

L'Autriche y perdait immensément ; une invasion qui eût couvert la Hongrie d'ennemis de l'empire n'eût pu être plus funeste. Toutes les caisses publiques, tous les prêts ou actifs du trésor déclarés de bonne prise, ainsi que tout le matériel de guerre, l'armée hongroise rappelée d'Italie, tout recrutement défendu, une masse de papier-monnaie hongrois inondant le pays, chassant les bank-notes autrichiens et allant payer des émeutes à Vienne par l'entremise du *ministre hongrois des affaires étrangères Pulsky* ; il y avait là de quoi réduire au désespoir cette administration autrichienne si méthodique et cette tête impériale en butte aux surprises de la guerre étrangère et d'une conspiration permanente à l'intérieur. Amis ou ennemis, ne refusons donc pas notre admiration pour ce silencieux héroïsme à ne désespérer de rien, et pour cette main défaillante de l'Autriche soutenant son aigle impérial presque blessé à mort ! Quelques circonstances heureuses lui vinrent aussi en aide. Les régiments hongrois en Italie ne jetèrent qu'un regard de mépris sur les proclamations de Pesth qui les rappelaient ; le parti magyar était en désaccord avec l'honneur militaire et avec leur serment, et s'égarait en appelant à la défection de si braves troupes parvenues en face de l'ennemi. Cependant si, en peu de temps, quarante mille hommes ne fussent accourus de la Croatie, il est douteux que l'Italie fût restée à ses anciens maîtres.

La race magyare est cernée d'ennemis qu'elle a, durant de longues années, armés du désespoir ! Les Ratzes de Slavonie ont ouvert la campagne les premiers ; dès le mois de mai

1848, réunis à Carlowitz, ils ont fraternisé avec des multitudes
de leurs redoutables frères accourus de Servie, ont nommé un
woiwode ou chef militaire et un patriarche, et, sous le double
drapeau de la nationalité et de la religion, ont déployé une
valeur opiniâtre à Carlowitz, Werschetz, Weisskirchen,
Gross-Kikinda. La Diète avait, en 1836, inscrit dans les lois
les noms *magyars* des comitats slavons de Posega, Veröcse et
Syrmie, et omis, en dépit des protestations contraires, les
vrais noms *slavons*; puis en 1844, par une misérable subti-
lité, s'appuyant sur ce précédent, avait nié aux Slavons leur
nationalité et les avait soumis à tous les règlements sur la
langue magyare; mais cette nationalité outragée a reparu et
se démontre aujourd'hui par le fer et le feu.

Les Croates sont venus à leur tour. Déjà au printemps ils
avaient demandé et obtenu un ban de leur choix dans la personne du colonel Joseph Jellachich de Buszin, fils d'un ancien
feld-maréchal. Né en 1801, Jellachich avait appris toutes les
langues de la monarchie dans des études excessivement brillantes faites au Theresianum à Vienne, et s'était formé à la
guerre dans un rude service sur la frontière militaire bosnia-
que, cette Algérie des Autrichiens. Le vieux Radetzki l'avait
connu et distingué en Italie en 1821. Élevé à une haute dignité, Jellachich témoigna sa reconnaissance à la Croatie à la
manière des grands hommes; il sauva son pays. La cour de
Vienne ne comprenait pas encore sa position et marchait à la
ruine de l'empire en cédant aux intimidations des Magyars,
que le ban tout seul refusait de reconnaître ce ministère de
Pesth qui s'était imposé à l'empereur; au péril de sa tête, il
convoquait le parlement croate, prêtait devant lui le serment
de sa nouvelle dignité entre les mains de l'évêque grec de
Carlowitz pour montrer aux Slavons et aux Croates leur salut
dans l'union, et quoique déclaré rebelle se présentait à la cour
à Inspruck. C'est durant son voyage qu'en Styrie et en Tyrol
on lui fit des ovations extraordinaires; l'instinct infaillible

propre aux populations fidèles désignait ainsi dans ce petit guerrier brun et vif une des colonnes de l'empire. Admis dans une audience impériale à soutenir les prétentions croates contradictoirement au ministère hongrois Batthyany, Jellachich parla avec un sentiment si vif de la justice et de la loyauté de sa cause, qu'il tira des larmes de tous les yeux ; il y a de ces sentiments profondément humains, comme le patriotisme, qui peuvent résonner plus fort de sauvages montagnes que de nos villes amollies ! La partie solide de son triomphe fut d'avoir lié intimement, quoique pas encore publiquement, sa cause à la politique de son souverain, et de déblayer à celle-ci son véritable horizon, la résistance aux Magyars et la protection égale pour toutes les nationalités. Cependant les intrigues magyares se multipliaient dans l'anarchie universelle, et en retournant à Agram il lut dans la Gazette de Vienne du 19 juin sa destitution ! Il ne revint pas pour cela sur ses pas, et arriva fort à propos en Croatie pour calmer une excessive agitation ; car on le croyait prisonnier à Inspruck, et les *manteaux rouges* se préparaient à marcher pour le délivrer. Tournant toutes les passions vers un seul point, l'armement général, il put, le 9 septembre, passer la Drave sur trois points avec une armée qu'on ne saurait estimer à moins de cinquante mille hommes, dont plus de trente mille hommes de troupes régulières faites au feu en Italie ou sur la frontière. Le parlement de Pesth envoya alors vainement des députés pour offrir des concessions, parler de langues magyare, croate et latine et gagner du temps ; c'était trop tard, et sans la révolte de Vienne il eût vu en maîtres ceux qu'il avait traités de malfaiteurs. Mais le danger n'était pas devenu moins grand. Ces Croates qui portent le fusil depuis leur jeunesse, montent la garde sur la sauvage frontière turque, et parcourent d'énormes distances avec l'insouciance de l'habitude, ont depuis lors planté leurs étendards sur les vieux murs de la forteresse de Bude, et pris leurs logements dans le palais du palatin.

Affaiblis, il est vrai, par une lutte opiniâtre, ils ont eu pour successeurs les légions russes.

La Transylvanie était prête à se réunir aux Hongrois ; les Saxons, qui, au nombre de trois cent mille seulement, y forment cependant la population la plus intéressante, politiquement parlant, avaient envoyé leurs députés au parlement hongrois sous certaines réserves ; mais le mauvais génie du magyarisme se les est aliénés par une rouerie parlementaire peut-être sans exemple. Le 12 septembre 1848, on se mit à discuter dans le parlement quelques points sur lesquels les Saxons étaient d'accord, et on voulut les faire suivre d'autres plus importants sur lesquels on était convenu avec eux de leur laisser d'abord exposer leur réserves dans les bureaux ; tous les Saxons se levèrent alors et protestèrent contre l'intention et la mauvaise foi ; là-dessus un tumulte inexprimable oblige à lever le séance. Le 14, quand on lut le protocole du 12, les Saxons n'en crurent pas leurs oreilles en entendant relater comme déjà adoptés les objets mêmes sur lesquels ils avaient obtenu l'ajournement : leur nation *ne devait plus s'administrer elle-même*, elle devait perdre écoles, langue, et recevoir employés et magyarisme à pleines mains du ministère hongrois ! Protester, quitter le parlement et la Hongrie, et accourir à Vienne, tel était le devoir des députés saxons, et ils s'inquiétèrent peu que la Diète furieuse, en les déclarant *déserteurs et traîtres à la patrie,* demandât leurs têtes, car ils avaient une lourde responsabilité à couvrir devant leurs commettants, race énergique et habituée à maintenir inébranlablement depuis sept siècles sa position aventurée au milieu d'ennemis. Les Saxons ne reconnurent donc plus que le ministère de Vienne, et leur tenue décida celle des Valaques. Les Slovaques enfin sortirent de leur apathie, et, après avoir eu quelques-uns des leurs pendus par des fourrageurs magyars, préférèrent accourir par milliers auprès des officiers impériaux et recevoir des armes.

Depuis lors, les événements ont marché, et des résultats

étonnants, inespérés même de leurs auteurs ont donné une face nouvelle à la question hongroise. L'armée autrichienne a été expulsée du pays. On a crié à la propagande, on a parlé de l'alliance du magyarisme avec les Polonais, ce qui signifie la noblesse polonaise, et il y a là du vrai. Ces gentilshommes, que la Russie et l'Autriche ont mécontentés ou proscrits, sont accourus par milliers dans les rangs des Magyars et y ont porté le secours précieux de leurs idées entreprenantes et de leurs connaissances militaires, pour trouver en échange dans les enfants de la Theyss un esprit d'union, une obéissance et un sang-froid sous le feu dont on a perdu le souvenir depuis deux siècles sur les bords de la Vistule. L'argent de Paris et de Londres a très probablement et pour des motifs différents coulé dans les coffres des magnats hongrois. Mais ces ressources et ces mobiles n'auraient pas signifié grand'chose si les Magyars n'eussent déjà tout trouvé en eux-mêmes. Ce qui a jeté trois cent mille paysans sur les champs de bataille, ce qui a poussé leurs légions comme un torrent sur la Transylvanie jusqu'à Cronstadt, sur la Theyss inférieure, sur le haut Danube jusqu'à Comorn, Presbourg et les Carpathes, c'est un sentiment dont nos nations civilisées n'ont plus qu'un demi ressouvenir; c'est cette impulsion vraiment asiatique et tartare je dirais, de la race, ce sentiment de tribu noble, dominante et isolée qu'on menace dans tout ce qu'elle a de plus invinciblement noué à son existence, le séparatisme politique, le droit de se gouverner et même de gouverner les autres. Quand une autre nation arrive à soumettre une pareille race; celle-ci s'en va ou meurt; où retrouverait-on un seul des Mongols de Gengiskhan ou des Tartares de Timour dans les vastes pays de leur domination depuis la mer Égée jusqu'à la Chine, sinon dans les seules steppes de la Caspienne et du plateau asiatique et dans la Chine même où ils ont continué à régner? Que sont devenues en particulier les centaines de mille Petits-Tartares du sud de la Russie depuis que les czars de Moskou

se sont substitués à leurs khans ? Les Turcs aussi, sans être
de la même race, ne peuvent vivre que là où ils sont les maîtres ;
il n'y a plus une mosquée dans le jeune royaume de Grèce ; et
depuis que l'adoucissement des mœurs et de la tyrannie ottomanes permet aux Grecs des côtes d'Europe et d'Asie de développer leur industrie en sécurité, les Turcs s'attristent, se
ruinent, meurent ou émigrent. — Les Magyars, voisins par
leur origine de ces Turcs, ne peuvent être dans un cas bien
différent. Le vœu de l'Autriche n'allait point d'abord à réduire
la Hongrie en province [1], mais à y uniformiser davantage les
habitants et à y donner plus d'action au pouvoir, parce que le
pays en a besoin et se trouve honteusement arriéré, et que les
institutions parlementaires avaient eu jusqu'ici plutôt l'effet
de résister à toute action gouvernementale du roi que celui de
gouverner à sa place. Lorsqu'une opposition magyare violente
se forma, elle prit pour prétexte les tendances anti-libérales et
la mauvaise réputation traditionnelle du gouvernement autrichien, ce qui ne signifiait pas grand'chose dans un pays en
dehors du cercle où ce gouvernement pouvait semer arbitrai-
rement du bien ou du mal ; on le vit d'autant mieux que le plus
libéral des deux adversaires se trouva en définitive être le roi.
Mais le fond de cette opposition allait au séparatisme et comme
moyen elle tendait à provoquer une domination mieux constatée
de la race magyare sur tout le pays et sur les royaumes annexes, à ressusciter une de ces carrières de tribus conquérantes
dont les Magyars, les Tartares et les Turcs nous ont offert les
derniers exemples d'un caractère parfaitement tranché, quoique les Russes de nos jours en possèdent plusieurs traits. Quel
écho ne devait donc pas trouver dans ses Magyars, Kossuth,
cet homme hongrois pur sang, lorsqu'il les a réveillés de leurs
rêveries complaisantes de gloire et de prééminence par ce

---

[1] Depuis lors cette prétention, qui est un attentat politique, a été for-
mulée nettement par le gouvernement. Les empereurs alliés veulent qu'il
y ait en Europe un royaume de moins et une province de plus.

mot affreux : « On veut détruire votre race, combattez pour n'être pas exterminés ! » Le bon sens doutait, mais le tempérament et la race se sont soulevés contre le bon sens et l'ont emporté. Sans doute il doit y avoir, même parmi les paysans, des gens assez éclairés pour ne pas prendre au pied de la lettre les proclamations de Kossuth, où sans cesse il répète que l'empereur a donné l'ordre *de ne laisser la vie à aucun être de race magyare*; mais ces hyperboles exaltées se comprennent entre Magyars, l'effet est produit ; vivre, et vivre séparés ne fait qu'un pour eux, ils le savent ou mieux encore ils le sentent.

Kossuth a fait bien du mal par sa violence. Sans lui l'Autriche aurait eu honte de fouler aux pieds les droits par elle jurés de la Hongrie, et de désigner à la lance des Cosaques la poitrine de ceux qu'elle réclame pour sujets. S'il n'eût mis des têtes à prix, le czar eût eu honte de tomber dans le même indigne excès. Mais bien que Kossuth ait opposé la violence la plus barbare à la domination de l'Autriche, ses fautes ne l'ont point empêché de grandir ; et comme il s'adressait à ce qu'il y a d'impérissable dans le génie de ses compatriotes, l'esprit de race, il les a soulevés en tel nombre et avec un tel enthousiasme que ses prévisions ont été surpassées.

Une guerre de race est donc déchaînée, une de ces guerres où l'on fait des pyramides avec les têtes des vaincus. La Hongrie qui par sa fertilité nourrissait quelques millions d'hommes, dans le reste de la monarchie, qui donnait à l'armée impériale ses meilleurs soldats à pied et à cheval, offrait aux manufactures de Vienne et de Bohême un riche débouché et formait un boulevard nécessaire contre le Nord, a tourné toutes ses forces contre le reste de l'empire. L'importance militaire de cette position est d'ailleurs capitale ; c'est une immense forteresse défendue par des montagnes à l'est et au nord, par les marais du Danube et de la Theyss des autres côtés, et il faut la posséder pour vivre en sécurité à Vienne ou sur le Bosphore. De là les efforts inouïs des Turcs pour s'en emparer ;

ils en furent bien près, et de là aussi la décadence de leur empire depuis qu'ils faillirent à ce problème. De là cette ténacité qui tient du désespoir chez l'Autrichien à ne laisser à aucun prix échapper la Hongrie, son unique appui contre le nord. Si l'opposition de Kossuth eût été nationale dans le sens éclairé et non pas tartare du mot, elle eût imposé au souverain, en 1848, des conditions plus modestes et se fût tracé à elle-même des bornes positives dans ses goûts de séparatisme; elle eût reconnu dans un lien avec l'Autriche mieux défini que celui du passé, je l'accorde, le salut commun; elle n'eût point refusé pour la Hongrie de porter sa part du fardeau de la dette de l'empire, et en prétendant la rejeter toute (au delà de deux milliards et demi de francs) sur les autres provinces, fait à celles-ci une position inacceptable. Cependant l'avenir ne serait pas aujourd'hui irrévocablement compromis, si après s'être porté de rudes coups on en venait à une estime mutuelle et à un accord, mais tout semble malheureusement présager que les esprits sont trop aigris pour le faire; la Hongrie s'obstine à combattre ses amis et ses ennemis, et l'Autriche court à sa perte en appelant son plus mortel rival, le czar, pour recevoir de sa main la couronne de Hongrie. L'Autriche *seule eût été plus forte d'avenir vis-à-vis des Magyars qu'appuyée par les Russes,* car elle eût eu encore un parti dans les cœurs de tous les patriotes modérés; mais un empereur de dix-huit ans se sera montré impatient, le czar aura été chaud, pressant; il aura menacé d'envahir la Hongrie pour son propre compte, et plutôt que d'accepter bravement cette éventualité et d'attendre le moment certain où les Magyars repentants seraient venus se jeter plus que jamais dans les bras de l'Autriche, celle-ci a pris le plus facile, mais le pire des partis. Une complication funeste est désormais inévitable; comprend-on une puissance constitutionnelle, l'Autriche, vassale de la cour despotique de Pétersbourg? Que de causes de tiraillements et de désaffection des sujets pour la dynastie! Comprend-on une Autriche avec la Hongrie frémissante, à demi-égorgée sous sa main, indépendamment de la noblesse gallicienne et de l'Italie à contenir? Je conclus : il faudrait sauver ces Magyars, leur tenir compte de l'énergie toute nouvelle dont ils ont fait preuve, et quant à ces amis inutiles, Slovaques du nord, Valaques apathiques de Transylvanie, ils n'ont pas le droit d'être bien exigeants; les Croates seuls conserveraient leur position honorable. Mais si les Magyars se maintiennent isolés par suite des événements de la guerre, je vois dans leur faible nombre et dans l'immensité des populations antipathiques dont ils sont bloqués, un obstacle trop grand pour qu'ils élèvent jamais un édifice politique durable ; la base en serait trop étroite, et mobiles, violents qu'ils sont de caractère, ils n'auraient probablement pas la consistance nécessaire pour représenter les intérêts de l'Europe sur le bas Danube. L'Autriche seule le peut, mais elle fait dans ce moment avec les Russes le marché d'Esaü, et pour remédier aux embarras d'un instant, le jeune empereur François-Joseph se prépare le repentir de tout un long règne.

CHAPITRE IX.

Le Danube. — Esseg. — Semlin. — Belgrade et la Servie. — Le Banat.

Le départ de Pesth pour *Orsova* et le bas Danube a lieu de grand matin. Le navire glisse au pied du Blocksberg, le contourne et la ville disparaît ; cette petite montagne seule, avec son observatoire, reste encore longtemps visible. La contrée devient parfaitement plate et sans intérêt ; c'est toujours le même fleuve immense, jaunâtre, se jetant dans mille canaux entre des îles boisées ; toujours les mêmes traces de vastes déchirements produits sur les îles et au sein des forêts par les débordements du fleuve ; des moulins en lignes obliques continuent à obstruer les mauvais passages et à faire jurer le capitaine et crier le pilote placé en vedette à l'avant. — Le pont du bâtiment offre une confusion de barils, de pelisses et de corps humains. Ces peaux de mouton, nommées *boundas*, et ces grands hommes étendus qui dorment dedans, constituent un groupe de paysans magyars ; à côté d'eux sont des pièces de graisse de porc fumé dont à leur réveil ils coupent des tranches pour les couvrir de poivre rouge et les savourer lentement. — De jeunes gentilshommes hongrois adressent leurs hommages à quelque dame, en accompagnant leur prononciation nasillarde de ces gestes tour à tour vifs ou mous et traînants, et de ces poses sans façon auxquels leur race est reconnaissable. Enfin quelques propriétaires plus âgés jouent gros jeu dans le salon, essayent de temps à autre d'y fumer malgré le règlement, et font d'abondantes libations avec un champagne indigène dont la traîtreuse saveur et le bas prix ne leur paraissent point désagréables. Les petits incidents de la conversation sont des disputes de jeu ou de politique, des éclats de voix sur le gouvernement autrichien que tout le monde méprise, ou sur la compagnie des bateaux qui ne fait rien de bon, parce qu'elle a son siége à Vienne et non à Pesth ; enfin la cuisine du bord a aussi son tour dans ces exécrations dont le fond de la conversation locale se compose, et certains *paysans du Danube*, qui vivent toute l'année dans leur village avec de la farine, de la graisse et du poivre, se donnent le genre de ne pas trouver les poulets assez bien fricassés ou le mehlspeise assez garni de confitures.

Les arrêts dans les stations ont souvent l'air de méprises, quand le bourg ou la ville reste invisible. La raison en est que les formidables caprices du fleuve dans ces plaines, obligent les habitations à s'en tenir à une distance respectueuse. Quelques planches d'un mauvais pont mettent le vapeur en communication avec une plage nue ou voisine de profondes forêts, sur laquelle se trouvent une hutte de gardien, un magasin, et tout auprès quelques barils, du charbon, une nuée de paysans et trois ou quatre propriétaires que l'on embarque pêle mêle au plus vite. Le battement régulier des pistons à vapeur recommence bientôt à ébranler le navire, il reprend un nouvel élan et le voyage se nourrit ainsi de monotonie jusqu'à l'embouchure de la *Drave,* où commence le joli pays de Syrmie dont les paysages décorent la rive droite jusqu'à Semlin.

Ici j'interromps le récit de la descente du Danube pour mentionner un voyage que j'eus une fois occasion de faire dans l'intérieur du pays de la rive droite, au-dessous de Pesth, la même rive qui, vue du fleuve, a si peu d'intérêt. Voici ce que je retrouve sur mon journal de 1845 :

4 mai.—Parti de Pesth par le vapeur et pris terre à *Tolna,* à une heure après-midi, dans une seigneurie du baron Sina ;

elle a quelques centaines de maisons, et les employés à eux seuls forment une petite aristocratie où l'on se donne des titres comme à Krähwinkel. De là à *Sexard*, plus au sud, deux heures. — Cette ville est toute neuve par la très mélancolique raison qu'elle a brûlé complétement il y a peu d'années. La seigneurie de Sexard a le monopole de la fabrication des briques, et les donne à un prix trop élevé pour que les habitants aient pu en construire leurs nouvelles maisons; ils ont dû tout refaire en bois et tremblent jour et nuit pour leurs foyers; de nuit on entend les conques lugubres des garde-feu. C'est un travail de Sysiphe que de rebâtir ces villes en Hongrie. — Visité une tombe romaine en marbre qu'on vient de déterrer à dix pieds sous terre au milieu de Sexard. Un des bas-reliefs représente Apollon jouant de la lyre devant Marsyas lié et écorché. Le couvercle, aussi en marbre, a été trouvé rompu à un de ses angles, ce qui prouve que ce tombeau n'est pas violé pour la première fois; l'intérieur était vide, mais quelques ex-voto de peu de valeur que le Hun ou le Goth ravisseur avait négligés ont été déterrés épars aux alentours. Tout homme en état de latiniser à Sexard et aux environs est en émoi pour cette trouvaille; les sculptures ne me semblent pas d'un travail fini.

5 mai.—Voyage de Sexard à *Fünfkirchen* dans l'intérieur; c'est neuf heures de voiture. Ce pays de grains et de tabac ne peut avoir de l'intérêt que pour le propriétaire de quelques riches sillons près de la route. Fünfkirchen est une petite ville allemande; on y tenait la foire des bestiaux et des chevaux, mais tout ce qui était en vente m'a étonné par son peu d'apparence. Cette petite ville fut défendue par les janissaires et prise sur eux en 1686.

6 mai. — Un paysan avec un misérable char-à-bancs découvert, a été le seul moyen de transport dont j'aie pu m'assurer aujourd'hui pour *Mohacs*. Le pays est cultivé, mais sans habitations en vue. Durant toute la journée, il a plu;

j'étais assis sur une botte d'herbes recouverte d'une peau de mouton, le parapluie d'une main, un livre de l'autre, et même, au bout de quelques heures, mon cocher magyar m'a réclamé par signes la peau de mouton pour la mettre sur ses épaules qui, à vrai dire, ruisselaient. Pour se désaltérer sur cette route déserte, il a levé avec précaution son chapeau de feutre, dont les larges rebords contenaient un petit lac d'eau de pluie, et a bu à grands traits; je lui enviais cette ressource, mais la dignité nécessaire à un voyageur isolé, avec un demi-sauvage pour guide, m'a retenu. La misérable machine qui me portait a gémi continuellement, plongeant dans les bourbiers avec toute apparence d'y rester; le gros vent, le bruit continuel du fouet pour rendre la vie aux rosses épuisées, un jeûne et un silence de dix heures, c'est démoralisant. Le pays est noyé, et ce printemps le ciel ne veut pas éclaircir son œil terne. *Mohacs*, la plus affreuse villasse du monde, m'a paru une cité céleste; j'ai longé les bords de la grande place, dont l'étendue est telle que la fameuse bataille de 1526, livrée entre les Turcs et le roi Louis de Hongrie dans les environs, aurait pu s'y donner commodément; mais, dans ce moment, la place est inondée et un combat naval y serait seul possible. Notre brave agent m'offrait sa maison pour y sécher mes habits et les effets de mon porte-manteau tout transpercé, lorsque le canon du *vapeur* a retenti, et je me suis fait transporter à bord.

« En y arrivant, j'apprends l'explosion du Széchenyi, près de Gönyö, qui a eu lieu quelques jours avant; c'est un vapeur tout neuf, fait à Zurich, que le premier malheur de ce genre arrivé sur le Danube a voulu frapper. Beaucoup de gens à bord sont effrayés; nous causons : « Et sur les routes de Hongrie, n'arrive-t-il jamais d'accidents? leur dis-je. J'en viens. » Là-dessus chacun a bientôt son histoire sinistre de bras cassés et de gens écrasés à raconter; en sorte que, au bout d'un quart d'heure, nous tombons d'accord sur un *percat* pour les cochers et les routes des cinquante-trois comitats, quoique la rancune de l'affaire du Széchenyi empêche pour le moment un *vivat* aux vapeurs.

7 *mai*. — Nous remontons la *Drave* jusqu'à *Esseg*. On y trouve une bonne forteresse contenant quelques maisons et des rues pavées, où l'herbe croît en paix, assez pour donner de l'ouvrage aux faucheurs, s'ils le voulaient. D'immenses faubourgs non pavés sont perdus dans les boues du pays environnant. Dans la ville est un petit théâtre donnant tout ce que l'on veut, opéras, drames ou pièces comiques; mais il n'est à la portée intellectuelle que des officiers seulement et de quelques notables. Le commerce principal du pays consiste en douves de bois de chêne; les cours des maisons en contiennent des piles qui s'élèvent comme autant de clochers, et on n'échappe nulle part à une odeur forte propre à ce bois quand il est frais. Comme les forêts sont à peu près sans valeur dans toute cette contrée, entre la Drave et la Save, on les incendie pour avoir des cendres à laver et en retirer un peu de potasse; et bientôt, par cette imprévoyance digne des barbares, le pays sera déboisé de ses arbres séculaires sans être pour cela mieux cultivé ou plus peuplé. J'ai trouvé à Esseg un Français, homme entreprenant au delà de l'ordinaire; il achète les plus beaux chênes sur la frontière militaire et jusqu'en Bosnie, les fait abattre, travailler en douves pour barils, et livrer au courant des petites rivières affluant dans la Drave et la Save : tout ce qui ne se perd pas sur le bord des torrents est recueilli à leur embouchure et acheminé par eau et par voitures à Fiume sur l'Adriatique, ou bien il en charge des barques qui descendent le Danube, affrontent les Portes-de-Fer, et vont trouver à Galatz et Ibraïla des navires frétés pour Marseille et Bordeaux. C'est vraiment un beau spectacle de voir un Français animé de l'esprit et du courage de sa nation, et d'une constance supérieure, lutter contre les difficultés de pays affreux,

aller lui-même dans les bois surveiller des ouvriers brutes et indociles, et animer l'industrie de ces lieux sauvages, tout cela au péril de sa vie et des balles des Bosniaques; car de ce côté-ci de la Save, on affirme que les Bosniaques sont tous des assassins ou prêts à assassiner dès l'âge de quatorze ans pour le plus mince bénéfice.

« A la table d'hôte se sont trouvés quelques officiers et le général commandant; ils m'ont confirmé d'après leur propre expérience que le pays voisin du Danube est rempli de fortifications romaines; le comitat de Bacs qui en est le mieux fourni occupe l'angle formé par les deux directions sud et est que prend successivement le Danube après s'être joint à la Drave, et a été un point important du système de défense contre les Daces. Ils prétendent aussi que l'on a retiré dernièrement des marais du Banat les os d'un éléphant et la tourelle qui avait été sur le dos de cet animal; mais aucun trait dans l'histoire ne me porte à supposer que des armées aient passé le Danube avec des éléphants, et je n'ai point le temps d'aller vérifier la trouvaille sur les lieux.

« Le même soir je suis reparti d'Esseg, la capitale des douves de chêne, pour aller prendre le vapeur du Danube à quelques lieues de là, à *Dalya*. Les secousses que j'ai éprouvées sur ce trajet à moitié inondé sont les plus affreuses auxquelles des essieux de voiture et un dos d'homme aient jamais résisté. Mon épine dorsale a fait des prodiges de ténacité, mais j'ai une côte presque enfoncée par l'angle de ma malle, qui dans un soubresaut a quitté sa place à côté de moi et s'est élancée convulsivement sur mon flanc droit. Je n'avais pas voulu la ficeler derrière la voiture de crainte des voleurs. Le cocher s'est constamment cramponné à son siége en héros, et en dépit des lois de l'équilibre la voiture s'est toujours redressée comme le roseau de la fable. — A dix heures du soir, étant embourbés sans remède dans un village, nous avons crié au secours, mais la route avait la bonne largeur du pays, c'est-à-dire que les maisons des deux côtés étaient hors de la portée de la voix. Réduits, le cocher et moi, à nos propres forces et avant de sauter à mi-corps dans le marais, nous avons concerté de faire ensemble un effort suprême du fouet et de la voix; les rosses en ont pris un paroxysme de terreur, elles ont bougé et nous étions sauvés. Notre entrée à *Dalya* pouvait avoir lieu à une heure du matin. « Qui vive! » nous a-t-on crié d'un ton menaçant du milieu d'une obscurité infernale. Cette voix rauque nous a presque semblé celle d'un ange, après une course aussi pénible et solitaire; ce n'était rien moins que celle de Pavianovich, agent de la compagnie, resté toute la nuit sur pied pour son service, et qui entendant du bruit dans le marais offrait le bout de son fusil au voleur si c'en était un, ou promettait du secours et une lanterne si c'étaient des amis. La lanterne a paru, et un grand détour nous a enfin amenés sains et saufs du milieu des fondrières dans sa cour. L'hospitalité de ce brave Serbe, vu l'heure et le lieu, est un de ces inappréciables cadeaux dont le souvenir doit vivre autant que le voyageur.

8 *Mai*. — Je m'embarque dès l'aube à Dalya pour Semlin. Les collines riantes de la *Syrmie* sont à droite, à gauche les plaines du comitat de *Bacs*, inondées à une distance telle, que la lunette seule fait apercevoir la ligne basse du nouveau rivage. L'inondation qui lèche le bas des villages smyriens bâtis sur les pentes d'un côté, et qui a tout recouvert de l'autre, épouvante l'imagination par l'étendue de ses ravages. La rive gauche est un sol gras; le courant laverait et dissoudrait avec facilité des digues faites avec cette terre, et si on voulait amener de bons matériaux sur ce sol mouvant et sans consistance, pour diguer tous les endroits menacés le long du Danube et de la Theyss dans la seule Hongrie, ce serait un travail peut-être impossible, en tout cas comparable en étendue à celui de la muraille de la Chine. De pareilles entreprises, même sur un pied restreint, ne seront pas possibles tant que

le caractère magyar restera ce qu'il est, c'est-à-dire inconstant, passionné, plus ami de la politique que du travail, en un mot incompatible avec un gouvernement bon économe et persévérant dans ses entreprises.

Dans l'après-midi nous passons un pont de bateaux qui réunit la forteresse de *Peterwardein* à la ville de *Neusatz*. *Peterwardein* est un roc d'une étendue et d'une hauteur remarquables, les fortifications y sont entassées, et l'on en voit descendant jusque sur les bords du fleuve. Au reste, cette forteresse, qui offre un bon point d'appui dans un pays ouvert, ne défend aucun passage, peut être tournée et évitée, et n'empêchera de franchir le Danube que dans le faible rayon où elle peut lancer ses projectiles; elle a plutôt l'air d'avoir été construite par jalousie, pour occuper une position déjà forte naturellement, et ne pas la laisser à un ennemi. C'est de là qu'est partie, en 1691, l'armée impériale pour écraser les Turcs dans un lieu devant lequel nous passons un peu plus bas, à *Schlankament,* à peu près devant l'embouchure de la *Theyss*. Derrière Schlankament sont les hauteurs où était placée l'artillerie turque qui fut si fatale aux impériaux dans le commencement de la bataille.

« Me voici à *Semlin,* sur la frontière militaire, tout entouré de grands marais. Quand les grenouilles, dont ils abondent, font à l'approche de la nuit retentir les eaux et les airs de leurs millions de coassements, on a le sentiment d'une puissance malfaisante et ricaneuse, dont les mille bras s'étendent comme les voix sur toute la nature; et cette puissance existe et se révèle par la fièvre. La saison est fraîche, les eaux ne sont point encore écoulées, le soleil est peu ardent, et cependant il y a déjà six cents cas de fièvres d'accès dans une ville de douze mille âmes. Malgré cela les habitants sont contents, ils affirment que la saison est bonne et saine cette année, et que ce serait exagérer de dire que la fièvre règne; il faut peut-être pour cela que les rues deviennent désertes, et qu'on n'y voie plus que le médecin ou les enterreurs? Triste climat!

« J'ai été voir les ruines du vieux château Hunyadi sur la hauteur ; les fondements seuls en subsistent, la mousse les ronge ; ils accusent une construction fort peu étendue, et cependant c'est cette bicoque qui, défendue par un héros, a acquis tant de célébrité! La vue s'étend de là sur l'autre rive, le *Banat*, changé pour le moment en un lac parsemé d'îles et de bouquets d'arbres ; à droite les eaux blanches de la *Save* viennent pâlir la teinte jaune du Danube en se mêlant à ses flots, puis cette masse d'eau fuit dans la perspective, ayant d'un côté la Hongrie, de l'autre *Belgrade* et la Servie ; là se livra un terrible combat entre quelques centaines de galères hongroises et turques, dans le siége de Belgrade par Mahomet II. On suit de l'œil, sur le côté hongrois, des points noirs nettement tranchés et régulièrement espacés sur la surface du fleuve. Ce sont des huttes bâties sur pilotis, dans lesquelles se tiennent les sentinelles du cordon militaire ; vrais avant-postes de la civilisation contre la barbarie, qui s'étendent sur un espace non interrompu de cent cinquante lieues, depuis le voisinage de l'*Adriatique* et la rivière *Ourra*, en descendant la *Save* et le *Danube* jusqu'à *Orsova* ; et des ramifications sur terre ferme vont encore couronner de vedettes aux deux extrémités de cette ligne, les rocs des *Carpathes* en Transylvanie et ceux de la *Dalmatie*. Cent mille soldats colonisés derrière ces postes se relayent constamment pour fournir à ce service, au fond des marais, ou sur le haut des montagnes, et il n'y a pas de jour de l'année qu'il n'y en ait huit mille sur pied, la main sur le mousquet, dans ces prisons aériennes ou fiévreuses. Mais tandis que l'Autriche avec le dévouement de ses peuples comprime les incursions des barbares bosniaques, albanais et monténégrins, et nous fait dormir tranquilles de ce côté ; je sais bien que nos politiques de club, en Occident, le cigare à la bouche, ne savent que maudire l'obscurantisme relapse de cette puissance.

« *Belgrade* m'attirait vivement, et j'ai voulu satisfaire ma curiosité. Un bac impérial, ramé par des soldats, nous a fait franchir en une heure et demie l'embouchure de la Save. A mesure qu'on approche de la forteresse placée sur l'extrême pointe formée par la jonction de la Save et du Danube, elle semble se redresser sur son éminence. Cette position est aussi forte qu'imposante ; mais les Turcs laissent tomber en ruines ses bastions construits par les Autrichiens dans le siècle passé. Un minaret solitaire la domine. La ville s'étend derrière la forteresse, et occupe un grand espace. En abordant nous avons été entourés par des gaillards d'une haute stature, avec le costume turc, le bonnet rouge, et pour ceinture un châle tout garni de pistolets et de poignards. Ils ont eu l'air fort mécontent, et nous ont conduits vers un édifice nu et sombre, où le chef de la police siégeait dans une salle garnie d'une banquette pour tout ameublement. Ce procédé nous prouve que la malheureuse tentative révolutionnaire de 1844 faisait encore dominer dans cette ville le régime de suspicion contre tout ce qui vient de la rive impériale ; et même plus tard nous avons appris que ces gardes au sourcil froncé étaient de simples amateurs, flânant sans mandat et par pure bonne volonté dans la rues, pour soutenir le gouvernement du prince Kara George et de Wutsich. Une fois légitimés, nous avons pu circuler librement.

« D'après les traités, le sultan tient une garnison dans la forteresse de Belgrade, tandis que la ville est servienne et soustraite à toute juridiction d'autorités turques ; cependant un quartier y est encore réservé aux pauvres restes de l'ancienne population mahométane, dont le chiffre est de sept à huit mille âmes. La ville servienne est en voie d'agrandissement et compte au delà de vingt-cinq mille habitants ; à chaque pas on reconnaît que c'est une ancienne ville à la turque voulant sortir de ses décombres, se civiliser, et où cependant presque tout est encore à naître ; on n'aperçoit même ni voitures, ni charrettes. — A l'entrée du quartier turc se tient un poste de soldats du Nizam, insouciants et négligents au delà de ce qu'on pourrait se figurer ; j'ai été assez étonné en parcourant ce quartier d'y trouver la maison du prince de Servie. Comment le chef d'une peuplade si jalouse de sa liberté et si ennemie des Turcs peut-il se laisser garder par les hommes du sultan, tandis qu'il a l'immense ville servienne à deux pas? On m'avait assuré que le prince avait une garde de sa nation, mais je n'ai pas vu une âme à l'entrée de l'édifice, ni dans la cour ; c'est une maison assez mesquine, et en face est une mosquée abandonnée. — Le tout puissant Wutsich habite aussi une maison de peu d'apparence, et la seule demeure annonçant quelque confort dans toute la ville s'est trouvée être celle d'un serrurier allemand.

« La forteresse est dans un délabrement complet ; je me suis demandé à quoi bon faire venir du fond de l'*Anatolie* deux régiments de mille Asiatiques chacun, pour garder une enceinte où l'on peut entrer comme en se promenant par dix brèches différentes. Au-dessus des portes se voit encore l'aigle autrichienne taillée en relief ; l'insouciance musulmane, en rentrant en possession de ce boulevard après la guerre malheureuse de Joseph II, n'a pu lever un marteau à cette hauteur pour effacer les traces de sa propre honte. Le gouverneur est cet *Hafiz Pacha* qui a perdu la bataille de *Nezib* ; il est en disgrâce et malade. Sa maison est une vieille barraque tellement percée et ruinée que le vent pourrait bien la renverser un de ces jours sur la tête de son excellence et des vingt-quatre femmes dont se compose son harem. J'ai glissé quelques mots à *Ahmet Effendi*, secrétaire du pacha et renégat autrichien, sur l'état délabré de la forteresse ; mais lui n'a pas vécu chez les Turcs sans en profiter, et a de la ruse de reste dans ses yeux fins et brillants : « A quoi bon? m'a-t-« il répondu. Tout a changé à la guerre, et les forteresses « ne servent plus de rien. » Ahmet Effendi est décidément pour les affaires en rase campagne, quoique son maître ait prouvé que la pauvre Turquie pouvait s'en trouver fort mal ; c'est merveilleux qu'elle résiste encore à de pareils médecins.

« Le siége de Belgrade, trois ans après la prise de Constantinople et l'échec qui y fut éprouvé par le conquérant Mahomet II, sont au nombre des plus dramatiques événements de l'histoire. Le sultan attaquait avec trois cents canons, et il en avait vingt-deux dont la longueur atteignait vingt-sept pieds ; ils lançaient des boulets de pierre de un et deux quintaux, et le bruit des explosions s'entendait de Szégédin à vingt-quatre milles (quarante lieues) de là. Malgré tant d'efforts, les Hongrois, enthousiasmés par *Hunyadi* et par le prédicateur de la croisade *Calpistano*, furent invincibles, et tout le parc d'artillerie ennemi tomba en leur pouvoir. Calpistano ramenant ses gens sur la brèche, lorsque Hunyadi eut perdu courage, mérite d'être considéré comme le cœur le plus intrépide dont l'histoire fasse mention.

« Le *Servien* vit à peu près exclusivement du produit de ses *porcs*. Ces animaux sont à demi-sauvages dans les immenses forêts de chênes qui couvrent le pays, et la ruse est nécessaire au maître pour s'en emparer ; il lui faut monter sur un arbre et faire entendre un certain appel ; les porcs accourent, trouvent du maïs ou quelque nourriture favorite disposée près de là, et le Servien, aidé de ses amis, s'empare facilement de ceux qu'il veut vendre ou des jeunes bêtes auxquelles il n'a pas encore imprimé sa marque. Cette chasse facile fait vivre, presque sans agriculture, sept à huit cent mille Serviens et leur permet d'exporter le nombre presque incroyable de trois cent mille porcs annuellement ; les derniers registres de douane que je me suis procuré à Belgrade, portaient la sortie officielle à deux cent trente mille de ces animaux, exportation presque toute destinée pour la Hongrie où l'engrais se fait sur une vaste échelle. Le porc est le familier du Servien ; cet animal donne de la valeur aux glands des forêts vierges, vit dans la maison, sous la table s'il y en a une, et se mêle aux jeux des enfants. — Le Servien, de son côté, n'a pas de besoins que le produit de son troupeau grognant ne satisfasse, car il ne paye pas d'impôts, fait faire ses habits à sa femme, met sa gloire dans quelques belles armes héréditaires, cultive à peine le sol et assigne à son prince le produit de quelques douanes. Malgré ces traits qui sembleraient le rapprocher des hommes primitifs, il est rusé, malicieux et d'une intolérance absolue pour tout ce qui n'est pas de la religion grecque, comme lui, surtout pour les Juifs; entre l'ami, le gardien, le mangeur exclusif du porc et eux il devait y avoir inimitié. On voit peu ou point de *Juifs* en Servie et ils ne pourraient d'ailleurs lutter à armes égales avec les habitants, quand ceux-ci tournent leur finesse vers le négoce. Les Slaves et surtout ce mouchet de tribus du sud, *Dalmates, Bosniaques, Serviens, Albanais* ont une puissance de dissimulation, de souplesse et parfois de perfidie devant laquelle nos peuples occidentaux restent de vrais enfants. S'ils s'émancipent jamais pour former un État puissant, malheur aux peuples qui auront des démêlés avec eux! Cependant, parmi toutes ces tribus, le Servien élève plus noblement sa tête; il y a des taches sur son caractère, mais aussi un mâle héroïsme, porté aussi loin que Tacite a pu le voir chez les barbares de son temps. Le Serbe affronte la mort sans sourciller et la chante avec une mélancolie pleine de familiarité comme sa noire amie. L'audace, la brillante humeur des hommes primitifs et un je ne sais quoi d'extraordinairement fin tempère leur naturel encore barbare; ainsi j'étais un jour à regarder le long de la Save des bateaux amarrés et chargés de superbes blocs de sel gemme, lorsqu'un gigantesque Servien en pantalon rouge, qui les gardait, s'approche courtoisement, au moment où j'en cassais péniblement un morceau, me fait, en souriant un petit discours, salue à sa manière et veut se retirer, lorsque l'arrivée de mon interprète semlinois l'engage à rester. — Que me veut ce grand gaillard ? — Il vous prie de ne pas vous donner cette peine et affirme que vous saurez bientôt le goût de son sel de l'autre côté à Semlin. Il a chargé ce bateau pour la contrebande. — Et le cordon militaire ? — Il doit être entendu avec les sentinelles. — Et il ne craint pas, peut-être, que nous le trahissions, car que sait-il si nous ne sommes pas employés autrichiens ? — Que voulez-vous ? c'est un farceur à grandes épaules et à grands canons de pistolets, qui peut hasarder sa fortune pour un bon mot si c'est son goût. Mais, il sait bien qu'il ne lui arrivera rien. La régie impériale nous fait payer le sel énormément cher sur la frontière et les Serviens qui tirent ces blocs à bas prix de la Valachie nous en font beaucoup passer ; tout le monde est pour eux sur notre rive et les sentinelles tireraient plutôt pour que contre eux.

« L'homme de guerre actuel de la Servie est le ministre *Wutsich*. Les *Milosch* doivent leur expulsion à ce redoutable personnage et le prince actuel son élévation. Le vieux Milosch vit millionnaire à Vienne, sans train excessif, mais cependant moins simplement que durant son règne en Servie ; il se gardait bien alors d'offusquer ses compatriotes par du luxe, sans pour cela se montrer moins avide, administrant les finances du pays comme si ç'eût été les siennes propres et amassant les grands biens dont il jouit aujourd'hui. *Michel*, qui succéda à son père exilé, avait adopté le même principe ; ainsi une fois que le général autrichien baron H*** lui faisait visite, et était introduit, il laissa son domestique dans l'antichambre, espèce de cuisine où était une vieille servante. Ces deux derniers causèrent entre eux sur le ton familier des serviteurs ; la vieille fit du café, en porta deux tasses au prince et au général, revint en boire avec le domestique, et le général se retirait après une assez longue séance, lorsqu'en traversant la cuisine le prince qui l'accompagnait l'arrêta : « Vraiment, j'avais oublié de vous faire connaître ma mère ! » lui dit-il ; et il lui présenta comme femme du vieux et célèbre Milosch Obrenovitch, la vieille même qui avait fait le café.

« Le vieux Milosch a continué dans son exil, plus par suite d'un ancien penchant que par nécessité, le commerce d'exportation des porcs de Servie. On a toujours prétendu qu'il raffolait de ces animaux, comme font les autres Serviens, mais lui a protesté énergiquement depuis quelques années, et a fait une fois démentir dans un long mémoire un article de journal qui avait paru sur son compte et dont voici le contenu : Le prince chassé de Servie se retirait lentement à travers la Hongrie et passait dans un bourg (à Kekskemet, je crois) où il s'était renfermé tout bourru dans le fond de l'hôtel. La population rassemblée devant la porte faisait de vaines instances pour obtenir qu'il se montrât. Alors un des plaisants de l'endroit fit amener des porcs auxquels on tira rudement les oreilles ; et le prince entendant les cris de ces animaux fut attiré vers les croisées, comme par une force irrésistible, afin de juger de la race du pays, et recueillit les huées et les rires dont on peut se faire une idée. — L'histoire nous parle, au reste, d'un certain *Lucanas* gardeur de porcs et Servien, qui, se sentant de l'ambition, quitta son troupeau pour manier la lance et parvint, en 1277, à se faire roi de Bulgarie et à épouser une princesse ; ce métier mène donc là à tout.

« J'ai entendu parler en Servie du *poirier* de Milosch. Dans les périodes agitées de ce pays il y avait près de sa modeste demeure un arbre de cette espèce qui avait acquis une célébrité redoutable. Lorsqu'on lui amenait un ennemi ou un traître : « Menez-le au poirier, » disait-il tranquillement à ses familiers, et le malheureux y était de suite pendu. Ce même homme connaissant bien le penchant de ses Serviens à acquérir du bien par des voies faciles, avait établi, grâce à son poirier ou à des moyens analogues, un ordre et une sûreté sans exemple dans aucun autre pays ; en particulier tout homme qui, trouvant un objet égaré, une pièce d'or par exemple, l'eût ramassée, aurait risqué sa vie ; le Milosch avait adopté le principe que, celui qui perd un objet le retrouvera certainement plus vite seul, que si des officieux s'en mêlent, et il mettait cet adage en pratique d'une manière draconienne. — Lui seul avait le droit de prendre sur tout le monde pour augmenter sa fortune, mais à la longue ses compatriotes n'ont plus pu le supporter.

12 *mai.* — A dix heures du soir je me suis embarqué pour aller à *Panscova*, parce que le départ a lieu avant l'aube. Durant la nuit, impossible de dormir sur les sofas. Des Grecs venus à bord pour accompagner un compatriote du dehors se sont mis à solder leurs comptes en sequins du Grand-Seigneur. Ensuite ils ont passé la nuit à faire une longue revue des chances futures de gain sur tous les articles de commerce du pays, se sont donnés des détails généalogiques sur leurs familles et par extension sur leurs connaissances et ont terminé entre deux et trois heures du matin par de bruyants « cheretismata polla » (salutations). Quelle ardeur du lucre chez des gens riches, peut-être, pour préférer au sommeil des calculs de hausse et de baisse !

« Le voyage est de quelques heures. De bon matin l'agitation est grande parmi les passagers, Serviens surtout ; ils sont tous sur le pont à regarder je ne sais trop quoi. Enfin, mon ami D. G. arrive à moi : « Avec votre malheureuse vue basse, « vous allez manquer le plus curieux et le plus affreux de la « journée. Prenez ma lunette et voyez ces points noirs. » J'ai regardé et failli reculer d'horreur ; c'était comme un T, avec une forme humaine placée en travers pour barre et un pieu qui la traversait, pour tige. C'est un *memento servien* aux mécontents à l'occasion de la tentative révolutionnaire de l'année passée ; les mécontents serviens étaient venus de la rive autrichienne, on en a pris bon nombre et en représailles de ce manque de foi, toutes les hauteurs qui font face au cordon militaire ont été garnies d'hommes empalés. Je comprends maintenant pourquoi dans ce pays les nourrices qui veulent faire tenir les enfants tranquilles leur disent : « Voici Wutsich ! »

« Nous arrivons en vue de *Panscova*, dans l'après-midi. Une fois dans le canot de la station, il y a une heure et demie à lutter contre le fort courant de l'inondation, en naviguant sur des champs de blé, avant d'atteindre un lieu sec. Panscova, aux yeux de ses riches marchands, a une position inestimable au débouché d'une partie des céréales du Banat. Excepté l'agréable maison du général Roth, commandant cette place (qui est sur la frontière militaire), et celle du colonel Susan, on ne parle ailleurs que de chargements de grains. Les hommes ne connaissent ici que deux pôles, la hausse et la baisse, et deux hémisphères, les débouchés de *Raab*, près de Vienne et de *Sissek*, sur la Save.

« Je pourrais continuer mon voyage par le bateau à vapeur, mais je préfère retarder pour me joindre à mon ami D. G., employé de la compagnie des bateaux ; il est dans ce moment chargé d'organiser le transport des porcs gras du Banat pour le haut Danube. Il n'y a vraiment pas plus moyen d'éviter ici l'éternel sujet de ces animaux, que d'oublier le sucre ou le café aux Antilles. Les porcs sont chargés sur des bateaux à trois ponts et remorqués jusqu'à Raab au nombre de deux mille par un seul vapeur et donnent jusqu'à vingt-cinq mille francs de bénéfice dans un voyage de moins de trois semaines ; la compagnie en transporte jusqu'à quarante mille par an, et attache à ce service une importance capitale. — Dans l'après-midi, grand conciliabule entre D. G. et les marchands de porcs tous Serviens ; ils ont un camp de bien des milliers de ces animaux près de la ville avec l'attirail requis pour les loger et les nourrir, et voici que les autorités militaires de Panscova, poussées, dit-on, par l'intrigue infernale de quelques rivaux, veulent les expulser sous prétexte de la santé publique ; les marchands sont au désespoir. Arrêté de faire une supplique touchante au ministère de la guerre à Vienne, pour revendiquer l'innocence des accusés, et rejeter toutes les fièvres et les miasmes dont Panscova souffre en été sur le compte des marais uniquement.

Le jour suivant, je vais à *Kubin*, village voisin et capitale des porcs à l'engrais. L'abondance et le bas prix du maïs dans cette région en ont fait un lieu central de réunion pour ces animaux émigrés de Servie; ils y passent de l'enfance à l'adolescence et à l'obésité, jusqu'à ce que l'œil du maître leur trouve un volume suffisant pour être embarqués, faire un voyage sans fatigue et plein d'agréments sur le fleuve, empester toutes les villes riveraines qu'ils passent et prendre terre à Raab, d'où ils vont plus au nord satisfaire les vastes exigences des estomacs viennois et allemands. — Les Serviens marchands de *bétail à brosses*[1], avec qui nous avons dû dîner, forment la haute aristocratie de Kubin. Dans le commerce que font ces hommes tout se vend et s'achète au poids, mais par un poids estimé à simple vue; aussi ont-ils le coup d'œil extraordinairement exercé à estimer subitement en quintaux et en livres tout ce qui s'offre à eux. — « Vous pesez cent douze « livres, me dit l'un deux, et moi cent trente-cinq, » puis il se remet à ronger une côtelette.—« Ce n'est pas exact, lui dit son « voisin, tu es dans les cent trente-huit; nous en avons assez « parlé cet hiver. » — « Oui, mais j'ai été malade depuis. » — « Quant à moi, je suis à peine de soixante-dix livres, » dit mon ami D. G., qui est faible sur les poids et mesures, et se croit en outre fort malade depuis quelque temps.—Nos marchands restent un instant muets d'étonnement en face d'une pareille hérésie; enfin, un d'eux se remet et lui dit un peu sèchement : « Vous pesez cent huit livres comme une once. » L'officier-magistrat de l'endroit qui dîne avec nous, s'est fait depuis quelques années à ce genre de conversation où d'ailleurs il n'a rien à perdre; c'est un superbe homme auquel personne ne refuse ses cent cinquante livres. — Quand chacun de nous sait exactement ce qu'il vaudrait sur la balance, et a été in-

---

[1] C'est le terme usité pour *porcs* à cause des poils de leur dos.

formé des poids de l'hôte, de sa maritorne et du chien, nous louons dans l'après-midi un bateau et des rameurs, et nous nous mettons à descendre vers *Alt-Palanka*, dans le but d'y prendre une voiture et d'arriver le même soir si possible à Weisskirchen où nous nous séparerons, moi, pour m'enfoncer plus au nord dans le Banat. — L'inondation est générale, et à huit heures du soir, dans l'obscurité, nous prenons terre à *Palanka*. L'agent se présente : « Pouvez-vous nous « trouver de suite une voiture pour *Weisskirchen?* » lui disons-nous. — « Mes bons messieurs, vous êtes dans une île, « c'est un bateau qu'il vous faudrait. » — « Dans une île ! « Rêvons-nous, ou sommes-nous bien à Alt-Palanka? » — « Vous ne rêvez pas, mais voici douze jours que le Danube « nous inonde et a jeté un bras entre notre village et le reste « du pays ; un bateau à vapeur peut passer sur l'ancienne « route ; attendez à demain et je vous fournirai un canot. » Force est donc de dormir dans l'île, et le lendemain de bonne heure le *magistrat-lieutenant* de l'endroit vient nous rendre visite, nous offre sa barque avec six soldats, bons rameurs, un pilote et veut lui-même être de la partie. Nous luttons une heure contre le vent et le courant pour traverser la première partie de la route où nous comptions rouler la veille, et en suivant la ligne de peupliers qui la borde, nous prenons terre au pied de petites morraines à *Neu Palanka*. De superbes champs ensemencés sont recouverts de six à huit pieds d'eau sur tout l'espace que nous venons de traverser. Pendant l'attente d'une voiture à Palanka, et avant que les chevaux reviennent du pâturage, je vais visiter une des écoles du régiment Deutsch-Banat sur le territoire duquel nous sommes ; une échelle pour monter au premier étage de l'édifice qui est un grenier, barrait la porte ; on l'enlève et je pénètre dans la salle avec une troupe d'oies et de poules, que le maître assez confus, et aidé de ses élèves, s'occupe d'abord à chasser. Ce maître, un bon jeune homme, enseigne aux enfants les éléments de la lecture et de l'écriture en allemand et en slave, avec quelques notions sur Dieu, les prêtres et l'empereur, et reçoit pour traitement annuel cinquante florins, dix boisseaux de blé et un logement gratis, celui où conduisait l'échelle. Les enfants, au nombre d'une cinquantaine, ont de jolies figures intelligentes, et il est pénible de penser qu'ils sont destinés à s'abrutir et à remplacer ni plus ni moins les créatures arriérées et nonchalantes qui sont leurs pères. — On ne remarque pas sur cette frontière les énormes maisons fréquentes dans d'autres régiments du cordon où les soldats-paysans sont formellement casernés sous un toit unique, par mouchets de six ou huit familles. La raison de cette institution est la suivante : sur trois mâles, il faut un soldat ; si donc il y avait des maisons qui en eussent quatre ou cinq, elles n'en fourniraient toujours qu'un, et le régiment serait plus faible. Pour y remédier, les états-majors ont rarement accordé dans ces endroits la permission de fonder de nouveaux toits ; les fils se sont mariés en restant auprès du père, et pour subvenir à cet accroissement de famille la maison commune s'est agrandie d'une aile ; la colonie gouvernée par le grand-père, sorte de patriarche et soldat vétéran, a reconnu une discipline plus exacte et a fourni rigoureusement en soldats le tiers voulu.

Le pays jusqu'à *Weisskirchen* est riche, vinicole et bien cultivé ; des plantations de mûriers blancs bordent les routes et sont utilisées pour l'élève des vers-à-soie. Les chemins, l'ordre, tout est satisfaisant tant qu'on reste sur la frontière militaire, dont les paysans sont fort abrutis et l'administration fort éclairée et vigilante ; mais à peine en sort-on pour entrer dans le Banat civil que tout cela disparaît, et comme il n'y aurait pas d'intérêt pour le lecteur à me suivre pas à pas dans cette contrée, j'en parlerai fort en gros.

Le *Banat* est ce grand carré de terres fertiles et basses compris entre la rivière *Maros*, le *Danube*, la *Theyss* et à l'opposé, la frontière de *Transylvanie*; il comprend trois comitats : Torontal, Temeswar, Krassau, fournit ensuite plusieurs districts sur le Danube au système du cordon militaire, et n'est pas fort inférieur à la Suisse en étendue. Cette contrée n'est qu'un marais desséché où le niveau uniforme des champs de blé et de maïs à perte de vue remplace les eaux qui l'ont couvert jusqu'à une époque récente. Quand le vent agite cette mer de verdure au printemps, on croirait aux vagues et aux ondulations de sa surface se trouver réellement en mer, et l'illusion est encore augmentée par quelques rares bouquets de jeunes arbres à l'horizon, simulant des îles, ou par quelque cigogne plongeant dans les blés comme un oiseau pêcheur dans l'eau. Les villages sont peuplés mais fort éloignés, aussi le cultivateur émigre-t-il en plein champ avec femme et enfants pour se livrer à quelques lieues de son habitation et souvent durant quinze jours aux travaux agricoles. On le voit bivouaquer avec son char et son bétail sur les bords de la large prairie naturelle qui forme la route, et où les seuls ennemis dont il ait à se garder sont les troupes de Bohémiens ambulants toujours prêts dans l'occasion à lui voler son jeune enfant ou son meilleur cheval. Ces bandes de Bohémiens ou Zigeuner bronzés, mi-nus, que j'ai vus défiler dans ces plaines sur leurs charrettes, leurs seules habitations, offraient un type de démoralisation et d'avilissement incroyables. Leurs énormes chevelures étaient dispersées à tous vents, leurs larges faces impudentes et provoquantes surprenaient par le blanc des yeux et des dents qui tranchait sur le fond sale et obscur de leur peau, et quelques guenilles pendantes étaient d'une insuffisance notoire à couvrir leur nudité. Ces malheureux, vrais corsaires des plaines, s'y tiennent dans un mouvement perpétuel pour aller vendre au loin ce qu'ils ont butiné au paysan, principalement le bétail et les chevaux; ils émigrent avec femmes et enfants, et quelles femmes ! vraies diablesses beaucoup plus repoussantes que les hommes, car il semblerait que chez les peuplades dégénérées le tempérament des femmes, plus délicat et plus docile aux impressions du dehors, fasse arriver plutôt leur forme physique à porter les empreintes d'un état avilissant.

Le Banat est traversé par un canal d'environ quarante-cinq lieues nommé Bega; il commence au-dessus de Temeswar et va finir dans la Theyss au milieu d'inextricables marais, appelés *marais blancs*, où il se noie tout à fait; il n'y a pas une seule écluse sur ce parcours. Les bords de ce canal, suivant l'usage en Hongrie, sont des digues en terre ordinaire, en sorte qu'en beaucoup d'endroits, il a acquis une largeur fâcheuse, ressemble à un marais, et n'a pas au-delà de dix pouces de profondeur. Ce n'était donc pas un faible mérite à la compagnie du Danube d'avoir organisé un service de bateaux tirés à la cordelle depuis Kustos et Berles, lieux habités à l'embouchure du canal dans la Theyss, jusqu'à Temeswar. C'est par cette ouverture qu'affluent dans la Theyss les produits du Banat central surtout en céréales; car Temeswar est un immense marché de grains, et suivant un relevé récent, on calcule à trente millions les produits du sol qui s'y débitent annuellement. La Theyss, indépendamment de ce qu'y verse le canal de Bega, voit arriver sur ses rives de toutes parts des quantités considérables de produits; la rivière Marosch, issue de la Transylvanie et limitant au nord le grand carré du Banat, y apporte un riche contingent, mais c'est surtout entre son embouchure dans la Theyss et celle du canal Bega, que se trouvent des lieux presque inconnus où les chargements de grains ont une activité remarquable. Je citerai Becse, Bacs, Czoka, Szenta, d'où il part de grosses barques avec six ou sept mille mesures de grains chacune, pour les marchés de Raab et de Wisselbourg près de Vienne; leur trajet est soumis au détour nécessité pour redescendre la Theyss jusque dans le Danube au-dessus de Semlin et remonter ce grand fleuve. On s'étonnera que des centaines de grosses barques puissent vaincre un fleuve aussi sauvage que le Danube l'est en Hongrie, avec des rives incertaines, formées de sables, de marais pleins de roseaux, d'îles fourrées de bois impénétrables et où jamais un chemin de hâlage ne pourra exister. C'est en effet là un problème curieux. Des cordes excessivement longues sont attachées aux grosses barques, et pour qu'elles ne trempent pas dans l'eau, de petites nacelles les supportent de distance en distance jusqu'à la rive, où plusieurs douzaines de chevaux y sont attelés, avec un conducteur pour deux chevaux ou pour trois. Hommes et bêtes sont quelquefois exposés à être entraînés dans le fleuve quand le courant est rapide et le tournant mauvais ; aussi tous ces nombreux cochers animent-ils leurs bêtes, les rives et les îles désertes retentissent du bruit de cette caravane, et elle avance à force coups de fouet et cris, passe à gué les ruisseaux affluents et s'enfonce jusqu'au poitrail des chevaux dans les marais. Mais enfin quand elle arrive dans des lieux impraticables, alors commence une manœuvre inouïe par ses difficultés. Un léger bateau va jeter une ancre à quelques centaines de toises en avant de la barque, puis rapporte la corde dont l'autre bout est fixé à bord à un cabestan auquel tout l'équipage vire à force de bras ; des lieues entières sont parcourues ainsi, et quand les rives se rapprochent et que le fond devient meilleur on attelle de nouveau les chevaux qui sont venus rejoindre la barque par terre. Une remonte de quatre à six semaines s'effectue ainsi sur une longueur de cent cinquante à cent soixante lieues, à un taux que j'ai trouvé être de soixante centimes à un franc dix centimes par quintal suivant les temps et les marchandises ; le bas prix des chevaux et de la main-d'œuvre, et le fourrage trouvé gratis dans les prairies naturelles dont le fleuve est bordé, expliquent ce bon marché des transports.

Je reviens au Banat. Les pluies de mai avaient converti les routes en une ligne continue de bourbiers ; mon léger char-à-bancs s'en tirait encore, mais de temps à autre je rencontrais

une caravane de voitures chargées de vin, forcée de bivouaquer ; les voitures restaient abandonnées dans la boue, les
gens dormaient ou mangeaient autour de grands feux, et les
chevaux broutaient une herbe épaisse sur la lisière de la
route, sorte de large prairie à l'usage du public. Il leur fallait
attendre peut-être huit ou quinze jours jusqu'à ce qu'il plût
au ciel de faire luire son soleil pour sécher la route. Mon cocher, dans la crainte que ces voituriers ne lui dételassent ses
chevaux pour les joindre aux leurs et essayer d'avancer leurs
propres affaires, avait soin de se tenir au large, ce qui était
facile. Quand je fis mon entrée à *Temeswar*, c'était après
bien des fatigues, et mon équipage n'avait rien de triomphal ;
j'étais assis sur une botte de foin, le parapluie en main et tout
mouillé cependant, ayant sur le devant de la voiture un cocher dont le vêtement se composait de deux seules pièces, l'une
qui ne pouvait se classer ni parmi les chemises, ni parmi les
paletots, mais remplissait ce double office, et l'autre une peau
de mouton.

Temeswar a des faubourgs étendus et tout ouverts. La ville
fortifiée est une cité allemande propre, bourgeoise et coquette,
qui fait plaisir à voir dans ce pays reculé ; elle renferme
une forte garnison, de grands approvisionnements de bouches à feu et de projectiles, est entourée d'excellentes fortifications, et ne figure pas mal l'Alexandrie de cette plaine
du Banat. La noblesse du pays y fait sa résidence, y donne
des fêtes l'hiver et y soutient un petit théâtre. — Mon temps
se passa fort agréablement chez le respectable M. F..., véritable patriarche de simplicité et de bonté. Sa joie était surtout dans ses deux fils, qui, devenus des nobles par leurs études
de droit, avaient été déjà députés à la dernière Diète. L'instruction et l'intelligence de ces avocats s'alliant à un solide
bon sens, rendaient leur conversation des plus agréables et
des plus faciles, malgré les sujets brûlants de politique nationale qui étaient soulevés. Ah ! pût ce pays avoir beaucoup

de patriotes aussi loyaux envers le souverain, aussi modérés et justes dans leurs vœux de réforme! Mais à côté de l'intelligence politique et de la liberté, se trouvent à chaque pas la violence absurde et l'esclavage. — Il y a quelques années, Temeswar passait encore pour le tombeau des étrangers qui s'y établissaient, mais l'insalubrité y a diminué par le creusement de canaux et la plantation d'arbres aux environs. La fièvre est du reste tellement endémique dans toutes ces contrées, qu'on ne peut trop se fier là-dessus au témoignage des habitants; ils l'acceptent comme on ferait d'un rhume ailleurs, et tel qui vous affirme la disparition de la fièvre dans la localité, reconnaît cependant que par exception il en souffre lui-même depuis quelque temps. Malgré le flot d'Allemands, de Valaques, de Slaves qui se portent sur le Banat depuis quatre-vingts ans pour en exploiter la fabuleuse fertilité, on n'y trouve pas la population à laquelle on devrait s'attendre. Les premiers émigrants meurent jeunes, et leurs descendants seuls s'acclimatent jusqu'à un certain point. J'ai eu sous les yeux des listes de villages dont la population a été renouvelée déjà trois fois, et qui sont à repeupler aujourd'hui. Des milliers de ces malheureux laboureurs doivent chaque jour abandonner leur pioche ou leur attelage pour rester quelques heures couchés au pied d'un arbre, enveloppés dans un manteau, tour à tour gelés ou brûlés par la fièvre d'accès. Le mal passé, ils se remettent au travail, achèvent leur journée, ne voyent dans ce qui leur est arrivé qu'une nécessité ordinaire du pays, et attendent, pour songer aux remèdes, d'avoir perdu toutes leurs forces.

En quittant Temeswar, je passai à *Arad*, au nord sur la Marosch; cette place offrait à un degré éminent le caractère villageois commun aux villes hongroises; le seul vrai confort m'y fut offert par un confiseur suisse des Grisons établi là depuis vingt ans et prospérant beaucoup; sa boutique était un vrai boudoir favorisé de l'aristocratie. Il n'y a, du reste, pas de villasse considérable dans ce pays, où il ne se trouve un ou plusieurs établissements de ces paisibles citoyens de l'Engadine ou de Val Bregaglia, et ils réussissent à souhait dans leur industrie confiturière qu'aucune invention nouvelle ne menacera jamais de détrôner.

Après diverses autres courses, je me trouvai enfin à *Becse*, sur la *Theyss*, pour y prendre le vapeur et remonter jusqu'à Szégédin. C'est de tous les fleuves à moi connus celui dont le cours est le plus tortueux ; il n'y a guère en ligne directe que dix-huit milles allemands de Szégédin à son embouchure (trente lieues), mais les sinuosités *triplent* cette longueur. Nulle part on ne pourrait retirer un plus grand avantage du système de l'ingénieur *Beszédès*, et je crois vraiment être utile au lecteur en lui faisant connaître les travaux et les idées de cet homme si célèbre dans son pays, de ce Nestor des bienfaiteurs de la contrée ; ses plans, tant exécutés qu'en projet, m'ont été communiqués par lui-même. — La Hongrie est un pays pauvre, encore inculte en partie, les dépenses de canaux régulièrement creusés et digués sont au-dessus de ses forces, mais Beszédès l'a déjà dotée en beaucoup d'endroits de travaux partiels de ce genre, en utilisant les forces de la nature. Voici comment. Le terrain est mou dans la grande plaine centrale du Danube et de la Theyss ; chaque hiver les fleuves y gèlent, et la débacle du printemps s'opère avec une force extraordinaire ; des masses d'eau proviennent des neiges fondues et des pluies, entraînent et pelotonnent pour ainsi dire devant elles les glaces du fleuve, et frappent avec toute la force de ce bélier les îles et les rivages pour les déchirer. — Toutes les fois donc qu'il a eu à creuser un canal pour abréger quelque coude gênant du Danube, de la Theyss, ou pour rétablir un fond suffisant à la navigation dans un lit vague de rivière, M. Beszédès a tracé seulement une fosse étroite sur tout le parcours et l'a livrée au libre passage de l'eau ; des fissures artificielles sur les rives de ce canal étaient préparées pour faciliter l'enlèvement ou l'éboulement des banquettes, et quand l'inondation et les glaces sont arrivées, elles ont élargi le lit, entraîné les matériaux arrachés sur les côtés, et en deux ou trois ans elles ont décuplé et même centuplé la largeur primitive du canal; ainsi, il m'est arrivé de passer en bateau à vapeur, entre Baja et Mohacs, dans une coupure qui a abrégé de plusieurs heures un coude du Danube, et dont la largeur était déjà telle que tout le gros du fleuve s'y était jeté. L'entretien de ces canaux est basé à peu près sur les mêmes principes, et n'est pas coûteux. Beszédès, en vrai patriote hongrois, a tourné toute sa prédilection sur la Theyss, dont il sent l'importance supérieure à celle du Danube pour enrichir et civiliser la Hongrie centrale; à ce sujet, il a fait des plans qui seraient fabuleux, s'il ne prouvait par des travaux déjà exécutés la facilité avec laquelle il se joue de la nature dans son pays, en la faisant contribuer à ses desseins à lui. Un nivellement soigné lui a fait reconnaître que le Danube aux environs de Pesth, et que la Theyss aux environs de Szégédin, ont une différence de niveau de quelques toises; celle-ci étant la plus basse, pour y amener plus d'eau et réveiller son cours endormi, il a proposé de dériver un canal du Danube au-dessous de Pesth et de le conduire dans la Theyss par les mêmes moyens de creusement facile dont j'ai déjà parlé, et en laissant faire à la nature et aux eaux du printemps la plus grande partie du travail; ce projet a pour complément naturel la régularisation des coudes de la Theyss elle-même. Il affirme aussi qu'il lui serait facile de conduire par cette voie le Danube tout entier dans le bassin de la Theyss, et que son canal une fois creusé, ce résultat de cent lieues de parcours de Pesth à Semlin mises à sec, serait la conséquence infaillible du lit plus direct et plus incliné offert à ce fleuve, si une bonne écluse à l'entrée du canal ne réglait le volume des eaux qu'on lui livrera.

Un comité de quelques personnes haut placées s'était formé pour cette entreprise vraiment attrayante, car elle dessécherait par le fait même du creusement du canal environ six cent mille arpents de marais, dont la mise en culture suffirait à couvrir les frais de l'entreprise, estimés à dix millions de francs; en outre le transit pour Pesth et le haut Danube, des produits du Banat, dont le mouvement actuel est de cinq à six millions de quintaux, s'y jetterait en entier au lieu d'aller faire le grand détour au sud; mais les intérêts d'une douzaine de villes riveraines du Danube s'y opposent pour le moment, et la frénésie magyare ne s'occupant plus d'exploiter le pays mais d'égorger des hommes, le généreux et ardent Beszédès est destiné à fermer les yeux sans accomplir le grand souhait de sa vie. Quant à moi, j'ai acquis la conviction que la Hongrie centrale n'a pas de grands progrès à attendre tant qu'on n'aura pas enlevé au Danube le superflu de ses eaux, dont il ne se sert que pour des ravages; il faut verser ce trop plein dans la Theyss et la rendre ainsi navigable et utile à des régions auxquelles elle ne procure pour le moment que des marais et des fièvres; et tout cela ne peut s'obtenir que par le grand travail déjà exposé.

Lorsque je naviguai sur la *Theyss*, cette rivière qui manque de fond une bonne partie de l'année, était grossie des eaux du printemps et causait des ravages, parce que faute de pente l'écoulement ne se fait pas. En la remontant, nous avions à gauche les plaines du comitat de *Bacs* inondées à une distance variable d'un quart de lieue à plusieurs, où même à perte de vue. A droite était une digue continue dont une trentaine de pouces surnageait encore, et défendait les riches moissons du comitat de *Torontal* placées fort au dessous du niveau de l'eau; tout ce comitat était en alarmes, des milliers de paysans circulaient sur la digue avec des charrettes pour amener de la terre et des matériaux afin de l'exhausser; il ne s'agissait de rien moins que de sauver les récoltes, les maisons et les vies dans une province entière; mais il avait été impossible d'être également actif partout sur une ligne d'une cinquantaine de lieues ; l'eau avait fait des trouées en plusieurs endroits, et de larges espaces avaient été changés en lacs avant que l'on fût accouru ; la digue ne paraissait là que comme un mince ruban entre deux nappes liquides de niveau différent. Nous apprîmes que quelques endroits plus menacés avaient été sauvés grâce à la décision de deux ou trois seigneurs ; ils avaient persuadé à leurs paysans de démolir leurs maisons et d'en porter le bois et le pisé sur la digue pour sauver du moins leurs récoltes. — L'histoire de cette digue du Torontal était curieuse ; on l'avait construite depuis quelques années par ordre du comitat et au moyen des corvées des paysans ; de vastes marais étaient devenus les plus riches terres à blé et à tabac du pays, mais pour qui, pour les paysans, pensera-t-on ? Nullement ; pour la noblesse du comitat ou pour de riches spéculateurs qui, avertis d'avance, avaient acheté des autorités le terrain lorsqu'il était encore couvert de roseaux. On me cita diverses terres de six à huit mille arpents qui ne valaient pas autrefois un florin, et se louaient depuis le dessèchement de quatre à dix florins l'arpent. — La noblesse, on le voit, sait faire un usage lucratif de son monopole des droits politiques[1]. — En outre, comme dans ces plaines basses l'eau réclame par intervalle les conquêtes faites sur elle, c'est encore le paysan qui donne

[1] Voici quelques exemples :

LOCALITÉS.	PROPRIÉTAIRES.	SURFACE.	PRIX D'ACHAT.	REVENU QUAND LA DIGUE A ÉTÉ FAITE.
		Arp.	Fr.	Fr.
Desk à l'embouchure de la Maros dans la Theyss.	Baron G***.	8,000	8,000	87,500
Sorek, idem.	Le gouvernement.	7,000	7,500	62,500
Turkisch Kanisa.	S***y.	8,000	7,500	75,000
Czoka.	M***y.	6,000	6,250	55,000
Turkisch Becse, etc.	etc.	etc.	etc.	etc.

L'arpent est de 1,200 toises carrées. J'ai calculé le florin ce qu'il valait alors, 2 fr. 50 c. à peu près.

les journées de robotes pour sauver les gros revenus des seigneurs.

Depuis ces grands desséchements, la Theyss, perdant en étendue, est devenue moins poissonneuse, et l'ancien dicton que cette rivière est moitié eau moitié poisson ne se trouve plus vrai; cependant la pêche y est abondante, et la graisse des grosses pièces forme à elle seule un objet livré au commerce par centaines de barils annuellement. — C'est à la nature marécageuse des eaux qu'il faut attribuer la qualité insalubre des produits de la Theyss; pour avoir mangé une fois du poisson on prend la fièvre, à moins de l'avoir fortement assaisonné de ce poivre rouge, de ce paprika, correctif universellement employé dans la cuisine trop grasse des Magyars.

A mon arrivée à *Szégédin*, je trouvai l'inondation universelle, les digues partout enlevées ou plutôt lavées par les eaux dans les environs, et les communications par terre toutes interceptées hormis une seule, celle avec Pesth. Les habitants se bornaient à préserver leur ville placée dans un fond, et tout ce qui était disponible était employé aux digues. Les deux premières nuits je préférai coucher à bord du vapeur qui était à l'ancre; mais un bruit effroyable me réveilla les deux fois; on sonnait les cloches à toute volée dans la ville, des cris partaient d'une foule de points, et cependant aucune trace d'incendie visible nulle part. Le matin nous apprîmes que les digues avaient été rompues et que les habitants en masse avaient dû quitter leurs lits pour y aller mettre la main. Ces invasions sont d'autant plus redoutables qu'il n'est pas nécessaire que l'eau arrive en torrent impétueux pour renverser les maisons. Elles sont la plupart en pisé ou en briques non cuites, et, ainsi que je l'ai déjà signalé à Pesth, si le bas du mur se mouille, l'humidité chemine en hauteur et la maison tombe comme par sortilége, sans que le mal ait été visible nulle part.

Szégédin, placée au centre de la Magyarie et des districts

les plus fertiles, est destinée à une prospérité croissante et dépassera Pesth en importance si le canal du Danube est jamais exécuté. Cette ville est peuplée presque exclusivement de Magyars, on lui donne près de quarante mille âmes, aussi occupe-t-elle une place très importante dans la politique du pays comme centre d'un esprit public et de manifestations du pur magyarisme. — On discutait, lorsque j'y fus, la dernière mesure du gouvernement, celle d'enlever la dignité d'*obergespann* ou premier magistrat des comitats à ceux des grands seigneurs qui ne voudraient pas prendre l'engagement de remplir les devoirs de leur charge et surtout de résider dans le comitat même, au lieu de dépenser leurs revenus à Pesth ou à Vienne. Bien que cette mesure fût aussi juste que favorable aux intérêts de toutes les classes, hormis la grande noblesse dont elle attaquait l'influence politique, la mauvaise disposition de toute la petite noblesse contre toute amélioration venant du gouvernement, y tenait les esprits dans un état violent : « On veut nous ôter, disait-on, les anciennes fa-
« milles de noble race, dont la prééminence nous flatte, bien
« qu'elles se soucient peu de notre bien-être et de l'observa-
« tion des lois, et les remplacer par des employés venus d'Au-
« triche, sans fortune indépendante et dont le gouvernement
« disposera entièrement. Mais que nous importe que la jus-
« tice ne se vende plus, que les deniers du comitat soient
« moins gaspillés et que les paysans soient moins écrasés de
« robotes ! Nous ne voulons pas que le gouvernement sorte
« de son impuissance ; le vrai Magyar préfère un pays bar-
« bare mais libre. » C'était une révolte de l'esprit national, attisée par l'opposition la plus aveugle contre toute réforme.

Les agitations politiques prospéraient plus à Szégédin que son ancienne industrie, celle des soudes ; je trouvai cette fabrication dans une décadence profonde, car le bon marché des soudes anglaises la tuait. Cependant la nature même semble avoir tout fait pour favoriser là cette production. Le pays des environs a des lieux bas, sans végétation, d'où s'élèvent le matin après la rosée ou après les pluies légères des efflorescences salines; on les recueille par monceaux dans des magasins bâtis sur les lieux de production, et ensuite elles sont portées dans des fours où la chaleur les convertit en soude blanche excessivement compacte. Sur la route de Pesth je trouvai le sol couvert de croûtes blanches de ce sel, comme si c'eût été de la neige, et elles craquaient sous les roues de la voiture. La végétation en souffre, et il n'y a que trois ou quatre ans qu'un Allemand a pu acclimater quelques légumes dans les jardins des environs.

Comme toutes les villes de Hongrie, Szégédin a son contingent d'histoires pittoresques de brigands à offrir au voyageur; en voici une vraiment qui porte le cachet du pays; elle me fut contée par un homme de loi des plus respectables. — Dans une de ces *congrégations* où plusieurs milliers de nobles paysans s'entassent parfois dans une toute petite ville, il était arrivé après l'assemblée à deux hommes d'âge fort différent de trinquer le soir ensemble en y mêlant de longues discussions sur la politique et sur leurs propres affaires, et d'aller ensuite dormir dans le même lit. Le lendemain matin ils se réveillaient simultanément, déjeunaient et prenaient congé. Le vieux, retourné à son logement où il vivait seul et dont il avait emporté la clef, le trouva bien fermé, mais, ô douleur! tout ce qu'il avait de plus précieux lui avait été volé, ainsi qu'une forte somme pendant la nuit précédente! Le voleur avait donc eu les clefs, mais d'où? puisqu'elles avaient dû rester dans la veste du propriétaire pendant tout le temps de son absence, et il n'avait découché qu'une nuit. — Enfin l'instruction, après bien des peines, parvint à mettre hors de doute que le voleur était le jeune homme même avec qui le vieux avait couché; il se trouva que ce drôle après avoir fait boire l'autre plus que de raison pendant la soirée et avoir obtenu mille détails sur son genre de vie et sa fortune, s'était

d'abord couché avec lui, puis se relevant doucement dès que
le vieux avait commencé à ronfler, lui avait pris ses clefs
dans son habit, était descendu à l'écurie, en avait sorti son
propre cheval et un excellent noiraud appartenant à l'homme
qu'il exploitait, et dans l'espace d'une nuit avait pu parcourir
l'incroyable distance de neuf milles (quinze lieues) deux fois
de suite, piller la maison, revenir assez à temps pour se re-
coucher sans être aperçu, simuler un réveil tardif et se faire
pousser par l'autre avec un « allons, dormeur, » tout cela exécuté avec la célérité d'un jeune écuyer magyar et la ruse d'un
vieux escroc.

CHAPITRE X.

Orsova. — Les Portes-de-Fer. — Le Bas-Danube. — La mer Noire.

J'ai suspendu le récit de mon voyage sur le Danube un peu au-dessous de Panscova sur la frontière militaire, et je vais le reprendre pour conduire le lecteur sans plus d'interruption jusqu'à la mer Noire et sous les vieilles tours de Constantinople.

Semendria, sur la côte de Servie, est un des trois points de ce pays où les Turcs ont le droit d'avoir une garnison; mais quant à savoir s'ils en ont réellement une, c'est une question que je ne pus résoudre; nous ne vîmes pas une sentinelle, mais seulement deux hommes à turbans fumant leur pipe sur les débris de créneaux de cette curieuse et ancienne forteresse. Elle forme un grand carré de murailles avec des tours de distance en distance, le Danube en ronge la base et c'est un ensemble du plus haut pittoresque. Son origine remonte à 1432, époque où Georges, prince de Servie, en posa les fondements. — On continue à avoir à sa gauche la ligne des postes autrichiens dont Semlin a offert les premiers exemples; c'est toujours une grande guérite fondée dans l'eau sur pilotis, avec quatre hommes armés de carabines et bien pourvus de vivres; car sur la frontière une garde à monter est de huit jours. C'est au bout de ce temps seulement qu'une nacelle part de la rive avec quatre autres soldats et un officier pour aller relever le poste au cas où une crue du fleuve n'aurait pas emporté la guérite avec ses habitants et noyé leurs cris parmi les roseaux. Pendant que le vapeur fuit comme un trait et que le voyageur fume un cigare ou boit son café sur le pont, les sentinelles le regardent passer d'un œil terne, comptant sans doute les jours et les heures de prison qui leur restent, ou songeant très vaguement, très obscurément à quelque abîme social entre leur condition et celle des fugitifs étrangers ; pauvres gens, dont les joues creuses et le teint jaune attestent la plus fatale partie du lot des militaires sur le cordon, la fièvre, l'air empoisonné du marais.

Nous faisons échelle à *Basiasch* pour y embarquer des charbons venus d'*Oravitza* dans les Carpathes à huit ou dix milles au nord ; ce sont les meilleurs du Danube, et comme ils surpassent même les charbons de l'Angleterre ainsi que nous l'avons trouvé par des expériences comparatives, on peut les estimer le plus parfait combustible connu ; flamme vive, longue, absence de cendres et de résidus, combustion soutenue, jamais d'engorgement dans les grilles, c'est un idéal pour les pauvres chauffeurs dont la vie s'use si vite à leur rude métier quand le charbon est mauvais. Les figures des Valaques riverains étaient ruinées par la fièvre, leur personne dépourvue de toute énergie physique et morale ; pour débarquer un colis dont deux matelots italiens se seraient joués, ils se mettaient douze avec des cris ressemblant à de gros soupirs. La nourriture de ces hommes, du maïs pilé et bouilli, est trop peu solide pour leur climat et leur genre de vie, et dans l'absence de tout secours médical pour leurs maux ils ne peuvent qu'implorer des cures miraculeuses près d'une vieille église de l'endroit, réputée à cet effet.

A partir de Basiasch se développe sur une ligne non interrompue de trente lieues jusqu'à Orsova la scène la plus grandiose de tout le Danube. Les *Carpathes* qui ont entouré la Hongrie et la Transylvanie se rapprochent du fleuve et viennent y mourir, mais non d'épuisement, car on voit que des convulsions souterraines ont arrêté le cours ultérieur de cette chaîne et l'ont tenue comme suspendue au-dessus du cours du fleuve; elle fait face aux premiers contreforts de la Servie, lesquels s'élevant toujours vont s'appuyer au lointain pâté de montagnes dont le centre est à l'angle de ce pays avec l'Albanie et la Macédoine. Entre ces deux systèmes le Danube s'est creusé une route pénible, sinueuse, marquée par de sublimes beautés pour l'ami de la nature. Ce n'est point comme sur les bords si vantés du Rhin de simples collines, ce sont des géants qui sont en présence sur les deux rives, offrant de vastes talus de forêts plongeant dans le fleuve, ou des parois de rochers portant jusqu'aux nues leurs crêtes capricieusement déchirées. Il y a mille fissures, mille cavernes dans ces parois ; on en voit sortir des aigles qui suivent les rebords de cette muraille naturelle, s'attachent à planer sur nos têtes, et paraissent comme autant de points noirs sur le ciel. La confusion est presque effrayante dans les lignes du paysage, et d'immenses murs de rochers semblent arrêter la perspective pendant qu'un courant impétueux nous pousse à leur rencontre comme pour nous y briser. Peu d'habitations et point de châteaux restes de la féodalité; le grondement du fleuve et le sifflement de la vapeur, enfermés dans les rives et répercutés par elles, font une sauvage musique dans ce monde à peine ébauché.

Le premier endroit habité dans ces défilés est *Moldava*; les rapides du fleuve commencent près de là. Quelle sévérité de paysage! Le fleuve s'élance avec bruit dans des couloirs de plus en plus étroits, et sur un roc au-dessus du cours de l'eau, on aperçoit le vieux château turc en ruines de *Columbacs,* pris par les Turcs sur les Serviens, en 1429. Suivant l'opinion commune, il sortirait de cavernes situées plus bas, et inondées chaque année, les redoutables essaims de ces mouches dites *Columbacs* qui font, en se répandant sur les pays voisins, surtout dans le Banat, tant de mal aux bestiaux. Ces mouches sont aussi fatales aux bêtes que les fièvres aux hommes, et leur origine me semble la même, les marais putrides le long des rivières. Si le vent favorise leurs excursions, elles vont à Temeswar et au delà, s'abattant sur les animaux, les faisant enfler et même étouffer lorsque les piqûres sont aux organes de la respiration, et semant les pâturages de bêtes crevées, jusqu'à ce qu'un orage ou quelque changement atmosphérique les détruise. J'ai trouvé ainsi en 1845 les villages du Banat perdant chacun cent ou deux cents têtes de gros bétail. L'opinion qui fait sortir ces mouches de Columbacs est ancienne et coïncide avec une légende suivant laquelle la même caverne aurait vu le combat de saint George avec le dragon ; qu'on cherche, si l'on veut, des rapprochements entre ces deux traits.

Après ces cavernes et à travers les tourbillons de *Tachtali* on arrive à *Drenkova*. Il y a aujourd'hui un vapeur pour relier Drenkova à Orsova, malgré les dangers dont cette navigation est semée, mais lorsque je fis ce voyage on ne croyait pas encore possible un tour de force pareil et sans exemple sur aucun fleuve, et nous dûmes le lendemain matin monter sur une barque à rames couvertes avec un bon pilote à bord. —Le passage de l'*Islaz* causa un saisissement à tous les passagers ; bien avant de rien voir on entendait des mugissements dont nos voix furent tout à fait couvertes quand nous fûmes à portée du redoutable phénomène ; c'était une ligne de brisants tenant obliquement toute la largeur du fleuve. La barque pénétra bravement dans ce tumulte de lames écumeuses, fut rudement secouée quelques secondes, et rentra heureusement dans une eau plus calme. On prétend que dans le lit du fleuve le fond vient à manquer tout à coup, et qu'au dessus de la ligne de rupture se forme cette agitation extraordinaire de l'Islaz. —La rive gauche sur la frontière militaire de Hongrie est une paroi presque continue de rochers ; c'est dans ses flancs qu'est taillée la magnifique route obtenue de la Diète par le comte *Széchényi*, et dont il a surveillé les travaux lui-même ; en regard est l'antique route de *Trajan* serpentant sur la rive servienne opposée. L'art moderne, puissant et inflexible dans sa marche, a fait sauter les rochers, percé des galeries, conservé partout à son travail un niveau uniforme, tandis que celui des Romains, tenant plus compte des obstacles, ne s'est pas fait scrupule de changer à chaque instant de direction et de pente ; en somme, le souverain qui marchait contre les Daces a fait une œuvre aussi inférieure à celle du patriote hongrois, que son mobile l'était lui-même ; Széchényi luttait pour émanciper son pays de la barbarie où il gémit, lui ouvrir des portes de tous côtés et lui faire respirer l'air moderne ; mais, hélas ! faute d'argent sa route n'est pas encore achevée dans la partie supérieure du cours du fleuve. Nous descendîmes un moment sur la route Széchényi pour visiter un fort assez célèbre dans les annales militaires ; c'est une caverne ouvrant sur le fleuve, et d'où un petit détachement autrichien, en 1692, barra par son feu le passage à un corps de Turcs ; on lui donne le nom de caverne du général *Vedran*, militaire qui y a commandé et l'a fait agrandir. Près de là, sur l'autre rive une inscription latine dans le roc est consacrée à l'empereur Trajan, auteur de la route sur la rive servienne.

Tout le long de la route Széchényi, il y a des huttes où sont abritées les sentinelles du *cordon militaire*. Le règlement de ces postes a pour but de préserver le pays des incursions ennemies et du fléau de la peste, aussi est-il fort sévère, et il n'a été que peu adouci pour faciliter les besoins nouveaux d'une artère de grande communication européenne. Au coucher du soleil tout mouvement doit cesser sur la route et sur le fleuve, et il est arrivé plusieurs fois à des voyageurs, faisant le trajet dans la barque de la compagnie, d'être hélés par les postes deux ou trois heures avant l'obscurité réelle, parce que le disque du soleil avait disparu derrière les hautes montagnes des rivages, et de devoir passer la nuit à découvert et sans souper sur une plage déserte. Il a fallu des années avant d'obtenir du gouvernement que le coucher astronomique du soleil fût substitué à celui dont on se servait pour vexer les gens et leur faire perdre leur temps. On comprend parfaitement que les institutions militaires du cordon soient un *sanctissimum* auquel le gouvernement prétende ne pas toucher, pour l'employer comme une muraille de fer, plus encore contre les mécontents Hongrois que contre la Turquie ; mais les employés actuels, inintelligents du vrai sens de tout cela, apportent à leur service un petit esprit de persécution contre les voyageurs et le service des bateaux ; la peste ! voilà toujours le grand ennemi suivant eux. Ainsi la compagnie a au-dessous d'Orsova un vapeur qu'il aurait fallu pouvoir aider à la remonte dans une mauvaise place en le touant de la rive servienne au moyen d'une cinquantaine d'hommes ; mais les autorités sanitaires prétendaient que si on jetait un bout de câble goudronné depuis le navire aux Serviens, le danger de le retirer infecté du venin de la peste était trop grand (à une époque où la peste avait disparu de toute la Turquie d'Europe) : et ce fut également une affaire à traîner, d'année en année, dans des suppliques au gouvernement.

Le village d'*Orsova* est le terme de la journée. C'est un pauvre endroit, il y manque, comme sur le reste de la frontière, les objets les plus nécessaires à la vie, et les habitants, race peu intelligente, sont absorbés par l'agriculture et le service militaire. Personne ne peut venir d'une autre province se fixer sur la frontière et y exercer un métier quelconque, sans une permission difficile à obtenir et coûteuse, en sorte que faire le pain, vendre de la viande, tenir une taverne c'est autant de monopoles que le régiment vend à quelques favoris, et dont ceux-ci doivent monstrueusement abuser pour lui payer une rente et faire leurs propres affaires. Je ne me rappelle plus si c'est un boulanger ou le traiteur de la quarantaine qui payait à Orsova six cents florins (quinze cents francs) d'imposition annuelle. Cette quarantaine, dite de *Schupaneck*, est en face de la Valachie à deux pas d'Orsova, et bien des voyageurs, qui y étaient renfermés pendant huit ou quinze jours, y ont payé leurs souffrances et leur faim à des prix inouïs. Il faudrait donner à toutes les villes et aux bourgs le long de la frontière militaire les droits de villes libres et royales; mais tant que le despotisme du sabre y régnera, le transit et la richesse de tout le pays en souffriront. Le seul mérite à moi connu des autorités militaires est de donner de temps à autre aux étrangers qui passent, la permission de chasser l'ours dans les Carpathes.

Le gouvernement russe avait placé à Orsova, dans la personne de M. F***, un agent fort délié. A quoi bon, pensera-t-on, dans un village? Sans doute Orsova ne mérite que ce nom, mais c'est un village où il passe beaucoup de monde, la Servie est à deux pas, des liaisons existent entre le czar et les Églises grecques de tous les environs où l'on prie pour lui avec un zèle tant soit peu enflammé, et plusieurs évêques de cette religion cumulent des pensions de Pétersbourg. Aussi cet agent et ses collègues en Hongrie sont fort éloignés de toute modestie politique; ils parlent en maîtres présents ou futurs de la contrée, avouant ouvertement le grand avenir *religieux* de leur cause sur le Danube, faisant travailler l'incroyable superstition des populations slaves et valaques par des popes éhontés, faisant prêcher comme une seule doctrine le salut des âmes et l'obéissance au czar, et entremêler d'une manière assez impie le futur avénement de Jésus-Christ dans le monde avec celui du panslavisme. Dès que ces populations entendront le bruit des sabots d'un cheval cosaque, je crains fort qu'elles ne se jettent à genoux comme devant les pieds de ceux qui apportent la bonne nouvelle sur les montagnes. Le gouvernement autrichien sait tout cela, mais n'y peut rien, et tant qu'il est faible à Pesth et à Presbourg, il ne peut être bien fort à cent cinquante lieues plus loin ; aussi les agents russes se mêlent de toutes ses affaires avec une certaine naïveté de bon droit qui fait peur, et ils avaient eu l'art récemment de se poser en médiateurs dans une délimitation de territoire entre lui et le Vladika de Monténégro.

D'Orsova j'allai voir à trois milles dans les montagnes les bains de *Mehadia* qui sans doute étaient appelés fameux il y a seize siècles, et dont la réputation ne fait que renaître aujourd'hui. Pour passer la *Czerna* je trouvai un pont vraiment original ; deux grands arcs-boutants en fer auxquels le tablier du pont était suspendu par des tirants, étaient formés de pots ou cônes en fonte entrant les uns dans les autres précisément comme les vases à fleurs vides que les jardiniers empilent. Le général Roth à Panscova m'avait déjà parlé de ce genre de construction imaginé par un simple mineur, et avait fait exécuter dans le territoire de son régiment deux ou trois autres ponts analogues. — Tout le pays a des restes de constructions romaines, surtout d'aqueducs, et à Mehadia, dans une cave qui tient lieu de musée, on me montra de nombreuses inscriptions latines attestant des cures merveilleuses faites dans l'antiquité. Mais je n'y vis point la statue d'Hercule, patron de ces bains, déterrée en 1828 ; suivant l'usage centralisateur et barbare de nos modernes antiquaires, elle avait été transportée à Vienne où personne ne s'en soucie, tandis qu'ici elle serait vue avec délices. — Il y a huit sources, principalement sulfureuses, dont les propriétés médicales surpassent tout ce qu'offrent la Bohême et l'Allemagne ; dans les cas désespérés de goutte, de rhumatisme, d'affections chroniques, on va à Mehadia comme à une dernière ressource, et ce nom obscur semble destiné à être béni de bien des milliers d'êtres souffrants dans l'avenir ; mais malheureusement ces bains appartiennent au régiment, et il les administre dans un but plus fiscal que philanthropique. Les logements forment une petite rue, et sans être mesquins sont déjà insuffisants à la foule de baigneurs valaques et hongrois dont le nombre augmente chaque année; les histoires de remises, de vrais chenils loués à des prix exhorbitants intimident ceux des malades qui devraient venir de loin et ne peuvent se passer d'un certain confort; ensuite les visiteurs du voisinage y ont naturalisé tant d'insectes dans les planchers et les lits, qu'il est impossible de résister, à moins d'être un indigène pachyderme du bas Danube. Le comte Széchényi voulait construire à ses frais un hôtel élégant, mais il lui fut déclaré que les bâtisses du régiment devraient être pleines de monde avant qu'une seule personne fût admise à loger ailleurs, et il a dû abandonner son idée. — La petite rivière de Czerna coule dans le fond du vallon de Mehadia; d'un côté est une paroi de rochers d'une hauteur à vous étourdir, au sommet de laquelle les pauvres sentinelles frontières montent la garde dans la région des aigles contre la Valachie, mais sur l'autre rive le sol est moins tourmenté et il y a des bois et de fraîches promenades pour les baigneurs.

Je retourne à Orsova. Au-dessous de ce village le fleuve présente les dangereux rapides connus sous le nom de *Portes-de-Fer*, et pour les franchir on se confie à de petites barques vigoureusement maniées par des pilotes; une route de halage longe la rive gauche et sert à les ramener à leur point de départ. Nous montâmes dans une de ces frêles embarcations. Le premier objet en vue lorsqu'on quitte le village est l'*île de Neu-Orsova*; elle commande le passage, renferme une garnison turque et complète avec *Belgrade* et *Semendria* les seuls points de la Servie où le sultan ait encore le droit de faire flotter le croissant. Oui! il ne lui reste que trois forteresses ruinées dans toute cette province émancipée désormais. Les murs et les batteries de Neu-Orsova sont dégradés, le pacha vit dans une barraque en planches avec ses femmes, et tout dort ou fume autour de lui et comme lui. A la fin de l'hiver, lorsqu'au premier dégel la débacle du fleuve se met à gronder, force est à ces paresseux de se réveiller un instant. Le passage est étroit, les rives hautes et bordées de rochers, et l'avant-garde des glaces descendantes poussée avec impétuosité dans ce canal contre l'île d'Orsova se redresse et menace d'écraser les constructions ; on prétend que ces glaçons, en vastes plateaux se sautant les uns sur les autres, offrent un spectacle effrayant ; une lutte s'engage alors entre les Turcs armés de canons et la puissance aveugle du fleuve, et ils brisent à boulets les entassements de glaces sans leur donner le temps de se dresser contre eux à une hauteur dangereuse.

Les *Portes-de-Fer* sont des rochers dans le lit du fleuve, mais la masse en a été considérablement diminuée par des travaux exécutés sous les ordres du comte Széchényi durant les basses eaux de l'hiver. Quand l'eau les recouvre à une bonne hauteur durant la crue du printemps, c'est le moment dont on profite pour envoyer des bateaux à vapeur en état dans le bas Danube et en faire remonter ceux que le service a usés, et auxquels des réparations doivent être consacrées à Bude. Pendant les basses eaux, les passages des Portes-de-Fer pour les barques sont bien visibles, et le danger véritable n'existe que par les eaux moyennes ; tout est alors écume et tourbillon, et l'œil des meilleurs pilotes n'est plus une garantie complète de salut. Sans doute il n'y a dans toute cette description rien qui fasse précisément frémir, et plus d'un lecteur avouera après ce simple narré que les Portes-de-Fer n'ont pas réalisé l'impression dramatique à laquelle leur seul nom semblait les préparer ; mais ce n'est point ainsi qu'il faut apprécier leur fatale importance. Les Portes-de-Fer ne sont que le dernier chaînon d'une série de rapides, de brisants et de tourbillons semés sur le fleuve depuis Drenkova, quinze lieues plus haut, et elles complètent en quelque sorte le blocus de la Hongrie à l'est et au sud ; car ce vaste et riche pays, par la plus déplorable destinée, se trouve comme serré de montagnes de tous côtés, et n'a pour respirer que trois ouvertures dignes de ce nom, la Save vers l'Adriatique, Orsova à l'est et le Danube au nord du côté de l'Autriche. Cette dernière direction est même la seule où le commerce et les transports soient parvenus à vaincre jusqu'à présent les difficultés de la nature et à répandre de vrais bienfaits sur le pays; la Save est encore mal réglée, manquant d'eau, tortueuse, et elle traverse un pays sauvage où la vie n'est jamais parfaitement en sûreté.

La barque de la compagnie nous dépose après le passage des Portes-de-Fer sur la rive valaque dans le misérable village de *Skela-Cladovi*; le capitaine m'y fait voir une des meilleures maisons qu'il a louée à vingt florins l'an pour sa famille, tant le bon marché règne dans cet endroit, à l'exclusion il est vrai de tout autre avantage. C'est près de Skela-Cladovi qu'aboutissait la route de Trajan à un pont dont les têtes sont encore un peu visibles et les piles également, pourvu que les eaux soient basses; le pays où ce pont débouchait est la petite Valachie actuelle. Nous montons sur le bateau à vapeur, et le voyage commence sur le bas Danube proprement dit; c'est-à-dire sur cette longue ligne du fleuve placée entre la Valachie, la Moldavie et la Russie d'un côté, et la Bulgarie de l'autre jusqu'à la mer.

Adieu désormais aux lueurs naissantes de civilisation dont on apercevait des traces en Hongrie; c'est le domaine de l'esclavage, de la misère, c'est la nuit où nous entrons. La nature même s'harmonise tristement avec cette dégradation sociale, et une réputation de dangereuse insalubrité est attachée à l'air que l'on respire, comme dans une foule d'autres lieux de l'empire ottoman. Cette insalubrité a d'abord des causes générales. Le déclin de la civilisation, des cultures et du nombre des hommes a occasionné l'invasion des fièvres en tous lieux; peu de localités y ont échappé dans ces pays, et il a fallu pour cela des sites remarquablement bien ventilés comme Constantinople ou élevés sur les flancs des montagnes. Hélas! il n'y a pas en Turquie un champ qui n'ait été mieux cultivé à une époque antérieure, pas un lit de rivière ou de torrent qui n'ait été mieux réglé, pas un marais qui n'ait été ou moins étendu ou remplacé par des moissons d'épis. Les restes d'anciennes constructions, les travaux des hommes fouillant le sol, en ont altéré la forme primitive, et dans l'abandon actuel des anciennes villes ou bourgades, sont devenus autant d'obstacles à l'écoulement des eaux et autant de sources d'émanations morbides. L'insalubrité s'est montrée donc dans les lieux délaissés d'autant plus forte que la population y avait été plus dense, et par une sorte d'ironie, ce sont les sites célèbres et enrichis par les arts et les travaux des anciens que la solitude a réclamés de préférence. Cependant lorsque le commerce et l'industrie sont parvenus à maintenir obstinément un pied sur quelque coin de terre, j'y ai trouvé en général la santé meilleure que dans le pays voisin, et en contradiction de l'ancien adage qui fait des villes le tombeau des êtres vivants, il m'a paru qu'en Orient du moins les grandes accumulations d'habitants y étaient dans des conditions de santé souvent meilleures que les campagnes. Le voisinage immédiat des habitations dans les villes est garanti des marais, les colonnes de fumée qui s'élèvent dans un air lourd et stagnant l'agitent et le renouvellent, et peut-être aussi mille autres effets plus occultes dus à la présence d'êtres vivants contribuent-ils encore à une salubrité relative et bien surprenante j'ajouterais, car le peuple des villes par le manque de canaux d'écoulement vit au milieu des émanations de toute sorte de matières animales. Indépendamment des causes générales, le bas Danube en a de particulièrement actives qui semblent le destiner naturellement à être durant la suite des siècles un hôpital de fiévreux. Le fleuve envahit au printemps les deux rives, y forme d'immenses marais et se retire lentement lorsque le soleil déjà fort élevé dans cette saison peut échauffer ces plaines limoneuses et en dégager des miasmes d'autant plus malfaisants que l'inondation a été plus étendue. Ces fièvres sont tenaces, et j'ai vu le germe en persister chez des personnes dépaysées du bas Danube depuis quatre ou cinq ans. Les meilleurs traitements n'y peuvent souvent rien, et tel malade en train de périr entre les mains d'un bon docteur s'est parfois dans un moment de désespoir livré à quelque excès de boissons alcooliques, de caviar ou de poisson salé dont il a tiré sa guérison.

Le voyage par eau sur le bas Danube jusqu'à Galatz doit peu différer de ce que l'on raconte de la navigation intérieure des États-Unis d'Amérique. Au milieu d'îles innombrables, basses, sans nom et sans habitants, roule lentement une masse d'eau jaunâtre à laquelle on ne saurait donner le nom de fleuve, car elle ne connaît plus de limites. Il est rare que la vue puisse dépasser les forêts dont ces îles sont couvertes et reconnaître le véritable rivage, et la plus faible inondation suffit à le surmonter presque partout ; le courant s'étend alors jusqu'à des lieues en largeur, et finit par s'endormir dans des marais. La bande de terrain ainsi enlevée à l'agriculture, ferait à elle seule une petite province, mais dans son état actuel elle n'est utilisée que pour la pêche des sangsues, dont les produits vont en France ; ainsi le veut la grande loi de la civilisation et du travail, et un pays avancé qui a besoin de marais à exploiter, desséchera les siens et en trouvera ailleurs à vil prix. De loin en loin on rencontre sur le fleuve quelques barques portant du sel à Belgrade où elles n'arriveront peut-être que dans quelques mois ; l'une remonte lentement à la voile, mais en trouvant une autre immobile au milieu du fleuve qui perd l'occasion d'un vent favorable, elle vient l'accoster et jeter l'ancre, crainte de faire mieux. C'est bien là le plus bas degré de toute activité humaine, l'insouciance même pour le gain ; ce ressort enlevé à des hommes incapables d'en concevoir un autre, tout espoir d'une amélioration à leur sort devient chimérique ; pour âme ils n'ont plus....

que leur pipe. — Notre pilote est monté sur les tambours des roues pour guider le timonnier au milieu d'un dédale d'îles et de bancs de sable, et alterne continuellement avec deux cris uniques : *Alla Turca* et *alla Romaïka*, lesquels aussi infaillibles qu'un talisman jettent le navire tantôt à droite, tantôt à gauche; une ou deux fois seulement le fond du navire racle un banc de sable et le hurlement de *banco, banco* est substitué aux précédents. Quand les mauvais passages sont évités, on appelle ce demi-sauvage pour lui faire expliquer le vocabulaire peu compliqué de sa science. Lui, tout fier prend une pose : « *Alla Turca*, c'est que les Turcs sont sur cette rive « (la Bulgarie), et *alla Romaïka*, parce que nous autres, les « Roumains, habitons sur l'autre (la Valachie). » Étrange descendant des Romains, qui dans sa naïveté doit s'aider de la géographie pour reconnaître sa main gauche de sa droite !

Le vapeur sur lequel nous voyageons, va jusqu'à Galatz pour s'y mettre en communication avec le bâtiment de mer destiné à nous faire passer la bouche de Soulina et à nous conduire à Constantinople. Durant tout ce voyage, nous sommes en pratique avec la côte de Valachie, mais pour conserver ce privilége nous devons éviter tout contact avec la rive turque de Bulgarie. Dans ce but un garde sanitaire est à bord et sa charge serait de veiller à l'observation des prescriptions de la quarantaine, s'il ne préférait se tenir dans un état d'ivresse qui rend sa surveillance singulièrement illusoire; « la peste est peu redoutable si elle a peur de ce mal- « heureux, » se prend-on à penser en le poussant du pied, mais le fait est qu'il n'y a plus de peste. — Sur la rive bulgare est organisé un service spécial dont le point d'arrêt est le village de *Czernavoda* à une courte distance de la mer Noire, à l'endroit où le fleuve tourne brusquement de l'est au nord, et commence ce grand détour si frappant sur toutes les cartes. L'isthme de Czernavoda se passe en six ou sept heures au moyen de voitures, et les voyageurs arrivent au port de Küstendjé, où un autre vapeur les attend sur la mer Noire et les porte à Constantinople. Dans l'année où je fis mon voyage la communication entre Orsova et Constantinople avait lieu en alternant une semaine par la rive valaque et Soulinah, l'autre par la rive bulgare et Czernavoda, mais depuis lors, sous prétexte d'une misérable économie de huit mille florins et de fait pour céder aux Russes et pour passer sous leurs yeux à Soulinah, on a abandonné la voie rapide de Czernavoda qui avait tant coûté à établir.

C'est sur la rive bulgare qu'a voyagé pendant des années un Dalmate, le capitaine Dobroslavich, le meilleur homme que j'aie connu. Pour ses besoins personnels, il était presque avare, mais il ne savait rien refuser à ses enfants, les passagers. Il voulait à quelque prix que ce fût dissiper pour eux les ennuis d'une lente navigation, le long d'une côte misérable et dangereuse à la santé, et en l'absence de toute autre ressource il employait avec succès une table recherchée et des vins de France à flot. Les passagers, sans trop approfondir comment on leur donnait de tels repas pour une rétribution insignifiante, n'étaient jamais tristes dans le salon de l'Argo, et la gaieté avec le champagne qui se débouchait, y produisait de bruyants éclats; aussi les économies du bon capitaine disparaissaient et au delà chaque année, car la table était pour son compte. L'administration des vapeurs, à demi gagnée par un si bel exemple d'abnégation personnelle, voyait à la fin de chaque saison le capitaine obéré se jeter à ses pieds ou plutôt dans ses bras avec une telle dose de repentir et de larmes, que force était de lui faire grâce et de supporter la perte avec lui. — Dobroslavich, consigné dans un pays barbare, manquait tellement de ressources, que par exemple pour repeindre son navire l'Argo, il devait user de toutes les couleurs qui lui tombaient sous la main; une fois allant se réparer à Bude, il y arriva avec son arlequin de navire peint de dix-huit couleurs; la population se réunit sur les quais, et les Argonautes arrivant en Colchide ne causèrent sans doute pas plus de surprise. On voyait le navire s'avancer lourdement, le gros capitaine, debout sur les tambours, criant à sa chiourme des ordres dont l'exécution n'arrivait jamais ; tendre un câble, lever une ancre, était un problème pris et quitté plusieurs fois.—Sur la côte désolée où il naviguait, les matelots italiens n'avaient jamais pu résister à l'ennui, et avaient tous déserté, en sorte qu'il s'était vu réduit à les remplacer par des paysans bulgares, vrais sauvages, avec des costumes extraordinaires, faisant au lieu de la manœuvre une abondance de signes de croix à la grecque. Le capitaine, bon catholique, imputait tant de paresse à leur religion, et durant les abordages faisait sortir incessamment de sa vaste poitrine des cris comme : *tira, tira! anime scellerate, anime perdute!* Mais ces menaces infernales à la manière du Dante opérant peu, il avait trouvé plus d'efficacité dans un gros bout de câble pour appliquer une correction sonnante sur le dos de ses hérétiques.

Dans la navigation de cent vingt lieues, qui mène de Skela-Cladovi à Galatz, voici les principaux endroits dignes d'être cités. *Calafat*, station en Valachie, puis bientôt après *Widdin*, sur l'autre rive. A voir de loin les nombreuses maisons dominées par des minarets et la forteresse de Widdin, on se figurerait une cité florissante, et en effet elle passe pour avoir quelque commerce. Mais l'obligeance du capitaine nous ayant permis de raser la rive, nous trouvons que dans cette première grande ville turque sur le Danube tous les édifices sont des cabanes en bois, entassées dans un inextricable désordre, où les incendies cependant se chargent de temps à autre de faire des trouées et de donner un peu d'air. Les rues sont comme autant d'égoûts aboutissant au fleuve, le palais du gouverneur est une bâtisse si ruinée qu'elle semble ne plus se tenir debout que par miracle, et une population déguenillée suit notre passage d'un regard abêti. J'avais déjà vu Belgrade, lu des volumes sur l'état actuel de la Turquie,

causé avec plusieurs de ses habitants, mais l'impression produite par le cadavre réel d'une grande cité, par le premier tableau de la vraie barbarie, était plus forte et plus pénible.
« Infortunés en haillons, nés dans ce hideux séjour musul
« man avec *Hussein-Pacha* pour tyran ! m'écriai-je, quel est
« donc votre crime ? » — Je dis *Hussein-Pacha*; c'était bien
l'aga et le destructeur des *janissaires*. Depuis nombre
d'années, il vivait heureux à Widdin, faisant le marchand,
monopolisant tranquillement à coups de bâton tout le commerce de son pachalic, et amassant des trésors. Ceux qui
l'ont fréquenté l'ont trouvé fort jovial, aussi retors qu'un
juif dans les affaires, aussi adonné au champagne que son
défunt maître Mahmoud, et passant la journée à faire entre
deux vins les plus heureuses spéculations. En fuyant de Widdin, j'ajoute qu'elle a vu les Russes dans ses murs en 1828.

Il n'y a plus rien de saillant sur un long trajet jusqu'à
Nicopoli en Bulgarie, célèbre par la grande bataille où Bajazet défit dans le quatorzième siècle les Hongrois tout appuyés qu'ils étaient par des chevaliers de France et de Saint-
Jean-de-Jérusalem. Les Russes y ont aussi passé en 1828.
— A Nicopoli succède *Sistov*, où la paix fut conclue en
1791 entre l'Autriche et la Turquie. Désormais les deux rives
vont être marquées par de grands souvenirs historiques ; leurs
marais sont les Flandres et les Pays-Bas de l'orient de l'Europe, et n'en doutons pas, on continuera à y jeter les dés de
la diplomatie et de la guerre plus fort que jamais.—*Rustzuk*,
grande ville turque, succède à Sistov ; mais la largeur du
fleuve et quelques obstacles la dérobent à la vue ; vis-à-vis,
sur la rive valaque, est *Giurgevo*; les mauvaises maisons
de cette ville sont éparses sur un sol, où suivant les saisons,
on ne trouve qu'un marais impraticable ou un champ de
poussière. *Bukarest* en est à une demi-journée de distance,
et se sert de Giurgevo comme d'un port, quoiqu'elle eût plus
bas un lieu d'abordage plus convenable et plus voisin à *Olte-*

nizza sur l'*Ardjek*, rivière où la *Dembovitza* se jette après avoir passé à Bukarest. Ainsi cette capitale est mise à même de communiquer par eau avec le fleuve.

Silistrie, forteresse turque, succède sur la rive droite ; c'est une ville insignifiante tombée dans la plus affreuse misère ; les défenses en ont été démantelées par les Russes, et là où elles ont existé on voit une place toute labourée et travaillée comme la mâchoire du lion de la fable auquel on avait limé les dents.

Au-dessous de Silistrie le Danube se tourne vers le nord, et près de ce coude est le village de *Czernavoda* dont j'ai déjà parlé ; les maisons turques et bulgares de ce lieu sont difficiles à distinguer, parce qu'elles sont toutes basses avec des toits faits de paille ou de gazon et dont la teinte se confond avec celle du sol environnant. Les personnes qui ont débarqué là pour gagner *Küstendjé* m'ont toutes assuré que la route n'offre pas d'élévation sensible ; une ligne de lacs et de petits ruisseaux semble indiquer qu'un canal serait facile à creuser ou plutôt à rétablir jusqu'à la mer Noire, car on prétend voir des traces d'anciens travaux faits dans ce but. Il est important de constater que dès qu'on le voudra il y a moyen d'éviter un détour de quarante lieues et la dangereuse navigation de Soulina, par ce canal de quelques heures, dont les difficultés et le coût seraient fort au-dessous de ce qu'on dépense tous les jours à des travaux moins urgents dans d'autres pays. Le fleuve lui-même en se précipitant dans cette ouverture se chargerait de lui donner sans frais de larges dimensions, et même il faudrait quelques précautions pour que Galatz et Ibraïla, au bout de quelques années, ne fussent pas dans le cas de rester à sec.

A mesure que le navire avance dans les plaines du bas Danube, la scène devient plus vaste et plus sauvage; l'eau occupe des lieues en largeur et les champs de roseaux à demi submergés vont à perte de vue. Quelques colonnes de fumée apparaissent sur le contour du ciel et sont remplacées quand la nuit approche par des lueurs et des taches rouges ; ces feux augmentent, et quand l'obscurité est enfin complète, l'incendie forme autour de nous un cercle lointain et vraiment splendide ; c'est un pays entier qui brûle à bien des heures de distance. Çà et là s'élèvent du foyer commun des gerbes d'un feu plus vif, des colonnes d'étincelles qui montent lentement dans le ciel, se réfléchissent sur les eaux du fleuve et donnent au spectacle quelque chose d'étrange et de stygien. Le fleuve lui-même est lumineux et le battement des roues en tire des clartés phosphorescentes. Nous apprenons que les paysans ont l'usage de brûler les roseaux au printemps pour fertiliser les terres basses ; indépendamment de l'effet pittoresque de l'incendie universel ainsi produit il y a un résultat immédiatement utile pour nous, c'est de pouvoir continuer à nous diriger et d'arriver dans la soirée d'abord à *Ibraïla* et une heure après à *Galatz*.

La première de ces villes est valaque, l'autre moldave, mais elles ne forment à proprement parler qu'une seule place commerciale, tant les négociants par le fait de leur rapprochement font indifféremment des affaires dans l'une ou dans l'autre. Les principautés du Danube exportent leurs céréales par l'entremise de ces places, et chaque année il y remonte de la mer Noire environ trois mille barques ou vaisseaux ; cependant jamais il n'a pu s'y former de maisons de commerce opulentes et respectables ; le jeu, l'inconduite, le manque de bonne foi dans les transactions font déjà beaucoup de mal ; mais surtout l'instabilité des affaires est grande, parce que trop d'obstacles s'opposent à ce que les expéditions puissent se faire avec la même célérité que dans les ports méridionaux de la Russie ; par là j'entends moins l'éloignement de la mer, la perte de temps et d'argent employés à la remonte et à la descente du bras du fleuve et les glaces dont le courant est obstrué pendant une partie de l'année, que les dangers et les frais suscités par cette espèce de coupe-gorge maritime des Russes, nommé Soulinah.

Un boyard instruit et philanthrope, M. Slatiniano, a été pendant bien des années gouverneur d'*Ibraïla*; cette ville lui doit ses améliorations et une partie de sa prospérité. Quand les vapeurs de la compagnie du Danube parurent pour les premières fois sur la côte, le gouverneur dans son enthousiasme allait avec une bande de musique recevoir les passagers au débarquement et les conduisait au milieu des fanfares à sa demeure où un festin leur était préparé; ils prenaient place à côté des personnes de sa famille, et le champagne coulait en abondance pour des toasts. Si le bâtiment s'arrêtait quelques heures, un bal était improvisé à bord par ses soins, et les jolies femmes d'Ibraïla allaient y porter leur grâce et leur nonchalance voluptueuses de Valaques.

Galatz, le port de la Moldavie sur le Danube, est la plus hideuse ville que j'aie jamais vue en Turquie, et c'est beaucoup dire; elle se compose en gros d'un assemblage de masures de bois dont la misère et la saleté n'admettent de comparaison avec rien autre. Les rues ne sont pas pavées; ce sont des bourbiers à travers lesquels on a jeté des pièces de bois, peut-être avec l'intention d'en faire un plancher continu; mais elles laissent des interstices où les piétons enfoncent et où les voitures s'il y en avait briseraient leur essieu. Ce curieux substitut du pavé, en madriers pourris dans les rues, revient fréquemment en Valachie, et était jusqu'à peu d'années en arrière le mode usité dans la capitale, Bukarest. — Quelques bonnes maisons bâties sur un plateau assez loin du Danube appartiennent aux consuls européens ou à quelques notables du pays; mais la ville basse, inondée par les crues du fleuve ou par l'eau des pluies, est impraticable pendant une partie de l'année et renferme des places où les bêtes de somme enfoncent quelquefois sans qu'il soit possible de les en retirer. Les maisons dont le fleuve est bordé sont souvent

employées comme greniers à blé, et ne sont pas ou le croira
ce qu'il y a de plus soigné dans ce genre. — La belle saison
est la plus perfide pour la santé ; dès que le soleil se met à
sécher les rues et les places, les fièvres commencent et attei-
gnent jusqu'au tiers des habitants à la fois si les inondations
du printemps ont été fortes ; alors les affaires souffrent, les
bureaux restent déserts ou même se ferment lorsque tous ceux
qui y travaillaient sont retenus dans leurs lits.

Le peu que j'ai vu de la Valachie, et mieux tout ce que
j'en ai entendu dire durant plusieurs années par des gens qui
en venaient, m'a montré que c'est un pays où un esprit
sérieux a peu de notions utiles à aller chercher. Mais l'expérience est bonne, intéressante, dira-t-on ? — Je ne le pense pas ;
il y a de ces expériences dont l'effet décourageant dépasse
trop le peu de bien que l'homme peut en retirer, surtout à
cause du danger d'y laisser certaines illusions qui plus ou
moins rendent possibles la générosité et la vertu. Allez vivre
quelque temps avec un crétin ou avec un don Juan défiguré
par ses débauches, ou nourrissez-vous des romans d'Eugène
Sue, et après avoir jeté la sonde dans les abîmes de la dégradation humaine, qu'aurez-vous donc appris que vous ne sus-
siez déjà à un degré moins fort, mais suffisant pour la conduite de la vie ? Il y a en Valachie, et j'en ai connu, de bons,
de chauds patriotes, ils s'y sont formés depuis le peu d'années
que leur pays a échappé au joug ottoman, mais qu'ils sont
peu nombreux ! Leur impuissance est notoire sur la marche
des destinées de leur malheureux pays ; le présent dénonce
misère physique et immoralité chez la grande majorité des
habitants, et l'avenir encore plus que le passé annonce les
envahissements et la dévastation par les armes russes. La
plaine couverte des os desséchés d'Israël est l'image trop vraie
de cette contrée, et sans nier à la Toute-Puissance le moyen
de la ressusciter, il ne semble cependant pas qu'elle y consente
de nos jours.

Le boyard ou noble valaque serait porté à la civilisation et aux lumières ; son humeur est facile et pleine de bonhomie, mais il n'a pas de caractère ; une sentimentalité apathique lui donne à peine le ressort suffisant pour pousser de gros soupirs sur son impuissance à rien faire de bon, et sur l'influence toujours croissante du Russe dans sa maison. D'où lui viendrait d'ailleurs le secours nécessaire pour baser une nationalité ? C'est trop tard pour émanciper le paysan et en faire un homme, et des contrées voisines il n'a aucun appui fort et organisé à attendre : les événements arriveront trop vite. La religion même ou du moins ceux qui l'exercent sont un principe d'abrutissement ajouté aux autres, et le pope ivrogne et tiré de la classe des paysans croit avoir rempli sa tâche quand il a exécuté quelques cérémonies superstitieuses et prié pour le czar, chef de la religion.

Depuis la paix d'Andrinople, le consul russe a toujours été le vrai souverain de ce pays, et la législation y a été une volonté russe en manteau valaque. L'influence autrichienne décroissait tellement que plusieurs sujets impériaux abandonnés par leur consul se firent nationaliser Valaques pour sauvegarder leurs intérêts commerciaux. Il n'y avait d'attentif que le consul anglais, mais la distance a été un obstacle à un protectorat, ou même à une influence visible venant de Londres. L'ancien droit de la Turquie de fermer les Dardanelles et d'interdire la mer Noire aux navires de guerre étrangers s'est trouvé tourner contre elle et au profit du cabinet de Pétersbourg, puisque le ton conquérant de celui-ci n'a jamais été modéré par l'apparition de canons anglais aux bouches du Danube. Par cette stupidité, les Turcs ont fait de l'Euxin un lac russe, du jour où cette puissance y a possédé un seul port. La Russie n'a jamais souffert que l'état des principautés pût se consolider, elle les a harcelées de volontés et de mesures contradictoires, poussant le prince à tyranniser les boyards, et ceux-ci à résister au prince, afin de fatiguer et de brouiller tout le monde par des changements de ministère et des dépositions d'hospodars, bien qu'ils fussent chaque fois nommés à vie. C'est aussi la Russie qui, pour isoler plus complétement la Valachie et gêner son développement, l'obligeait à maintenir une longue et ruineuse ligne de quarantaines contre la Turquie, bien qu'il n'y eût pas de peste. Un agent russe présidait la commission de santé, et toute l'armée valaque était employée le long du Danube à ce service d'une utilité fantastique, car il était impossible d'empêcher des communications continuelles entre deux peuples aussi rapprochés et aussi conformes d'humeur et de religion que le sont les Valaques et les Bulgares, puisqu'ils s'entremarient fréquemment. Pour combler la mesure de l'oppression, bien loin de tenir compte à la Valachie de ses sacrifices, toutes les provenances de ce pays et de la Moldavie étaient à leur tour soumises à une quarantaine rigoureuse à la frontière russe, et l'Autriche complétait cette ceinture de force avec un cordon qu'elle entretenait depuis Orsova jusqu'en Bukovine, sur toute la ligne des Carpathes ; cependant cette dernière puissance avait, depuis peu d'années, reconnu l'impolitique de cette mesure et avait rouvert les communications. Les deux principautés tenues ainsi sous les verroux, loin du monde civilisé, n'ont donc pu se développer, et sont arrivées à l'époque des bouleversements sans s'être créé aucune force nationale. Leur sort ne sera vraiment fixé et tolérable que du moment où, incorporées au colosse russe, elles pourront, au lieu d'en être étouffées, prétendre à être traitées par lui avec bienveillance.

Les boyards valaques ont emprunté aux Français tout ce qui les rapproche des peuples de l'Occident. On croirait trouver une preuve parlante du sang romain qu'ils prétendent avoir dans leurs veines, dans leur idolâtrie pour les modes, les usages et la langue même de Paris. Dans la plupart des familles, le français se parle aussi aisément que le valaque et plus peut-être que le grec ; le voyageur est reçu et fêté avec

une libéralité et une sincérité frappantes, et se livre aux
charmes excessifs d'une société dont l'écorce est admirablement faite pour le captiver. Mais les mœurs, hélas ! ne se prê-
tent à aucune description ; on croirait se trouver reporté aux
mauvais temps de l'empire romain. Le sang est vicié, tout ce
qui n'est pas de la première jeunesse porte le cachet d'une
décadence prématurée ; les facultés de l'esprit, mises à la remorque des penchants matériels, se rabougrissent comme le
corps, et la débauche universelle n'a plus rien à cacher et
devient naïve en ses allures.

Le type valaque est régulier, les formes n'ont rien de dur
ou de heurté, et l'on voit chez les paysans surtout, de jeunes
femmes ou filles d'un éclat de teint et d'une beauté de traits
remarquables ; mais la fatigue, la misère, et une disposition
à l'embonpoint mettent un terme précoce à ces avantages.
Les hommes sont bien bâtis, peu actifs, mais pourvus d'une
incroyable dose de résistance passive aux intempéries de l'air,
aux mauvais traitements et aux souffrances de tous genres.
Le blé de Turquie, pilé et bouilli, forme leur nourriture favorite, mais ne les doue pas d'énergie musculaire ; les meilleurs
plats ne sauraient leur tenir lieu de cette grossière *polenta*,
appelée chez eux *mamaliga*, fade et insuffisante nourriture.
Cependant, je n'ai jamais vu les Valaques des montagnes
élevées, qui passent pour une race supérieure à celle des riverains du Danube. — Il ne manque pas de Bohémiens ou Zin-
gani tenus dans un servage assez étroit par le gouvernement
ou les particuliers ; les seigneurs utilisent quelquefois les talents des gens de cette race pour la musique ou pour la cuisine,
et, malgré leur malpropreté, ces *peaux-chocolat* sont admises
sans scrupule dans la maison.

Une population composée de pareils éléments est, on le
croira facilement, non seulement incapable de s'opposer à la
conquête russe, mais même d'en concevoir l'idée ; et sans
doute son asservissement complet aurait déjà eu lieu si les

armées du czar n'avaient rencontré à chacune de leurs visites
un adversaire qui les a considérablement affaiblies et engagées
à retourner chez elles avec des avantages incomplets ; je veux
parler de l'air pestilentiel. Dans la campagne de 1827 à 1829
les Russes ont laissé dans ces plaines et ces marais du bas
Danube les os de trois cent mille soldats, c'est-à-dire pour
une victoire à peu près autant que les Français en Moscovie
pour leur déroute de 1812. Une dixaine de mauvaises forteresses défendues par des Turcs acclimatés ont jusqu'à la dernière guerre retenu l'ennemi aux passages du Danube, jusqu'à
ce qu'il y eût fondu et démoralisé ses forces ; et si elles exis-
taient encore, on trouverait qu'il n'y a pas au monde de frontière mieux garnie, puisque les Balkans sont placés derrière le
thalweg du Danube, comme une haute muraille, défendue
par un profond fossé et des ouvrages avancés. Mais, de toutes
ces défenses les Russes, ont fait tomber les plus effectives ;
instruits par leurs pertes ils ont stipulé à Andrinople que Silistrie et quelques autres places démantelées par eux ne seraient plus relevées, et quand il leur plaira de revenir, ils ne
seront plus retenus longtemps dans un pays dénué de vivres,
de moyens de transport, et mortel aux constitutions des soldats, et ils pourront gagner rapidement les montagnes. Cependant, il ne faut pas encore traiter de pure bagatelle les
obstacles d'un pays où quelques millions, judicieusement employés par des officiers du génie européens feraient renaître
une défense aussi opiniâtre que par le passé. On s'étonne en
parcourant la ligne du Danube jusqu'à Soulinah de voir des
noms aussi célèbres que Rustzuk, Giurgevo, Silistrie, Ibraïla,
Ismaïl, appliqués à des trous bâtis de wigwams bulgares ou
turcs, à de misérables villes démantelées ! Ces places n'ont jamais été, lorsqu'elles étaient encore intactes, des chefs-d'œuvre
à la Vauban, comment donc ont-elles pu, se demande-t-on,
opposer tant d'héroïsme aux forces russes, défendues qu'elles
étaient par des troupes irrégulières jointes aux marchands de

suif et de bestiaux qui y habitaient? Il faut que ces mêmes Turcs, si lâches en rase campagne, où la tactique européenne les ébahit, deviennent des lions, dès qu'ils sont couverts par un pan de mur, une pierre, un buisson; ils ne savent plus alors ce que c'est que de céder, et en périssant avec calme sur la place montrent aux chrétiens qu'à connaissances égales ils seraient leurs maîtres comme autrefois. Voici différents traits que nous eûmes l'occasion de nous rappeler à bord, en passant devant les lieux qui en avaient été les témoins.

En 1811, les Russes firent sur Rustzuk une attaque si malheureuse que l'armée en fut encore plus démoralisée que décimée, et pour la rassurer, l'empereur défendit les assauts de quelque temps. Silistrie avait été prise avec la plus grande peine, en 1810, par le comte Langeron, émigré français, qui portait à la guerre l'esprit impétueux, mais plus humain de sa nation. Le grand duc Michel, un an après, aurait bien voulu le surpasser devant Ibraïla, mais il n'y cueillit pas des lauriers et fut repoussé avec une perte effrayante, quoiqu'à la fin la ville se rendît. Cette même ville coûta vingt-cinq mille hommes aux Russes dans la dernière guerre; les Turcs détruisirent par la mine des régiments entiers. Leurs ennemis voulurent user de la même ressource, mais par une maladresse inouïe dans les fastes de la guerre, les troupes qui devaient monter à l'assaut se précipitèrent sur le glacis et dans le fossé avant que les mines eussent joué, et celles-ci, faites trop courtes à ce que l'on a prétendu, éclatèrent alors sous les pas de ces masses compactes et les couvrirent de débris; la garnison avait d'abord cru rêver en assistant à de pareilles manœuvres, puis s'était ravisée au nom d'Allah et avait achevé par son feu la destruction des assaillants dont la perte fut de dix mille hommes en ce seul jour. Les Russes, cependant, ayant le temps et le nombre pour eux, s'opiniâtrèrent, et la garnison périt presque toute sous leurs attaques réitérées. — On a porté aussi à trente mille hommes les pertes des Russes devant Giurgevo, en 1829, et leur armée n'y entra que quand les maisons de boue et de planches de cette ville furent toutes détruites. Enfin, le siége de Varna, dans la même guerre, offrit de ces traits de détresse et d'ineptie incroyables, dont un officier anglais, Slade, arrivé quelque temps après, a donné les détails dans son spirituel ouvrage sur l'Orient. Malgré ces revers les Russes ont toujours avancé, les Turcs n'ont jamais su poursuivre un avantage, et leur pays reste désormais à la discrétion du premier envahisseur ; sans doute Constantinople serait déjà dans les mains des successeurs de Catherine la Grande, s'ils l'eussent voulu, et s'ils n'eussent été retenus jusqu'à présent par des considérations sur la difficulté de garder cette riche proie. La réunion de Pétersbourg et de Constantinople, sous un sceptre unique, ne peut être qu'une création artificielle, et que la nature des choses tendra toujours à rompre, à moins de grands succès dans une autre direction. Qu'on jette les yeux sur les pays si peu peuplés et si étendus de la Moldavie, de la Bessarabie et du bas Danube, placés entre les deux empires pour les isoler, ensuite sur le Danube, avec ses marais, et sur le Balkan en troisième ligne, et on sentira la grandeur des obstacles ; les communications difficiles sur tout ce parcours sont en particulier comme étranglées sur la bande de terre fort étroite placée entre la Transylvanie et le coude du fleuve à Galatz ; et cependant, c'est la seule voie pour aller passer le Danube à Giurgevo ou à Silistrie. On verra donc par tout cela que la Russie ne peut arriver à Constantinople avec un avantage sérieux qu'après en avoir agrandi les abords et après avoir mis solidement le pied, dans ce but, sur la Transylvanie, ou du moins après s'être parfaitement assurée de n'être pas inquiétée par ce pays, et de pouvoir le conquérir au premier moment et en faire une place d'armes pour couvrir la ligne de communications dont j'ai parlé. C'est ce qui rend aujourd'hui l'apparition de forces russes en Hongrie et en Transylvanie si significative, comme

avant-coureur nécessaire d'un futur et complet asservissement
de la Turquie, et chaque coup de canon tiré par les Russes
sur le Danube est à double fin et ébranle quelque reste des
vieux fondements de la puissance ottomane. Il est clair que
le czar n'ira plus une seconde fois engager toutes ses forces
sur le bas Danube, pour s'exposer à voir son étroite base d'o-
pérations à Fokschani coupée en trois jours par des Autrichiens ou des Magyars, débouchant de Cronstadt, comme il
faillit lui arriver dans la guerre de 1827; c'est d'un instant de
bonne ou de mauvaise humeur de l'empereur François, que
dépendit alors pour l'empereur Nicolas la chance d'être pris
avec toute son armée et d'échanger ses lauriers d'Andrinople
contre une honteuse capitulation. Mais une incroyable fortune se charge partout d'avancer les affaires du colosse du
Nord, et par un bonheur inespéré il trouve aujourd'hui pour
écraser la Hongrie des alliés dans ces mêmes Autrichiens, qu'il
aurait pu voir unis aux Magyars, pour le combattre sur le
Danube et dans les plaines d'Andrinople; le libéralisme de
Kossuth a bouleversé les positions à ce point.

Je reprends maintenant la descente du Danube à l'endroit
où je l'ai laissée, à Galatz. De grand matin, le *Ferdinand*
commença à descendre le fleuve pour pouvoir franchir *Soulinah* et entrer dans la mer Noire avant la nuit. Nous laissâmes sur notre gauche, un peu au dessus de la quarantaine
russe de Réni, l'embouchure du *Pruth*, qui forme la limite
entre la Moldavie et la Russie; *Ismaïl*, qui a coûté si cher à
ses possesseurs actuels, nous montra ses clochers dans un fort
grand éloignement, et nous voici, descendant par la bouche
centrale de Soulinah. Le fleuve a encore trois autres bras à
l'extérieur, celui de *Kilia* au nord, accessible à des barques,
et au sud ceux de *Saint-George* et de *Porlitchena*, beaucoup
plus mauvais. Le delta du Danube comprend deux grandes
îles principales séparées par la bouche de Soulinah, la seule
accessible à des navires de moyenne grandeur, et l'ouverture

unique par laquelle les riches contrées du bas Danube soient encore de ce monde ; c'est là la passe si précieuse sur laquelle l'Europe n'a ouvert les yeux que quand il a été trop tard. Indépendamment de ces bouches principales, les eaux du fleuve se dispersent dans une foule de bras secondaires, latéraux ou transversaux, à peu près inutiles, qui enlèvent à l'artère de Soulinah l'aliment dont elle aurait besoin ; on est surpris du faible volume des eaux de ce bras, le bâtiment a souvent peine à tourner dans des coudes étroits et brusques et à éviter les nombreux navires qui remontent pour Galatz, soit à la voile, soit tirés à la cordelle par leurs équipages. Le lit du canal est une vase gluante, et les navires une fois embourbés sont difficiles à sauver ; c'est ainsi que le fleuve prélève chaque année un tribut de barques et de vaisseaux dont nous voyons les carcasses çà et là à divers stages de pourriture et d'enfoncement dans la vase, et dont quelques-uns ont disparu et sont trahis seulement par un bout de mât qui ressort.

Au moyen du système de l'ingénieur Beszédès, on pourrait élargir le canal à peu de frais, éviter des coudes inutiles et approfondir le lit : tout le pays n'est qu'une vase sèche ou humide, suivant les places. En fermant quelques bras parasites, creusant en quelques endroits un canal plus direct, on serait assuré que le fleuve, pendant les crues et la débâcle des glaces, se chargerait de donner lui-même une belle voie navigable pour des navires de trois à quatre cents tonneaux, tandis qu'aujourd'hui ceux de deux cents pénètrent seuls ; mais il n'y a que les Russes en état de faire ces travaux, quand ils seront maîtres des deux rives. Dans ce trajet, on voit des plaines de roseaux à perte de vue, et leur uniformité n'est rompue que par les mâts ou les voiles de barques engagées dans les petits canaux invisibles dont les îles sont entrecoupées. Des postes de Cosaques bordent la rive gauche : les huttes de ces sentinelles sont élevées sur des pieux pour être mises hors de l'atteinte des crues; mais comme l'inondation n'est pas dans sa force, le Cosaque se promène dans les roseaux, en tenant sa lance, pendant que ses deux chevaux tout sellés, attachés à un poteau, se cabrent d'impatience et font un groupe à peindre.

Un peu avant le coucher du soleil, nous découvrons la mer Noire, et nous ressentons à l'embouchure de *Soulinah* un balancement produit par les vagues qui entrent dans le fleuve et le remontent. Je découvre alors avec surprise, sur les deux rives, des constructions et une façon de bourgade toute neuve. Le traité d'Andrinople a, il est vrai, réservé la rive droite aux Turcs, et a ordonné expressément aux sujets des deux puissances de laisser les rives désertes à la distance d'une lieue, afin d'éviter toute cause de conflit; mais la Russie, par cette disposition perfide, ne songeait qu'à s'emparer de la lisière ottomane, et elle y a bâti un commencement de ville et établi toute une colonie d'employés civils et militaires, sous prétexte de fournir l'huile et les mèches au mauvais phare qui est à l'entrée de Soulinah.

Notre vapeur reste en panne un certain temps pour subir une visite, dont le seul but est de constater le droit usurpé par la Russie de l'imposer. Nous perdons du temps; le laisser-passer n'arrive pas, et notre position devient critique; il y a peu d'eau sur la barre, le passage est étroit, et les vagues remontent de la mer, luttent contre le courant et se brisent sur les flancs du *Ferdinand*, en le poussant transversalement à la côte. Enfin, la voix du capitaine Gelsich éclate aussi haut que son mécontentement; il crie, menace et fait déjà remettre la machine en mouvement, lorsque les Russes, nous voyant en train de nous passer de leur visa, l'apportent à force de rames dans un canot. Ces vexations de Soulinah ont déjà fait bien du bruit; on ne pouvait croire à l'origine qu'une grande puissance s'abaissât à jouer dans un passage important le rôle, si odieux déjà dans l'antiquité, de Charybde et de l'aboyeur Sylla, et s'amusât méchamment à faire naufrager un navire, à ruiner ou faire périr un capitaine ou quelque obscur marchand. Mais malheureusement tout cela n'a été que trop prouvé par les journaux maritimes de la Méditerranée; il n'y a pas jusqu'au timide Lloyd de Trieste qui n'ait été poussé à bout au point de donner, du temps de Metternich, des détails sur ces honteuses machines employées, disaient les Russes, à draguer sur la barre, mais en réalité pour y ramener le sable et le limon, faire sombrer à la descente les navires chargés ou les ruiner en frais de transbordement et d'alléges. La Russie voulait étouffer le commerce des principautés au profit de ses provinces du sud sur la mer Noire et sur celle d'Azof, décourager les marins habitués du Danube, et détourner l'attention de cette importante passe jusqu'à ce qu'elle-même y eût consommé son usurpation. Il y a un phare à l'entrée du Danube, et il a joui jusqu'à l'année 1845 de la scandaleuse réputation d'ajouter aux autres dangers du passage : la négligence calculée ou fortuite des gardiens à l'allumer a causé plus d'un naufrage; mais j'ignore ce qu'il est devenu depuis. Les Autrichiens avaient consenti à courber la tête et à payer un droit de passage sous le nom *de droit de phare*; mais les Anglais s'y étaient refusés, peu soucieux de voir naître au sud de l'Europe les tracas dont ils souffrent au nord pour l'Elbe et le Sund; et la politique si vantée de Metternich faisait dévorer aux marins de l'Adriatique un affront dont ils ne parlaient jamais de sang-froid. La barre de Soulinah, qui a eu quinze et seize pieds d'eau, n'en a plus offert que onze à treize depuis que les Russes y travaillent, et c'est l'impétuosité des eaux du printemps qui heureusement a encore mis des obstacles à leur machiavélisme sous-marin ; car ils avaient la bonne volonté de faire de Soulinah un gué pour leurs Cosaques.

En sortant de la bouche, je vis deux beaux navires auglais échoués depuis quinze jours sur la côte à quelques cents pas de là. Qu'on se représente, en effet, le danger pour un bâtiment balloté en mer Noire d'avoir à cingler vers un point de l'horizon à peine visible, sur une côte basse et fréquemment submergée, où de fausses lueurs venues des maisons peuvent l'égarer dans l'obscurité. Une fois en mer, nous restâmes plus d'un quart d'heure à naviguer sur les eaux jaunes sorties du Danube avant d'atteindre la limite tranchée où l'on entre sur l'eau salée d'un bleu foncé.

On ne peut naviguer sur la mer Noire sans en parcourir les côtes en imagination, et trouver à ses flots une couleur terriblement russe. Il y a cent ans, cette puissance ne possédait pas un pouce de terrain sur les rivages, et maintenant elle occupe deux des quatre côtés de ce bassin, et, quoiqu'en pleine paix, elle continue ses envahissements aux angles nord-ouest et sud-est sur les pays ottomans. Soulinah, à l'angle nord-ouest, attire les regards de l'Europe ; aussi une certaine pudeur empêche d'y pousser les progrès trop vivement ; mais au sud-est, par-delà le Caucase, dans un des trous les moins connus de l'Asie, la puissance conquérante ne se gêne pas. Son système est de ne jamais régler définitivement la frontière, mais de laisser toujours quelques points en suspens, afin de tout remettre en question de temps à autre et d'absorber de nouveaux districts. Le premier intérêt des Russes est là, de s'emparer de *Batoum* pour avoir un bon port au sud de la côte d'Abasie et un appui à leur croisière contre les peuples du Caucase. Un fleuve, qui couvre Batoum, a été stipulé frontière des deux pays, et ce serait un obstacle insurmontable pour d'autres que des Russes ; mais eux ne désespèrent pas pour si peu de chose. Il fut une fois question de sauver ce port aux Turcs, en prolongeant jusque-là la ligne pyroscaphique de la compagnie du Danube, qui joignait Constantinople à Trébisonde : cela eût suffi pour constater suffisamment la qualité

turque de ce port et y attirer l'attention ; mais ni l'Autriche,
ni la Turquie ne surent faire un petit sacrifice pour couvrir
les frais nécessaires à cette extension du service : la proposition tomba, et depuis lors les journaux ont parlé d'un
règlement de frontière où Batoum serait cédé aux Russes.
Mais le port de Batoum n'est qu'un échelon pour atteindre
un but autrement important, *Trébisonde, Erzeroum* et l'ancienne *Arménie*. Quand les Russes seront maîtres de Trébisonde, alors la grande route qui y passe, et qui joint
l'Europe à la Perse et à l'Asie centrale, sera dans leurs
mains. Peu de gens le savent ; mais ce fond de la mer Noire
est redevenu, depuis quelques années, un des points les plus
intéressants du globe, et est en train de reprendre l'importance à laquelle les Génois l'avaient fait monter au moyen
âge. Des services de vapeurs turcs, autrichiens et anglais
y portent des cargaisons entières de produits manufacturés
belges, allemands et surtout anglais, et se chargent en retour
des produits bruts de la Perse, arrivés par caravanes, et de
nombreux passagers arméniens de Van et d'Ourmiah allant
à Constantinople faire les portefaix, les porteurs d'eau et
monopoliser tous les travaux pénibles. Cette voie commerciale dépasse en importance celles des ports de Syrie et de
l'isthme de Suèz réunies, du moins pour la masse des transports, et je me rappelle d'avoir vu tel de nos vapeurs rapporter cinquante mille francs de nolis d'un voyage de dix
jours. En attendant donc que la Russie puisse confisquer à
son profit cette superbe route, et que la guerre lui donne le
reste de cette province d'Arménie qui fut un royaume, elle ne
dédaigne pas les plus minces rapines, les plus vilaines chicanes
de consuls et de postes du cordon pour avancer sa frontière
de ce côté. Les négociants de Trébisonde seuls ont été à portée
d'observer ces obscurs empiétements dans des terrains peu
connus et dans des marais, et m'ont assuré qu'ils ne peuvent
déjà plus pêcher les sangsues dans plusieurs cantons que la

Porte regardait autrefois comme siens et leur affermait ; pitoyable gouvernement, qui doit apprendre dans une enchère publique, en voulant y vendre les produits d'un district, que le Russe son voisin lui a volé ce district ! L'Autriche, dont les intérêts commerciaux sont aussi fort grands de ce côté, n'a eu pendant bien des années et n'a peut-être encore aujourd'hui qu'un consul honorifique dans la personne de M. le chevalier G***, consul russe, le même qui, richement payé et chamarré d'ordres par Pétersbourg, travaille avec une activité dévorante à lui acquérir de nouveaux sujets, et à multiplier les intrigues et les menaces sur toute la frontière. Il n'y a plus que l'Angleterre en état de surveiller et d'arrêter les empiétements russes sur cette route de Trébisonde, Erzeroum et Tauris, indispensable à son immense débouché de manufactures, à moins qu'elle ne consente à la laisser fermer au profit de l'industrie de Moscou pour prendre, elle, des dédommagements territoriaux en Égypte.

La navigation des bouches du Danube à Constantinople se fait partiellement en vue des côtes de Roumélie ; l'œil inexpérimenté du voyageur n'y distingue rien de bien saillant, mais celui du marin en connaît les moindres aspects et se guide par des taches et des aspérités imperceptibles, à peu près aussi sûrement que nous le ferions dans une rue de notre ville natale, en regardant les édifices. *Varna,* où le vapeur s'arrête, offre depuis la mer un bel aspect ; cette ville est toute dominée par des hauteurs, ce qui rend presque fabuleuse l'histoire de sa défense, en 1828, avec soixante canons contre cent mille Russes. Le siége de cette bicoque n'avait pas de but ; mais puisqu'une fantaisie impériale le prescrivait, elle eût dû être réduite en poussière et en fumée dans l'espace de quelques heures. La rade de Varna est toute grande ouverte aux vents d'est, si dangereux sur cette mer ; et chaque année il y périt des navires parmi ceux qu'attire l'exportation croissante des grains ; sur toute cette côte ouest, depuis la

Russie jusqu'à Constantinople, il n'y a qu'un seul point d'une grande sûreté pour les navires, c'est la rade de *Sizepoli* avec le golfe contigu de *Bourgas*.

Sur la mer Noire le temps ne nous fut point contraire, et la scène était gaie; on voyait de différents côtés des navires grecs, turcs, italiens, russes, se dirigeant vers les rivages partout si fertiles de la Russie ou de l'Asie; après les avoir suivis avec le télescope et avoir reconnu leur pavillon, nous descendions dans le salon avec un appétit bien aiguisé par l'air de mer. Un passager, vieux négociant grec, possesseur d'établissements à Marianopoli et à Berdianska, m'apprit que dans le sud de la Russie on continuait à exploiter les « *tumuli* » sarmates, dont quelques-uns s'étaient trouvés renfermer, non pas seulement des armes et des ossements, mais aussi des ornements de grande valeur; lui-même en avait deux en vue, et se préparait à en demander la concession et à les faire ouvrir, avec toute l'émotion d'un homme qui prend des billets à une grosse loterie.

Nous approchions de *Constantinople* pendant une belle nuit d'avril, et une certaine agitation se remarqua parmi les passagers; pour moi je ne pus dormir. Cette ville a certainement un charme, une auréole que Rome peut-être ne possède pas au même degré, car aucune capitale n'a été pendant tant de siècles le théâtre d'événements si extraordinaires, si profondément ressentis dans le monde. Tour à tour elle a été le trône de la religion chrétienne et de la civilisation, puis d'une dégradation non encore égalée, celle du Bas-Empire; enfin celui d'une puissance conquérante et d'une barbarie violente comme il n'en avait jamais paru, réunissant au même degré ces deux qualités; aujourd'hui tout cela a fini, et cependant Constantinople est encore le nœud de la question européenne, la plus admirable et la plus ambitionnée de toutes les places qu'il y ait sous le soleil, la couronne que doit mettre sur sa tête tout empire dont les destinées vont à bouleverser le monde ! — C'est au milieu de ces pensées que j'arrivai le matin en vue de l'entrée du *Bosphore* ou du *Boghaze* (en turc, *la gorge*), comme on l'appelle communément ; les montagnes de la côte ont un aspect sévère, la place du Boghaze est difficile à reconnaître, et même sur la côte d'Asie, à quelques lieues de là, il y a un entonnoir de physionomie analogue, où, toutes les années, des navires s'égarent et périssent corps et biens : c'est le faux Boghaze, dont les marins parlent avec effroi, car rien de ce qui y entre n'en peut ressortir vivant. Une fois entrés dans le Boghaze, les rives m'apparurent avec des aspects de plus en plus nouveaux et enchanteurs ; la végétation du printemps s'étalait éclatante sur les collines des deux côtés du détroit ; le mont Géant, les villages de Buyuk-Déré, de Therapia, les fameux châteaux de Roumélie et d'Anatolie, bâtis par les Turcs avant la prise de Constantinople pour la bloquer, une suite non interrompue de bâtisses, de palais du sultan, de jardins, de mosquées ; tout cela occupa et au delà mon attention sur une longueur de plus de sept lieues. Je respirais à peine, tant était belle cette avenue maritime sans égale dans le monde, conduisant à une ville dont l'histoire et la poésie m'avaient parlé depuis mon enfance.

CHAPITRE XI.

Constantinople. — Les Francs.

Un vœu que j'avais pu croire longtemps destiné à rester pour moi un beau songe, se réalisa quand le vapeur « *le Ferdinand* », par un radieux soleil d'avril, vint jeter l'ancre à l'entrée du port de Constantinople, sous la Pointe du Sérail. Quatre ennuyeuses années de séjour à Vienne et les fatigues plus récentes d'un voyage sur le fleuve bourbeux du Danube et sur la mer Noire, me semblaient reléguées dans un même lointain ; c'était l'âme dans les yeux que je jouissais du spectacle le plus beau qu'il y ait au monde, le panorama de Constantinople.

Le premier coup d'œil se trouble en face de cette assemblée de villes et de flottes ; une forêt de mâts de vaisseaux se confond dans la perspective avec des forêts de minces et longues aiguilles blanches qui sont des minarets. L'azur des flots se perd en tous sens entre des collines couvertes de maisons rouges, jaunes ou bleues, et bordées de quais ou de hautes murailles crénelées. Le port, plus connu sous le nom de *Corne-d'Or*, est un gracieux bassin toujours ouvert et où flottent les pavillons du monde entier. Voilà donc, se dit-on en suivant du regard une ceinture de vieilles tours, ces hautes murailles de Byzance, le long desquelles ont défilé tant de flottes ? A leur pied, sous ces flots, bien des nobles poitrines sont ensevelies dans leurs armures ; cependant les fêtes, les cérémonies et la musique ne cessent de reparaître à la même place ; de légers caïks portent en tous sens des officiers du sérail, d'insouciants fumeurs et des femmes voilées.

En regardant le fond du port, j'ai à ma gauche la péninsule, qui s'appellerait mieux le triangle de Stamboul, où se sont succédé avec les temps l'ancienne Byzance, la ville de Constantin et la cité turque actuelle. A droite, toujours sur la côte d'Europe et de l'autre côté du port, sont des collines avec les faubourgs de Kassim-Pacha, Galata, Péra et Tophanah. Ces faubourgs couronnent les hauteurs de nombreuses habitations, descendent vers le port et le détroit, et sont dominés tous, mais en apparence seulement, par la grande tour de Galata. Plus loin, vers le nord, s'enfonce le détroit que nous venons de descendre en venant de la mer Noire ; tours, villages, mosquées, cimetières et terrasses ornent sans interruption les deux rives du Bosphore ; il y a des kiosques sur les hauteurs et d'autres se mirant au bord des eaux.

En achevant cette revue du demi-tour de l'horizon, je me trouve en face de l'entrée du port ; un îlot qui porte la tour de Léandre est devant moi, projetant sa masse blanchâtre sur les maisons rouges du faubourg asiatique de Scutari. Puis le regard poursuit au sud cette même côte d'Asie, à commencer par le promontoire de Phanaraki, qui est l'ancienne Chalcédoine, et les îles des Princes, et enfin il se perd sur l'étendue de la mer de Marmara ; un seul point brillant surnage encore, c'est le mont Olympe. Autour de nous les chants et les cris des matelots animent la scène, et à voir dans le port des milliers de barques et de vaisseaux formés en groupes serrés ou laissant d'étroits passages à des files de caïks maniés par des Turcs à turbans, et deux fois plus vite que les gondoles de Venise, on dirait le forum des peuples de la mer.

Au milieu de ce choix d'objets, c'est sur Stamboul que l'œil revient toujours avec une curiosité et un intérêt indicibles, car là, dans la ville turque, dans l'ancienne Constantinople, le cœur de l'empire et de la religion des Ottomans bat encore, quoique faiblement. Cette ville immense termine, en face de l'Asie, le continent d'Europe, mais, par un suprême effort et comme par un soupir merveilleux, le sol se relève en une dernière colline pour mourir ensuite dans les flots de la mer ; cette colline est la Pointe du Sérail, en turc le palais de Top-Kapou. On ne remarque précisément ni des bâtisses, ni des terrasses nettement dessinées sur ce site célèbre, mais un amalgame de murs et d'ombrages ; il est comme la dernière et ravissante expression de cette confusion indescriptible offerte par les sept collines de Stamboul, qui se déroulent en autant de grandes vagues couvertes de maisons. Là, dans la ville, toutes les couleurs sont mêlées : le rouge des édifices, le vert des mûriers, la sombre nuance des cyprès, le grisâtre d'un vieil aqueduc, le blanc et le doré des flèches et des dômes. De ce désordre s'élancent les coupoles de Sainte-Sophie et des autres grandes mosquées, projetant leurs arcs énormes dans le ciel, et flanquées des lignes aiguës des minarets ; et tel est l'effet grandiose de ces monuments, comparés aux myriades d'édifices pygmées étendus à leur pied, qu'on dirait les héros des Grecs ou les dieux de l'Olympe, dominant, ainsi que le décrit Homère, la foule de l'armée, autant par leurs épaules que par leurs lances.

La Pointe du Sérail a été le siége d'une république dans l'antiquité, avant d'être la prison de cinq mille femmes, esclaves ou soldats du sultan. Un demi-cercle de grosses tours bâties par les empereurs byzantins l'isole du côté de la terre, et dépasse, dit-on, l'enceinte de la ville où Xénophon arriva avec les restes des dix mille, pour y passer ces jours si agités dont il nous a laissé le récit. — Ce palais, sorte de frontispice de la capitale, est dans un état à demi-sauvage ; des touffes de verdure s'entremêlent à de hautes murailles. Quelques rares fenêtres grillées, voilà ce qu'a imaginé le despotisme asiatique pour jouir de tant de riches aspects du Bosphore qui écume sur le front de l'enceinte, de Marmara qui y naît et de l'Asie mollement étendue à d eux pas ! Des cyprès séculaires et d'autres grands arbres forment un parasol sur cette masse gracieuse, et pour y trouver quelque vie, il faut la chercher dans le balancement des branches de mûriers sous l'action du vent. Cependant cette résidence qui a vu tant de meurtres et de voluptés, est d'un effet inimitable ; la négligence des hommes, la fraîcheur et les verts ornements de la nature lui ont donné une ravissante originalité, et si la main des Russes y vient porter la hache et la truelle pour y introniser ses palais d'hiver ou d'été, on pourra déplorer la perte d'une des merveilles de l'Est.

Durant les longs pourparlers nécessaires pour obtenir la libre pratique à un navire qui arrive, on trouve amplement le loisir de se livrer aux observations qui précèdent. Enfin, l'autorisation est apportée ; je descends avec mille précautions dans un bateau long, pointu et recourbé des deux bouts, de la largeur de mes deux épaules enfin, et où il faut s'accroupir dans le fond pour ne pas chavirer. La gêne et le danger sont réunis au plus éminent degré dans ces minces lames de bois flottantes, appelées *caïks*, mais l'avantage est d'être porté sur la rive en deux ou trois coups d'aviron.

Cette rive est le faubourg de Galata, ou plutôt c'est une sorte d'enfer, car le premier pas sur la terre infidèle me fait descendre des hauteurs admiratives où l'on m'a vu parvenu il y a un instant, pour tomber dans le bourbier le plus noir, le plus infect, le plus obstrué d'immondices et de figures sauvages ou scélérates, auquel on ait jamais donné le nom de rue. Les pavés sont affreux, c'est plutôt le lit d'un torrent, d'un Cocyte desséché ; voici des Turcs et des soldats brutaux, des vendeurs importuns ; il faut se garer de ces Juifs infects et de ces chevaux qui fendent la foule d'un pas éclatant, mais fuir encore plus soigneusement ces portefaix arméniens, manœuvrant par escouades au pas de charge, gens inexorables comme la destinée ; ils ont des ballots suspendus sur leurs épaules à des perches dont un long bout ressort et fait bélier sur les passants. Pour le moment, les langues inconnues qui se parlent autour de moi rendent vaines toutes les demandes que je pourrais faire, si j'ai le malheur de perdre ma route ; et je me décourage presque en voyant que si je savais de plus l'italien et le grec, il se trouverait des Turcs, des Arméniens, des Maltais, des Anglais, des Slaves, des Circassiens, des Arabes, qui m'entourent en foule et ne me comprendraient pas. Quelques jours encore, et les désagréments matériels les plus saillants une fois surmontés, alors les plaies morales du pays se révèleront dans leur nudité, et je verrai suivre sans remords certains usages, ou parler avec indifférence de certaines nouveautés qui me révolteront.

Il y a du lamentable dans une initiation à la vie orientale. Pour jouir d'un peu de confort tout serait à créer, à partir des fondements mêmes de la maison où j'habite. Elle est mince et sonore comme une caisse à violon ; s'asseoir, se lever, secouer les cendres d'une pipe, en ébranle les deux étages, et si quelqu'un marche au-dessus du premier où j'habite, un mouvement instinctif me fait presque lever les bras en l'air, comme si un écroulement semblait imminent. Yorgaki, le maître de céans, m'explique, il est vrai, que même les plus fortes secousses de tremblements de terre sont impuissantes à renverser tout à fait des maisons de planches peintes et de plâtras, et produisent au plus des fentes semblables à celle qui va du haut en bas du mur près du chevet de mon lit ; cependant je la mesure parfois à l'épaisseur de mon bras pour voir si elle augmente, tant ma défiance me paraît justifiée par ses énormes dimensions. Il est vrai de dire qu'à côté de justes sujets d'irritation, je trouve des jouissances auxquelles l'humeur la plus foncée ne résisterait pas. A quelque distance de chez moi est un cimetière ombragé où l'on fume et boit le café assis sur des tombeaux ; souvent je m'y installe pour suivre du regard les passants de la rue voisine, voir le selamlik ou salut des vieux Turcs cérémonieux. Ces gestes orientaux, ces figures à barbes

et à turbans blancs, qui s'inclinent la main posée sur le cœur,
me ravissent. De fiers Albanais arrivent en vestes rouges,
avec leur court jupon ou fustanelle blanche, et des tailles plus
serrées que celles des journaux de modes de Paris. A peine ces
figures martiales ont-elles passé avec un cliquetis de pistolets
et de grands poignards suspendus à la ceinture, que suit une
lourde voiture sculptée, sorte de véhicule sans bancs, mais
garni de dais et de dorures, portant une jeune Turque, déesse
au voile transparent, et une duègne d'un grand âge ; toutes
deux sous la protection d'un affreux eunuque noir. Je me lève
enfin, pour me promener n'importe où, quand, d'un labyrinthe
de masures où je m'égare, je trouve pour consolation une
échappée de vue sur la Corne-d'Or, sur la côte d'Asie ou les
îles des Princes. Ici un paysage d'une beauté idéale sur le détroit, des vaisseaux de guerre aperçus tout pavoisés entre les
groupes de cyprès d'un antique cimetière ; plus loin, un men-
diant à barbe homérique, fumant sa longue pipe en attendant
l'aumône ; ou même un de ces riens qui tiennent de la féerie
et font croire au pays des enchanteurs, une de ces mille char-
lataneries de couleur et de lumière dont le poétique Orient
est si libéral, me fait subitement oublier ma lassitude, mes
pieds meurtris par les cailloux, une nuit sans sommeil, ou la
résolution de fuir au plus tôt ces plages inconfortables. Il semblerait que la lutte d'Ormuz et d'Ahriman, du bon et du mauvais génie, se renouvelle devant chacun de mes pas.

Le Franc et l'étranger n'ont pas le droit d'habiter la ville
turque de Stamboul, et leur séjour est fixé sur le côté opposé
du port, dans les faubourgs de Galata et de Péra. Aussi chaque
fois que leurs affaires les appellent auprès des Turcs, il leur
faut traverser le port sur un de ces longs et minces caïks dont
j'ai parlé. A peine ont-ils posé le pied à Stamboul, que ce
n'est point une mince affaire de se tirer du dédale des immondices et des troupes de chiens, sans parler de la foule des passants, des oisifs et des marchands de poisson, dont les rues

voisines du port sont encombrées. *Rues*, à Constantinople et en Turquie en général, signifient toujours *ruelles*; il y en a de si étroites, que tel boulanger, retirant du four sa longue pelle de bois, barre pour quelques instants une des artères de grande communication de la capitale, et force les gens à patienter jusqu'à ce qu'il lui plaise de la replonger à la recherche d'un nouveau pain. C'est dans ces gaînes étouffées, dans ces rues déplaisantes que les immondices ont pu s'accumuler en paix depuis quatre siècles, sondées, il est vrai, par les pieds des passants ou diminuées par l'action des pluies. Si un cheval ou un chameau a crevé de fatigue sur le pavé, c'est aux chiens qu'a appartenu de temps immémoriaux le privilége de le dépecer, et aux Juifs celui d'en ramasser les os. Ces chiens, que les Turcs nomades amenèrent de Tartarie avec leurs troupeaux, ont toujours vécu par dizaine de milliers dans un état demi-sauvage à côté de leurs anciens maîtres, et sont prêts à les suivre de nouveau, si le jour d'évacuer l'Europe arrive pour eux; même état inculte et stationnaire du chien et de son maître musulman, devenus tous deux bourgeois d'une cité, et même avenir probablement, le retour au désert. Ces générations de chiens ont laissé leurs os dans les interstices du pavé et dans les bourbiers, et leurs nombreux descendants ont hérité avec des mœurs très curieuses et souvent décrites, une inimitié traditionnelle pour tout ce qui porte l'habit franc. Des fondations pieuses de mourants servent à nourrir ces milliers d'horribles quadrupèdes roux, au poil rude, sorte de chien petit-berger, souvent pelé, déchiré et immonde; ils sont toujours prêts à se ruer sur les jambes des Européens comme un supplément légitime de leurs repas. Dans le temps où je faisais beaucoup d'excursions dans les quartiers les plus reculés de Stamboul avec un jeune Écossais de mes amis, il nous arriva plusieurs fois d'être assiégés au milieu des carrefours par des centaines de chiens accourant de toutes les directions avec de longs hurlements; mais si, nous mettant dos à dos, et faisant un moulinet de bâtons, nous parvenions à meurtrir grièvement un des assaillants, il était rare que la douleur du blessé ne les intimidât assez pour les porter à fuir aussi vite qu'ils étaient venus. Ceux d'Asie étaient les plus mauvais. Un soir, après la tombée de la nuit, en regagnant Scutari, nous fûmes poussés à la mer par une des plus nombreuses hordes qui ait jamais hurlé. La position était critique; les Turcs des maisons voisines, troublés dans leur repos, venaient à leur porte de fort mauvaise humeur, et s'ils ne se joignaient pas aux chiens, ne les apaisaient certes pas; enfin, un honnête caïkchi nous sortit de ce froid bain de pieds et nous transborda sur la rive d'Europe. Ces vilains animaux, toujours affamés, passent pour ne pas dédaigner la chair humaine. Dans la dernière guerre de Russie, ils partirent presque tous pour Andrinople, où les cadavres d'un corps avancé de Russes abondaient ; fait vraiment incroyable, s'il n'était attesté par tout le monde à Péra. On cite aussi un gros capitaine autrichien, tombé ivre une nuit sur la place de Tophanah en regagnant son bord, et dont, le matin, on ne retrouva que des lambeaux de vêtements et quelques os épars.

Si les chiens hurlent sous mes pas, des sons plus étranges tombent du ciel ; je lève la tête, ô surprise! Ces bruits singuliers et métalliques partent d'une tribu d'éperviers, de milans et de vautours, qui s'agite dans les airs, plonge et se relève après avoir disputé aux chiens les restes de leurs repas ; c'est une croisière aérienne toujours suspendue sur cette capitale, et d'où lui vient un caractère d'abandon, de sauvagerie si complète, que les forêts les plus désertes n'offrent rien d'aussi pénible. Comme ces oiseaux, de concert avec les chiens, nettoient les places des animaux morts, les Turcs et les autres nations les laissent en paix, et je ne saurais oublier un immense et hideux vautour, de la hauteur d'un enfant, qui venait souvent se poser sur le toit d'une maison juive à Galata, tout près d'une fenêtre du bureau où me retenaient mes occupations.

Les détails locaux , dont l'étranger est au premier abord plus frappé et inquiété que de tout le reste, une fois connus, pénétrons maintenant dans les rues de Stamboul, et d'abord dans les bazars. Ils forment une ville entière où l'on peut errer pendant des heures, et sont en partie voûtés de manière à ne recevoir le jour que par des ouvertures pratiquées dans le haut. Les magasins en bordent les côtés et ressemblent à de grandes niches ou armoires placées dans l'épaisseur du mur ; le vendeur se tient devant, accroupi à la turque sur un petit tréteau et fumant sa pipe. Le magasin est si petit, que le possesseur, en rayonnant avec le bras depuis la place du milieu où il se trouve, peut atteindre presque partout ; d'ailleurs, il a habituellement quelque petit garçon ou apprenti , qui dans un cas extrême le dispensera de se lever, acte toujours pénible et même humiliant si l'acheteur est un chrétien. Ces marchands savent rarement quelques mots d'une langue européenne , hormis celui de *captán* ou capitaine, par lequel ils désignent génériquement les chrétiens d'outre-mer, et le mot italien de *buono*, dont ils décorent toujours leur marchandise, tout en lui jetant de la main quelques baisers pris sur le bout des lèvres. Quand la nuit arrive , tous les êtres vivants émigrent de la longue voûte du bazar, et des gardes sont placés aux extrémités.

Il n'est point sans intérêt de parcourir ces longues avenues de bazars, garnies chacune d'un seul genre de produits ; car le Turc, qui met à part dans l'enceinte d'une ville les habitations des peuples différents de religion , ne mélange pas davantage les professions et les divers trafics. Les antiques habitudes mercantiles de l'Orient se peignent bien par cet arrangement supérieur pour la commodité et le choix dans les achats, au désordre et au pêle-mêle des magasins de l'Occident. Ici on ne vend que des étoffes de Manchester ou de Saint-Gall, là uniquement des soieries de France, de Brousse, ou de la Syrie ; plus loin des babouches jaunes, rouges, noires, brodées, ou des draps, des châles, des bijoux, du tabac ; mais partout on débite en abondance sur la voie, et avec des cris assourdissants, des fruits secs, des sorbets à la glace, du riz cuit, du khalva ou sésame au miel et des pâtisseries compactes et huileuses. Quelquefois, au milieu de ces étroits passages, une troupe se précipite avec un cavalier au milieu ; ce sera quelque pacha, dont l'entourage a le droit d'être brutal et de refouler le monde avec des coups. Mais bientôt le flot des gens se referme, et le bourdonnement normal reprend, dominé par des notes aiguës ; ce sont les cris de milliers de femmes voilées faisant leurs emplettes d'une voix perçante, ou passant leur journée à quereller les marchands sur des objets qu'elles ne veulent pas acheter.

L'activité commerciale et le mouvement se trouvent donc concentrés dans les bazars et à une faible distance, et un silence de mort règne toute l'année sur le reste de Stamboul. Là, peu de cafés, point de bureaux et de brillants magasins, point de théâtres ou d'autres lieux de réunion, hormis les mosquées, quelques rares vendeurs criant des vivres. Des maisons peintes et à fenêtres grillées forment d'étroites ruelles, d'une tranquillité rarement interrompue, et habitées par des femmes, des esclaves noirs et des maîtres nonchalants et jaloux. Souvent on rencontre un espace plus ou moins vaste, couvert des ruines d'un incendie, ou bien quelques vieux murs, quelques humbles débris de tours ou de palais byzantins, quelques tronçons de colonnes renversées et presque cachées sous le sol. Les jardins ne sont pas rares, et encore moins les cimetières en miniature ; on trouve les pierres tumulaires ombragées de cyprès et ornées de rosiers, éparses par petits groupes au milieu des maisons ; et comme le vieux mur d'enceinte ou le grillage est presque toujours tombé en décadence, des figures à longues barbes s'installent pour fumer le tchibouck, et prendre le café sur un sol consacré aux os de leurs ancêtres.

Les grandes mosquées sont de majestueux monuments,

mais bâtis tous sur le plan de la croix grecque de Sainte-Sophie ! C'est toujours l'immense dôme au centre, et quatre demi-voûtes plus basses pour former les quatre bras de la croix qui, comme on le sait, sont égaux chez les Grecs ; beaucoup de petites voûtes festonnent au bas des principales, et pourraient être prises, si l'on veut, pour des chapelles. Dans leur architecture religieuse, les Turcs n'ont à revendiquer de l'originalité que pour les minarets dont ils ont flanqué, à vrai dire, de la manière la plus gracieuse les dômes des mosquées, ce qui rompt la monotonie de ces grands arcs projetés sur le ciel. On ne saurait mieux comparer la forme des minarets qu'à celle de cierges gigantesques garnis d'une ou deux bobèches, car telles paraissent ces galeries étroites, le long desquelles les muezzins viennent à heure fixe faire retentir leur appel si poétique au « jardin de la prière, » de cette prière « plus douce que le sommeil », ajoutent-ils. Souvent, pendant le calme des soirées d'été, je me suis plu à écouter après le coucher du soleil ces centaines ou ces milliers de voix arrivant de tous les points de l'horizon, et dont le son devenait, par la distance et le balancement de l'air, comme une sorte de faible musique ; des paroles inconnues étaient prononcées par des êtres déjà invisibles dans l'ombre, mais la gravité de leur but me touchait, moi étranger, et je sentais intuitivement la puissance de pareilles institutions sur un peuple.

Quand j'allai voir Sainte-Sophie, je tombai sur un instant choisi entre tous pour m'en laisser un de ces souvenirs que la plus longue vie n'affaiblirait pas. C'était le milieu de la journée, une vieille voix de mollah remplissait cette immense coupole d'une mélodie lente, grave, plaintive comme un chant funèbre. Rangés le long d'une haute galerie, nous chrétiens, avions à une grande profondeur sous nos pieds trois lignes de turbans blancs se projetant sur les tapis du parquet, et s'y frappant le front en cadence au nom d'Allah et du prophète arabe ; nous portions aussi les yeux vers cette voûte, sous laquelle tant d'encens a brûlé et tant de scènes de blasphème et de férocité se sont accomplies depuis que l'empereur Justinien la couronna de la croix [1]. L'effet profondément solennel de cette vaste église, presque sombre à l'heure de midi, effet si bien soutenu par la déclamation mélancolique du prêcheur, me parut saisir tous les visiteurs au moins autant que moi ; plusieurs étaient Grecs, et songeaient sans doute aux pompes guerrières et religieuses de leurs ancêtres, pompes exilées de ce lieu, mais pour y bientôt rentrer *si les présages ne sont pas trompeurs.*

L'intérieur de l'édifice était nu et triste, car hormis quelques-unes de ces fameuses colonnes de marbre et de porphyre, dont les historiens anciens nous tracent l'itinéraire jusqu'à leur place actuelle, tout le reste, mosaïques de la voûte et des parquets, revêtements de marbre, peintures et dorures des parois, avait été arraché, ou avait disparu sous une couche de chaux. L'interprète grec ne parut vraiment instruit que sur les marques mystérieuses d'une restauration à venir, ou sur le niveau fabuleux auquel le sang des victimes aurait monté dans le sanctuaire à la prise par Mahomet II. Depuis

---

[1] Ce n'est pas qu'il ne s'y soit passé quelques autres scènes immortalisées pour leur ridicule ; en voici une. — Les moines du mont Athos prétendaient qu'étant en prière il leur sortait *du nombril* un jet de lumière, une lueur ineffable et incréée qui les plongeait dans de célestes langueurs ; ils la croyaient analogue à la lumière apparue sur le mont Thabor et à quelques autres resplendissantes manifestations de l'éclat divin. Cette doctrine, appuyée chaudement par l'évêque de Thessalonique, mit l'opinion publique dans une si dangereuse fermentation qu'il fallut décider entre les deux partis. L'an 1341 l'empereur Andronic III se rendit en pompe avec tous les grands dans l'église de Sainte-Sophie pour présider un concile au sujet du nombril des moines. La dispute fut si longue, si acharnée, le grand discours théologique prononcé par l'empereur contre les *adeptes du nombril* (omphalopsyches) le fatigua tellement, et il eut tant de dépit de les voir cependant reconnus pour orthodoxes, qu'il se retira malade et ne survécut que peu de jours.

lors cette église a subi une restauration remarquable de la part d'un habile architecte suisse que j'ai connu à Constantinople, M. Fossati. Les marbres des parois ont retrouvé leur éclat ainsi que ces belles mosaïques en verre qui ornaient les voûtes ; il n'y a que les sujets à personnages dont il a fallu de nouveau cacher la vue par des fresques plus d'accord avec le Coran ; cependant après tant de siècles de disparition, les mosaïques, fameuses chez les Byzantins, comme celles des évangélistes et des apôtres, la Vierge au-dessus du maître autel, le Sauveur abordé par les empereurs Constantin et Justinien, ont revu le jour pour quelques instants, et il faut espérer que des copies en seront bientôt publiées par M. Fossati, pour satisfaire la curiosité si vivement excitée chez le public éclairé par ces merveilleuses trouvailles sur les arts du Bas-Empire.

Des établissements dépendants des mosquées y concentrent, comme on sait, les académies et les hôpitaux du pays. Les *turbés*, ou tombeaux des fondateurs, sont renfermés également dans l'enceinte commune ; là, dans des salles décorées d'arabesques et de passages du Coran, on voit un grand coffre enveloppé de châles de cachemire, où repose un sultan jadis la terreur du monde, un Soliman, un Bajazet, tandis que dans d'autres coffres plus petits et moins ornés sont autour de lui ses femmes et ses enfants favoris. Des religieux attachés à ces asiles ne les laissent manquer ni de prières ni de cierges allumés. Le turbé du sultan Mahmoud est une salle gaiement décorée, où sont suspendus des passages du Coran, tracés quelques-uns de la propre main de son fils régnant Abd-ul-Medgid. Un jardin fort soigné était près de là, mais pas de mosquée, et il ne me parut pas que ce lieu tout neuf, que cet édifice tout brillant de dorures fût traité avec la solennité et le respect voués aux tombeaux des princes plus anciens et plus orthodoxes.

Constantinople renferme un nombre assez considérable de ces curiosités vieilles et délabrées, dont tous les voyageurs, et surtout les amateurs de l'antiquité et du romantisme, aiment à sentir l'odeur de moisi ; mais je l'avouerai, un peu à ma honte cependant, je trouvais quelquefois que trop de mousse avait recouvert des noms comme ceux-ci : l'Hippodrome, la Colonne brûlée, la Caverne des mille et une colonnes, le Palais des Balquernes, etc.; j'habitais le pays, tant de décombres m'attristaient, et quelques édifices un peu modernes et bien tenus m'auraient fait un plaisir du genre de celui que procure la vue d'une pièce au lieu d'un trou sur un vieil habit. La Pointe du Sérail elle-même ne paraissait pas trahir un maître bien opulent, à en juger par l'air mal tenu des terrasses et la propreté douteuse des édifices. Cependant je dois ajouter que le firman d'entrée, tout chèrement payé qu'il soit, ne permet pas aux visiteurs de voir grand'chose; on les amuse dans des allées d'arbres, où le râteau du jardinier, invention compliquée sans nul doute pour des Turcs, n'a pas encore été importée, quelques salles et l'église de Sainte-Irène convertie en un musée de vieilles cuirasses et d'arbalètes, qui ne suffiraient pas au fonds de boutique du plus mince antiquaire, voilà bien tout, je crois. Cette espèce de mystification se termine par une sortie sous la célèbre porte de Babi-Humayoun, où il vaut cependant la peine de regarder les niches redoutables où tant de têtes des ennemis, comme des favoris des sultans, ont figuré.

Obtenir une audience du sultan, n'est point une chose facile depuis qu'il a été tellement fatigué par la froide curiosité de certains Anglais, et surtout d'une foule de *ladies* qui s'approchaient de lui à peu près avec aussi peu d'égards réels que s'il eût été une pièce de ménagerie ; il était pour elles *le lion du Bosphore,* un *milligame,* rien de plus. Dans le voyage que firent, il y a sept à huit ans, lord L*** et sa femme, les plus orgueilleux personnages des trois royaumes, il fallut tous les bons offices de lord Ponsonby et du grand visir avant qu'on pût décider Sa Hautesse à revoir une dame anglaise, et encore fallut-il user d'un subterfuge ; on lui en parla comme d'une marchande de diamants qui avait la plus belle parure de femme du monde.

Milady L***, qui a toujours ignoré le fait, était prévenue de mettre ce qu'il y avait de plus beau dans son écrin. Elle fut en effet reçue par le sultan, mais avec peu d'égards ; sa parure seule fut examinée et touchée avec une minutie offensante ; il fallut tout l'art des drogmans pour mener à bonne fin cette double et dangereuse mystification.

Une visite bien plus intéressante, et cependant bien moins vantée que celle de la Pointe du Sérail, est celle que je faisais souvent aux longues murailles qui séparent Stamboul du continent et s'étendent de la Corne-d'Or à la mer de Marmara. Où retrouverait-on, en Europe, sur une étendue de trois quarts de lieue, une construction défensive si haute et si antique, puisqu'elle remonte à l'empereur Théodose? Ce sont là ces mêmes tours, derrière lesquelles ces méprisables Byzantins se croyaient invincibles, et non sans quelque apparence spécieuse, car en exceptant les cinquante années de la conquête par les Latins, elles ont protégé la plus longue et la plus vénérable décrépitude connue, une décrépitude d'empire d'un millier d'années ! En quelques endroits où la hauteur du mur est diminuée par des brèches, on peut, en s'aidant des branches de vieux figuiers qui ont poussé dans les interstices des pierres, arriver au sommet et jouir d'une vue ravissante sur Stamboul, la mer et les îles. Quelques larges espaces ravagés par le feu près des murs n'ont pas été rebâtis, et l'herbe a poussé partout. La ligne de défense n'est pas tirée au cordeau, et une nouvelle variété lui vient des accidents du terrain, et des formes rondes, carrées ou à six faces, que revêtent capricieusement les tours, dont le nombre est considérable ; celles-ci sont en général bien conservées, quoique les ravages des Turcs, plutôt que du temps, aient fortement avancé la ruine de plusieurs d'entre elles. Une surtout est fendue du haut en bas ; la moitié antérieure penche en avant sur le fossé, depuis un temps que personne ne saurait dire, et fait si bien la mine de s'y écrouler, qu'au premier instant l'illusion est des plus fortes. C'est bien là qu'on peut toucher au doigt l'excellence du ciment qui reliait ces murailles « l'espoir de Byzance. » Il paraîtrait, au dire de l'histoire, que plusieurs des fentes et des atteintes visibles dans les murailles viennent de l'artillerie des défenseurs eux-mêmes ; leurs pièces lançaient des boulets de cent cinquante livres et chaque coup ébranlait les murs au point qu'on dut restreindre l'emploi de ce moyen.

Les brèches du siége sont à peu près les seules qu'on voie ; des boulets de pierre ont été ramassés et mis en trophée sur la porte Saint-Romain, et on pourrait croire la ville forcée d'hier par les janissaires de Mahomet II, si le fossé à demi-comblé et planté de légumes et d'arbres fruitiers ne faisait franchir d'un coup d'œil la distance des temps.

La porte Saint-Romain est appelée par les Turcs Top Kapousi, *porte du Canon*, car c'est devant elle qu'ils avaient mis en batterie le gros canon construit par le Hongrois Orban. Il fallait sept cents hommes pour le servir ; il lançait des boulets de pierre de douze quintaux, et, pour aides dans son travail, il avait de chaque côté une autre pièce lançant des projectiles de cent cinquante livres. Il fallut cinquante paires de bœufs et deux mois de travail pour l'amener d'Andrinople où il avait été fondu, mais il ne paraît pas avoir rendu les services qu'on attendait, et au fait les Turcs pénétrèrent dans la ville par la porte Dorée, près du château des Sept-Tours.

De fort vieux cimetières, avec des cyprès parfois énormes, garnissent le rebord extérieur du fossé ; sous des pierres tumulaires jadis debout, mais couchées aujourd'hui sur le sol, et dont l'extrémité en forme de turban est toute rongée par les siècles, repose sans doute plus d'un brave tombé dans l'assaut. Une de mes connaissances, jeune Italien d'une charmante voix de ténor, aimait me suivre à cette promenade, et sous l'inspiration du lieu, chantait le « trema Byzanzio » du Bélisaire de Rossini ; la vue des murailles édentées et de la malédiction accomplie, n'était point un fond de théâtre d'un effet ordinaire. De belles et jeunes Arméniennes promenaient aussi quelquefois sur l'herbe leur nonchalance et leurs babouches rouges, plus disposées à porter leur voile négligemment sur le visage qu'elles ne l'eussent fait dans des sites moins romantiques. Mais de rares promeneurs ne suffisaient point à rompre le silence de ces vastes murailles; les passants n'apparaissaient que de loin en loin aux portes de la ville, et la sentinelle restait des quarts d'heure entiers dans la solitude. Les rapports conservés par une si grande capitale avec la partie européenne de l'empire, bornés à quelque cavalcade ou à quelque rare chariot à buffles, il y avait là de quoi étonner ! Mais quel véhicule aurait la chance d'arriver en ville sans se briser sur des routes plutôt parsemées de quartiers de rocs que pavées ? Les environs de Constantinople sont d'ailleurs inanimés; point de villas, point de jardins, quelques rares cultures. Le mouvement est concentré le long du port et du détroit, mais cette apparence de vie sur les rives ne doit pas tromper; l'admirable décoration de la Corne-d'Or et du Bosphore n'est qu'une décoration, rien de plus, une devanture à des ronces, à des bois, à un pays désert en un mot; la barbarie étendue comme un océan l'a recouvert; pour combien de temps encore?

Connaître la vie et les mœurs des diverses nations qui vivent côte à côte à Constantinople, sans jamais se confondre entre elles, c'est un objet non seulement d'intérêt, mais de nécessité, quand on fait un séjour de quelque durée dans cette ville. La multiplicité des costumes dont chacun sert à distinguer ou nuancer une nationalité, une origine différente, cela seul est une occupation pour un certain temps. Depuis la pompe du riche Turc jusqu'au dénûment de l'Arabe, il y a bien des degrés dans la richesse et la coupe du vêtement; les voyageurs de toutes nations, race fantasque et bigarrée, comme l'on sait, les matelots, les naufragés de toutes les côtes, les insensés de toutes les religions, fakirs de l'Inde et de la

Perse, sautons turcs demi-nus, compliquent étrangement ces questions de vêtements, et la plus grande expérience peut être en défaut. Un jeune dandy, fort original, qui connaissait bien cette circonstance, fit une fois le pari de parcourir un millier de pas dans la rue la plus fréquentée de Péra, nu-pieds, avec une simple chemise, et sur la tête un bonnet rouge ; dans ce léger équipage il acheva son trajet fort heureusement, c'est-à-dire dans un parfait incognito, et gagna le pari.

La variété des langues et l'agitation des figures sont deux autres traits remarquables de la physionomie de Péra et de Galata. Ces Francs, que j'entends parler précipitamment en italien, en grec, en français, en allemand, en anglais, en hollandais et en maltais, sont des gens débarqués hier, avant-hier, il y a un an, ou établis ici depuis une, deux ou dix générations, mais tous vivent, trafiquent ou intriguent aux dépens de cette nation paresseuse et endormie des Ottomans, et tous sont aussi sous la protection de quelque ambassade de leur nation. Au premier abord, leur position semble la plus indépendante du monde. Soumis de nom à un magistrat européen, consul, ambassadeur, chargé d'affaires ou internonce, on croirait leur vie, leur propriété, leur bien-être parfaitement assurés. Leur langage est presque républicain, et ils disent en général ne sentir la présence d'une autorité que dans les cas rares où elle doit être pour eux un bienfait, un bouclier contre les Turcs. Cependant il n'en est rien au fond ; leur sécurité n'existe que sur le papier, dans les capitulations faites avec la Porte, et un séjour plus prolongé finit par me convaincre que les voleurs grecs ou maltais sont les seuls êtres jouissant de leurs franches coudées au milieu de l'amalgame d'oppression et d'anarchie dont tous les rapports sociaux se composent.

Je regarde les Pérotes, je les vois courir agités et inquiets, dans des rues étroites, boueuses, escarpées ; on me parle de brigands qui forcent les maisons par demi-douzaines chaque nuit, et j'apprends avec surprise que jamais la police turque ne se mêle des vols et des assassinats commis entre Francs, et que les ambassadeurs dépourvus de moyens efficaces de répression, sont d'ailleurs toujours en pique entre eux, et font plutôt évader les scélérats de leur nation, que d'avoir à subir l'inconvenance, le tracas de se les livrer ou de les punir eux-mêmes. Il y a déjà là bien de quoi détruire l'équilibre moral et la bonté du caractère, lorsqu'une vigilance soupçonneuse est la condition d'existence de tous les instants.

Les causes de ce malaise instinctif pour les Francs nés sur le sol de la capitale viennent aussi des Turcs, et datent de loin. La gêne, la soumission extérieure à des barbares, la peste, l'arbitraire, ont laissé chez le Franc des traces ineffaçables. Il a marché pendant des siècles sur un sol dangereux, où il n'était que toléré. Les colères du fanatique Musulman battu sur le Danube ou dans l'Archipel, se sont réfugiées dans la capitale, et ont jeté sur les chiens de chrétiens un regard implacable et de haineux mépris ; ces malheureux ont donc couru des dangers à chaque pas dans la ville, et trop souvent la torche des mécontents est venue les chasser de leur domicile ; n'ont-ils même pas tous été incendiés l'année dernière ? Tant d'humiliations ont fait naître dans leur esprit une soumission extérieure et prudente, mais une sourde et incessante révolte de l'âme contre une barbarie qu'ils détestaient, et le feu en circule encore dans les veines de leurs descendants. Les causes de tant de maux ont à peine diminué, et les effets en subsistent et se manifestent dans la physionomie inquiète et inconfortable du quartier franc.

La nature toute phlogistique des Francs se révèle surtout par leurs maladies ; elles consistent invariablement en soudaines inflammations, et un cas ne diffère de l'autre que par le siége de ce mal. Presque tous les moyens curatifs se réduisent donc à un seul, enlever au malade l'excès de ce sang brûlé qui le consumerait. Les bons praticiens déplorent par expérience le peu de ressource de leur art auprès de leurs inflammables coreligionnaires, et nulle part les premiers essais d'un jeune médecin ne sauraient être plus dangereux à ses patients , puisque les heures décident , à Constantinople, de l'existence, comme ailleurs les jours.

Les maux du Turc ont beaucoup moins ce caractère d'incendie, et sont à la fois moins fréquents et plus variés. La cause principale m'en paraît être dans l'humeur et la condition sociale. Par son immobile gravité et le silence de ses habitations, le maître du pays offre un dédaigneux contraste avec le chrétien. Pendant que celui-ci s'agite et crie dans ses quartiers, de l'autre côté du port, à Stamboul, tous, même les marchands, restent dignes et mesurés , et il faut que ce soient les femmes, avec les Grecs, les Arméniens et les Juifs, qui aillent porter du bourdonnement dans les bazars.

Un illustre écrivain anglais, M. Urquhart, a vomi des anathèmes contre la population franque de Péra. Il a publié que sur leur colline , il se commet chaque jour plus de trahisons et de violations de toute sorte que dans le monde entier, et de sa pleine autorité il l'a livrée avec ses habitants au prince des démons. Ce jugement a fait beaucoup de bruit, et a pu être motivé par les secrètes turpitudes auxquelles sa position de secrétaire d'ambassade et ses nombreuses relations l'avaient initié ; je crois donc intéressant de fournir un tableau de la singulière société incriminée à ce point.

Qu'on se représente d'abord des ambassadeurs venus d'Europe, ainsi que leur entourage, et ne comprenant ni les langues du pays, ni ses mœurs et ses usages exclusifs, et n'ayant par eux-mêmes aucun moyen de pénétrer les secrets du gouvernement. Cependant l'état de l'empire ottoman annonce que d'un moment à l'autre ses dépouilles tomberont aux mains du plus habile, et une émulation ardente entre les compétiteurs, les ambassades, je veux dire, en est la suite. Elles sentent toutes un besoin impérieux de pratiquer de vastes intelligences, de répandre leur influence par l'argent et la corruption. C'est alors que s'offre la population pérote, en faisant valoir ses avantages. « Nous descendons, peut-elle dire aux ambassadeurs, des anciens maîtres du lieu, Grecs et Génois ; le sang le plus subtil coule dans nos veines, nous parlons bien ou mal le français, l'anglais, l'italien, le russe, le turc, le grec et l'arménien. Nous connaissons les usages du pays, le génie de ses dominateurs ; nous savons auprès de qui et avec quoi les cadeaux doivent se faire pour gagner un employé. Nous avons des parents, des amis, des coreligionnaires au service de la Porte, ou en relation d'affaires avec elle, tout ce qui s'y fait nous est trahi. Surtout personne n'excelle comme nous à forger une nouvelle, la répandre subtilement, préparer ou surprendre les imaginations. Vous ne pouvez vous passer de nous, mais comme nous n'avons aucune autre source de revenu, et que le travail répugne à nos idées de noblesse, nous vous ferons de bonnes conditions. »

Telle est la base sur laquelle les Pérotes se sont partagé les places dans les ambassades, depuis celles de premier drogman et de chancelier, jusqu'aux plus infimes et aux moins officielles, sans parler d'une nuée d'intrigants non classés, qui voltigent autour des ambassadeurs ou de leurs employés, sous prétexte de se rendre utiles, d'offrir des révélations ou des services, gens affamés, d'où se recrutent de temps à autre les mangeurs, les employés, je veux dire. Un pareil état de choses a les plus graves inconvénients, car les Pérotes, tous alliés entre eux à des degrés de parenté quelconque, il est vrai, mais soigneusement respectés par suite d'un usage bizarre, rompus tous aussi à l'intrigue dès leur enfance, et mus uniquement par un mélange d'intérêt personnel et d'esprit de corps, sont exposés à de grandes tentations de la part des autres ambassades où sont leurs frères et leurs cousins. Ils trouvent souvent leur compte à mettre en famille les secrets des puissances qu'ils servent, aussi des trahisons inconcevables ont tellement déconcerté les ambassadeurs, que les plus entendus d'entre eux font toute leur correspondance avec des secrétaires venus d'Europe, et rabaissent autant que possible les Pérotes au rang de simples instruments. C'est le cas des Russes et des Anglais, et ces derniers ont même depuis longtemps formé le projet de créer à Malte une pépinière pour le dragomanat oriental.

Les Pérotes, employés ou sous-employés de la diplomatie, se regardent eux-mêmes comme diplomates, et nobles, et sont bien les gens les plus rusés et maniérés du monde entier. Des manéges infinis dans le regard et le geste, un soin extraordinaire à ne jamais exprimer ce qu'ils veulent dire, à le faire au plus soupçonner; des sourires contournés en grimaces, une mimique toute de réticences, même dans l'acte le plus simple de souhaiter le bonjour ou de s'asseoir, les ont rendus célèbres et abhorrés infiniment plus que de raison. En tenant compte de l'atmosphère viciée où ils ont vécu, on peut cependant leur souhaiter uue convalescence morale, plutôt que de les accompagner de malédictions. Ce mal a de si lointaines ramifications, que tout ce qui a un contact prochain ou éloigné avec la caste des diplomates en est infecté, et a pris leurs allures de fausseté dans la pensée et le langage. De tous côtés, dans cette société pérote, volent des flèches empoisonnées; on voit le but et la blessure, mais non la main d'où le trait est parti; aussi l'écrivain Urquhart, qui paraît s'être trouvé atteint, a rugi de douleur, et dans ses écrits passionnés n'a fait grâce à personne. Quelques familles voulant, par instinct, ou par système, se mettre en dehors de ce mauvais air, n'ont rien trouvé de mieux que de rompre tous liens de société, et les affaires finies, elles vivent dans une complète solitude, triste aggravation de souffrance dans un pays barbare.

Les idées modernes ont peu travaillé la société de Péra, elle met souvent au jour une inintelligence risible des idées, des constitutions et des réformes par lesquelles les vieilles royautés de l'Europe doivent se rajeunir de nos jours ; on y parlait autrefois des cours constitutionnelles, la France et l'Angleterre, comme s'il s'agissait d'un padischah absolu ou d'un sofi de Perse, et j'ignore à quel point des événements récents auront pu éclairer des esprits instruits en politique depuis leur enfance, à la seule école du despotisme, de la violence et de la dissimulation. Pendant que les Pérotes s'expliquaient tout le jeu du monde politique par des ruses de souverains et de ministres, et par des idées préconçues sur certaines jalousies ou malveillances des puissances les unes pour les autres, les largesses des ambassades des pays constitutionnels diminuaient, la disette en était la suite dans leur camp, et aujourd'hui ils ne songent pas encore à remplacer le champ des intrigues par l'industrie et le travail.

Cette curieuse population fait aussi un double jeu, et n'est pas aussi dévouée aux intérêts des puissances d'Europe qu'il semblerait. La Porte a des facilités pour les gagner, car habitant le pays, ils y ont des intérêts, et se plaignent souvent de la lésinerie des ambassadeurs ; le gouvernement turc, malgré son apathie, a donc des gens aptes à voir venir les orages à la source même, et disposés à lui en donner avis d'avance. Au reste, c'est un fait bien général que pour intermédiaires entre une puissance d'Europe et celle d'un pays incivilisé, des gens pris sur le sol de celui-ci ne sont jamais un canal sûr. Ils faussent et dénaturent tout par habitude et par servilité. Une communication est calculée pour intimider, et les drogmans lui donnent l'habit de la persuasion, ou même de la prière. L'opiniâtreté de la Porte souvent n'a pas eu d'autre cause. Qui ne se rappelle aussi ce trait tout récent d'un général français envoyé au Maroc pour lancer un ultimatum ? La lâcheté évidente de son interprète le rendit si furieux, qu'il dut tirer son sabre, et le brandir d'un air menaçant aux yeux du premier ministre, pour lui faire saisir la nature de sa mission.

Il est vrai que les diplomates turcs discutent les intérêts de l'État, pendant que des troupes d'esclaves sont aux aguets vers les portes, séparés du divan quelquefois par un simple rideau et toujours prêts à accourir avec la pipe et le café au moindre battement de mains. Mais comme la langue diplomatique est un idiome savant et inconnu du peuple, le secret des délibérations est mieux gardé qu'on ne le croirait ; ainsi un jeune Franc de ma connaissance, favori du grand-visir Chosrew-Pacha, put assister une fois, par une faveur bien rare, à un conciliabule des ministres, sans y comprendre un mot quoiqu'il sût parfaitement le turc vulgaire. Un personnage parfaitement initié aux allures du sérail, où il a son emploi, affirmait aussi un jour au nez des Pérotes que la politique ottomane est infiniment plus au delà de leur portée et de leur regard qu'ils ne le croient communément ; elle ne prend conseil, ajoutait-il, que de ses convenances et de ses intrigues privées, et les puissances, avec leurs jalousies mutuelles, sont pour la Porte comme les dés pipés d'un cornet avec lequel elle sait adroitement se ménager le chiffre favorable à chaque coup. C'est un fait connu également que des négociants, assez adroits pour se faire de bons amis en ville et à la Porte, sont mieux informés que les ambassadeurs avec leur clique d'intrigants pérotes ; bien souvent la correspondance des représentants avec leurs cours vit des aumônes de simples marchands, et plus d'un banquier intelligent, affilié à la Porte, a tenu dans ses mains les secrets de l'empire et en a vendu des parcelles énormément cher aux envoyés européens. Les moyens non officiels sont même préférables auprès des Turcs, dont la haine pour les ambassades fait échouer presque invariablement toutes les réclamations adressées par ce canal ; eux-mêmes en préviennent les chrétiens et leur promettent souvent succès ou justice, à condition de s'adresser directement aux autorités et sans appui de consuls. La chose va si loin que les ambassadeurs pourraient souvent, avec plus de justice, payer des appointements à certains marchands adroits qu'à leurs drogmans et employés, vrais chevaux de parade. L'action d'une puissance dépend donc du grand nombre de protégés et de gens dévoués ou achetés dont elle dispose dans le pays, afin d'être informée et d'enlacer les hauts employés ottomans; aussi la Russie, l'ennemie mortelle de l'empire, est-elle au sommet de l'échelle sous ce rapport; elle veut la ruine de la Porte, et cependant grâce à son or et à ses milliers d'agents elle est en parfaite odeur; tandis que les seuls soutiens du divan, la France et l'Angleterre, n'obtiennent les plus justes demandes qu'avec des canons braqués.

Le trait suivant me donna, entre plusieurs autres, une faible idée du degré auquel sont informés les agents pérotes, quoique ce soit là leur unique souci et leur principale prétention.

Pendant une magnifique soirée d'été, en 1843, le calme de la capitale fut tout à coup interrompu par de bruyantes salves d'artillerie grondant sur tous les points du Bosphore; des milliers de voix s'élevaient de la côte d'Asie en hourras répétés; des fusées se croisaient en tous sens vers Phanaraki et se réfléchissaient sur les eaux; Scutari et tous les édifices publics, entre autres les mosquées, s'illuminèrent peu à peu, et des figures de feu planèrent sur Stamboul d'un minaret à l'autre faisant pâlir l'éclat des astres. En un instant, tous les habitants de Péra furent sur pied, courant aux promenades ou montant sur les terrasses au-dessus des maisons; mais on pouvait lire encore plus d'inquiète curiosité que de jouissance sur les figures tournées vers ce beau spectacle, car dans ce pays de malaise on ne goûte d'aucun plaisir, d'aucune scène, fût-elle ravissante, qu'à bonne enseigne et après complète information. On se perdit en conjectures, et durant deux jours la caste diplomatique fut sur pied avant d'arriver à aucune explication satisfaisante. Nul doute que cette fête extraordinaire ne fût l'explosion d'une nouvelle mesure préparée depuis longtemps. Pendant le printemps de grandes levées avaient eu lieu ; soixante mille hommes étaient concentrés sur le lieu de la scène, Scutari et les environs, aussi les gens habituellement bien informés se réunirent-ils pour voir dans tout cet appareil la force nécessaire à un renversement des ulémas. L'idée fixe des Pérotes a toujours été l'anéantissement de cette corporation puissante de docteurs dont une main tient le Coran, la religion, et l'autre la loi et les tribunaux ; corporation qui est le gardien et leur seul reste du passé, le seul obstacle aux réformes ou à la ruine de l'empire, et la puissance traditionnelle devant laquelle s'incline le padischah lui-même. Le moment de leur chute était donc arrivé et tout le monde s'accordait enfin pour s'en féliciter, lorsque la vérité perça, mais un peu tard pour les amours-propres. On sut que le sultan avait lu devant l'armée un firman, sorte de constitution ou code militaire, par lequel le service du soldat, illimité auparavant, était fixé à cinq ans, et l'empire divisé et quatre circonscriptions ou séraskériats, ceux d'Albanie, de Roumélie, d'Anatolie et de Syrie, avec autant d'armées séparées. Les vétérans furent licenciés et quelques exécutions secrètes de mécontents transpirèrent. Des conspirateurs étranglés et jetés dans le Bosphore pour avoir voulu tenter la fidélité de ces troupes de jeunes soldats durement arrachés à leurs foyers, tel fut l'holocauste offert à la nouvelle mesure. Toute nouveauté a ses opposants, en Turquie comme ailleurs, mais la dureté des cervelles y est telle, que les ministres ont de tout temps trouvé impossible de ramener les opposants par la persuasion et les prennent, en conséquence, par le cou.

Dans la société de Péra, le fond de la conversation vit de révélations, de dénégations, de moqueries ayant toujours trait à certains mystères de la politique sur lesquels les uns se prétendent mieux informés que les autres. Puis on s'étend, on brode sur un nombre infini de petites intrigues, de traits plus méchants que spirituels où personne n'est épargné. Comment

pourrait-il s'établir un échange d'idées sur des choses instruc-
tives, sur des rapports solides et moraux des hommes entre
eux, ou même sur de simples questions d'intérêt matériel,
hormis le prix des denrées et des produits de la Turquie?
L'état du pays est aussi inculte et désert que l'âme de ceux
qui l'habitent : des améliorations sociales ou matérielles on en
paraît ignorer jusqu'au nom. De loin en loin quelque famille
anglaise, suisse ou allemande, plus rarement levantine, offre
bien dans son salon comme une oasis pour un esprit civilisé. Il
me reste comme une émotion de plaisir de mes longues séances
dans un certain salon de mes bons amis L. F., sujets anglais,
mais originaires de la Suisse; là, savourant le moelleux des
divans et des tapis, plongeant l'œil du haut de Péra, par les
croisées, sur une colline voisine toute rouge de maisons turques et sur les rivages et les vaisseaux de Tophanah, de Scutari et de Marmara, je passais mes loisirs au milieu des vapeurs aromatiques du tabac turc, admirant le paysage ou
recueillant dans une aimable société ces mille nouvelles de
Constantinople qui y prennent le cachet étrange ou gracieux
dont l'Orient revêt jusqu'à ses misères.

Parmi les ambassades, les Russes vivaient beaucoup entre
eux. Sir Straffort Canning était aussi fort retiré, et bien à
l'opposé de son aimable et brillant prédécesseur, lord Ponsonby, passait pour un chef de bureau uniquement ; on fabri-
quait sous ses ordres des liasses de dépêches pour Londres.
M. de Bourqueney, chargé d'affaires de France, ancien journaliste, fort épicurien et encore vieux garçon, consacrait ses
loisirs à l'art de Carême ; ses subordonnés prétendaient souffrir
dans leurs affaires et criaient que l'influence de la France dispa-
raissait de plus en plus, et que les employés du gouvernement
étaient trop orgueilleux ou ignorants pour bien comprendre les
intérêts commerciaux ; en cela ils avaient parfaitement raison,
mais c'est un mal tenant à des causes plus générales et qui
a empiré partout où la France avait de brillantes relations

commerciales avant la révolution de 1789. Le comte de Stür-
mer, internonce d'Autriche, habitait l'ancien palais du bayle
de Venise, et seule entre tous ses collègues se mettait en frais
de représentation pour les Pérotes et les étrangers; il est le
seul que j'aie personnellement connu. Les Pérotes ne parais-
saient pas lui savoir beaucoup gré de sa brillante et généreuse
politesse, à en juger du moins par le nombre excessif de bruits
calomnieux ou malicieux dont ils le payaient; ils le traitaient
en transfuge, car il était de Péra et ne s'en faisait pas
gloire; mais un étranger ne peut que se souvenir avec plaisir
de cette hospitalité bonne et foncièrement bienveillante du
comte. Il était un homme calme, étonnamment peu préten-
tieux de sa personne, et cependant rempli de fines remarques
et de connaissance des hommes. Il avait été commissaire de
l'Autriche à Sainte-Hélène auprès de Napoléon. La comtesse,
une Française, dont la beauté avait été remarquable et luttait
encore vaillamment contre les années de ce siècle, si ce n'est
de l'autre, faisait les honneurs du palais avec une grâce et un
esprit rares en tout pays. Son immense instruction et son coup
d'œil exercé sur la politique en faisaient, disait-on, le con-
seiller le plus influent de son mari, et de l'Autriche, par
conséquent, dans les affaires d'Orient.

Un opéra italien des plus misérables est à peine à compter
parmi les jouissances de Péra. L'édifice était alors en planches
fort mal jointes, ne tenait pas le son, et par un effet curieux
procurait une résonnance plus forte dans une ruelle latérale
que dans la salle même. A la vie de tous les jours, il manquait
aussi des promenades à notre portée. On ne savait littéralement où trouver un espace un peu uni, planté de quelques
arbres comme ceux qui sont auprès des moindres villes d'Europe. Mais en revanche, où qu'on posât le pied, quelque horribles que fussent les masures ou les ruines du voisinage, la
vue était enchanteresse, grâce aux inégalités du sol, aux caprices du rivage et des eaux, et à l'éclatante lumière du midi.

Priver un homme de la vue, serait là un supplice plus atroce que dans aucun autre pays ; ce serait enlever la source des plus vives, des plus fréquentes et presque des seules jouissances qu'y procure le pays en général. Nulle part un Bélisaire ou un Alexis n'ont pu sentir plus profondément leur infortune, et les Byzantins n'avaient pas choisi cette mutilation de leurs ennemis sans la plus judicieuse cruauté.

La difficulté de promener a réduit les Francs à placer leurs le lieux de réunions fashionables..... sur les cimetières. L'un, le *Petit-Champ-des-Morts,* est à Péra même, au sommet d'une pente magnifique, toute couverte de cyprès et de pierres tumulaires des Turcs, descendant vers le port ; sur la crête on trouve une sorte d'avenue inégale, où pendant les belles soirées d'été on vient prendre des glaces et regarder le port, et au delà les monuments de Stamboul doucement argentés par un clair de lune. L'autre promenade, le *Grand-Champ-des-Morts,* hors de Péra, est tout à la fois le dernier asile des juifs, des Arméniens, des chrétiens catholiques et protestants, et le lieu où les vivants de ces mêmes croyances viennent jouir d'une vue magnifique qui embrasse tout l'horizon. Le dimanche, on peut voir des milliers de gens de toutes nations dans leurs beaux costumes, assis pêle-mêle sur des tombeaux d'un côté de la route, pendant que de caffinehs placés sur l'autre côté on leur apporte des tchiboucks, du café, des sorbets, et qu'on leur joue une musique moitié barbare, moitié pillée dans des opéras ou des airs de danse, musique bien connue au Levant sous le nom de Valaque. Quelquefois une voiture européenne, avec un ambassadeur ou quelque riche banquier, vient à passer au milieu de cette foule bigarrée et se dirige en cahotant affreusement vers un point éloigné, le café de Pancaldi, où la suit une cavalcade de jeunes gens. Mais là cessent les bâtisses, la végétation et les tombeaux ; un désert nu, coupé de ravins, s'offre seul à la vue et rappelle les peintures des environs désolés de Jérusalem.

CHAPITRE XII.

Brousse et l'Olympe.

Il n'y a rien de fatigant comme la vie de Péra et de Galata ; aussi, dès le second mois de mon arrivée, je saisis avec empressement l'occasion d'aller passer une quinzaine de jours sur la côte d'Asie à Brousse. Des sites alpestres, le calme et les souvenirs d'une antique capitale déchue, des bains d'eau minérale, des courses à cheval, tout cela n'était pas à dédaigner, durant les chaleurs de juin, pour quelqu'un d'ennuyé et de harassé.

En promenant derrière Péra, sur les hauteurs du Grand-Champ-des-Morts, j'avais déjà souvent tourné un regard de désir sur le mont *Olympe*, dont la blanche tête surgissait derrière les eaux de Marmara ; je crois même que je m'étais tant soit peu chauffé l'imagination à ce sujet, et tout médiocre écolier que j'eusse été sur les bancs du collége, je savais me rappeler à propos la ville de *Prusias* et le souvenir d'*Annibal*, son fondateur, attachés à Brousse, ce lieu invisible au pied de la montagne. Le rire apocryphe des immortels chantés par Homère, retentissant sur les sommets d'un Olympe quelconque, ne me déplaisait plus tant depuis que je pouvais l'évoquer près du lieu de la scène, au lieu de le déchiffrer dans l'Iliade ; car, il est presque superflu de le dire, j'avais à première vue résolu en faveur du splendide Olympe d'Asie la question pendante entre les deux principales montagnes de ce nom, en Grèce et en Bythinie. D'abord je le voyais ; ensuite il portait durant toute l'année ces murs de diamant des poëtes, que tous les commentateurs et scoliastes ne m'empêcheraient pas de prendre pour des neiges étincelantes et peu accessibles au pied des mortels. Or l'on sait que l'Olympe grec n'atteint pas à la moitié de la hauteur du colosse asiatique, et n'a que rarement des neiges. Enfin les Grecs d'Europe, à la bonne foi desquels je fais une sommation finale, devaient savoir à quoi s'en tenir sur leur Olympe si mesquin, et la mystification n'eût pu durer. Qu'on se figure des Thessaliens un peu essoufflés arrivant en partie de montagne au sommet du prétendu siége de Jupiter et de Junon dans leur pays, et ne trouvant pas le plus mince valet des immortels pour excuser l'absence de ses augustes maîtres ! Pas la moindre goutte de ce nectar servi par la complaisante Hébé ! Evidemment, boire un coup à leur gourde et renvoyer l'Olympe mythologique et ses murs de diamant à leurs voisins de l'autre côté de la mer Égée, telle devait être la vraie ligne de conduite, en pareil cas, pour des gens consciencieux.

Pour aller à Brousse, on traverse la mer de Marmara, et on prend terre à Ghemlek, où se trouvent des chevaux qui vous mènent en quatre ou cinq heures à la ville. Les indigènes ont, dit-on, des selles, mais faites d'un bloc de bois ; et, pour éviter le sort de Marsyas, il est bon de prendre la sienne. Ces paysans, tous bons cavaliers et successeurs des anciens Bythiniens, soignent le dos de leurs chevaux, et le couvrent d'un feutre, mais ne se doutent pas que la peau humaine soit susceptible de s'écorcher sur une selle taillée dans un cœur de chêne. Prendre des pistolets pour ce voyage est affaire de prudence et de nécessité ; un fusil de chasse est affaire de goût.

Le jour du départ, le temps était extraordinairement menaçant ; mais sous cette latitude, en juin, le ciel est comme forcé de ne pas se voiler longtemps, et nous descendîmes la colline de Péra à cinq heures du matin avec des allah-kirim au lieu de parapluies. Après la physionomie d'un habitant de Péra, celle des rives du Bosphore est ce qu'il y a de plus mobile. Les vents du nord et du sud n'y sont jamais d'accord ; une grosse nuée qui arrive, poussée et repoussée dans leur lutte, cache le soleil, pèse lourdement sur la mer de Marmara, et voici que les couleurs étincelantes s'assombrissent : le vent siffle ou hurle, les mouettes et les frégates volent en rasant la surface de l'eau, et à leurs cris le ciel répond par d'autres plus sauvages : c'est la tribu des vautours, des milans et des corbeaux, qui s'agite dans l'air plus que de coutume, et se tourmente de mouvements brisés et de sons aigus. Cette musique nous suit à bord du *Levant*, petit vapeur de la compagnie du Danube. Il s'y trouve une trentaine de passagers musulmans. Parmi les harems, en voici un accroupi sur le pont et gardé par une vieille duègne, vrai cerbère femelle, qui aurait tout à gagner à mieux cacher ses traits, mais qui préfère laisser toute la rigueur de cet usage aux seules femmes confiées à sa garde ; elle leur resserre le bâillon à les étouffer. Force est alors de porter nos regards d'infidèles sur des objets plus accessibles, tout en nous étonnant que des gens si fanatiques consentent à naviguer avec les giaours. Mais il en est néanmoins ainsi, et les Turcs laissent aller leurs femmes sous la garde d'une duègne ou d'un petit noir, à bord des navires de la compagnie, soit parce que l'ordre et la discipline y sont excellents, soit parce qu'une invention aussi impie et contre nature que la vapeur ne leur semble pas pouvoir être jamais bien connue des vrais croyants, et qu'au fait les pyroscaphes turcs ont des accidents.

La *Corne d'Or* est un bassin si profond que vingt minutes se passent à lever l'ancre et sa lourde chaîne en fer. Il faut ensuite nous tirer du milieu d'un dédale de beauprés et de navires à becs cornus et crochus de toutes les formes ; car depuis la barque turque de forme homérique avec une poupe élevée et sculptée, jusqu'à la frégate à vapeur anglaise, armée de gigantesques paixhans, chaque peuple, chaque siècle retrouverait autour de nous quelque chose de sa marine. Notre sortie du port demandait un miracle et le voici dans la patience de nos matelots. Ils sont à l'œuvre; que de tâtonnements ! Du pont et des agrès des vaisseaux voisins, on nous assourdit de cris polyglottes et mille regards défiants suivent nos manœuvres. L'Anglais seul ne dit mot, serre les dents et emploie ses robustes bras à éviter le danger d'un carambolage; une barque turque persiste enfin seule à nous obstruer le passage, nos gens en apostrophent les fumeurs dans l'idiome sonore de l'Adriatique et le son de la menace engage les Turcs à ne pas laisser tout le soin de leur navire à Allah. Enfin nous sommes libres et nous passons entre la douane franque et la Pointe du Sérail. En côtoyant ce palais, on m'y fait remarquer une grande touffe de verdure comme étant le jardin de Gulhané (des roses), où est née cette ridicule charte du même nom, pour servir plutôt aux journaux français qu'au peuple du sultan.

Les collines de Péra, de Stamboul et de Scutari restent derrière nous avec les flottes qui s'y entremêlent, la ligne des vieilles tours byzantines qui bordent le rivage de Stamboul devient plus confuse et en une demi-heure nous atteignons les *îles des Princes, Proti, Antigone, Chalki et Prinkipo* avec les rochers isolés dont elles sont entourées. Ces îles sont les indispensables compagnes des fêtes et des plaisirs pour les Grecs de Constantinople, et quand le temps est beau, elles brillent de vives couleurs et semblent autant de baigneuses folâtres accourues dans les flots depuis la côte asiatique voisine. Mais le mauvais temps leur donne une couleur livide, et les brisants, dont elles sont entourées, les séparent du fond noir de la mer par une ceinture d'écume dont les rumeurs arrivent jusqu'à nous mêlées aux sifflements de l'orage. Un rideau de pluie nous dérobe la vue des côtes, nous disons adieu aux mouettes qui suivaient de très haut le navire pour se jeter sur la mer et attraper le pain qu'on leur jette, et nous descendons dans le salon en abandonnant les passagers du pont à leur sort. — C'est une physionomie propre à l'Orient que ces passagers de pont, Turcs la plupart; on les voit, dans les longs voyages, rester plusieurs fois vingt-quatre heures les jambes croisées, fumant le tchibouk ou le narghilé tant que l'eau de la mer ou du ciel n'en décide pas autrement, ou que l'heure d'accomplir leurs prostrations et leurs agenouillements sur des tapis inondés n'est pas arrivée; là ils ont le loisir de s'en acquitter avec plus d'exactitude que de coutume et trouvent le moyen de s'orienter vers la Mecque soit au moyen de la boussole du timonnier, soit avec des aimants portatifs à l'usage des plus dévots. Il est arrivé souvent dans les voyages de Trébisonde, où il y a plusieurs centaines de passagers accroupis sur le pont, que le matin on en a relevé de morts par suite de la gelée et des souffrances de la mer, et froids depuis quelques heures; car entre un passager vivant ou mort de cette espèce un œil exercé même peut se tromper.

Nous distinguons à bord un vieillard fluet, de traits fins qui pourrait avoir soixante et dix ans et n'en compte cependant que soixante; c'est un mollah de Brousse. A l'air de bonté mélancolique répandue sur ses traits, on ne peut douter qu'Allah ne lui ait destiné quelques épreuves, et cependant voyez quel dandysme oriental dans son costume; un turban blanc le plus gracieusement noué du monde orne sa tête et une robe flottante en mérinos de couleur lilas tendre enveloppe tout le reste de sa personne; parfois seulement les pointes de deux fines babouches jaunes se trahissent avec bon goût au bas de sa personne, ou de ses amples manches sortent deux mains délicates. Ce mollah a les manières des grands, mais il faut apprendre de lui-même qu'il en est un et qu'il a été le khodja (maître) du sultan régnant Abd-ul-Medjid. Mon ami L***, de Péra, l'aborde avec d'insignes compliments et découvre que la calligraphie a formé l'objet de ses leçons au Padischah; c'est qu'en Turquie elle est une science tout aussi relevée que la philosophie chez nous, vu les difficultés et les finesses des divers systèmes d'écriture. — « Avez-vous reconnu de grands talents dans votre élève impérial? lui demanda-t-on. — C'est un homme accompli, aucune étude n'a eu pour lui autant de charme que la mienne et j'ai été son khodja favori. — Je vous en crois digne. Nous avons vu de belles feuilles du Coran copiées par sa hautesse elle-même et mises en hommage sur la tombe de son père Mahmoud. Ces soins, dans un jeune prince qui monte sur le trône, ont quelque chose de touchant. — Sans doute, Effendim, et l'écriture en est superbe. Notre maître, que Dieu bénisse, n'a pas songé seulement à ceindre le sabre d'Osman ou à remplir son harem, mais à honorer les cendres de son père. — Dieu le protégera. — Espérons-le, mais, en attendant, tout va mal, et si Mahomet revenait au monde avec son œil de prophète que verrait-il? Distinguerait-il les fidèles des giaours? — Que voulez-vous dire? Il me semble, au contraire, que les anciens jours reviennent; votre populace nous hait nous autres chrétiens, plus que jamais. —L'esprit des anciens jours est loin; partout je vois les croyants s'enivrer à la honte du prophète. Pös... k! A propos, dernièrement dans nos assemblées de mollahs, nous avons entendu dire qu'il y a chez les chrétiens une nouvelle secte qui fait ses ablutions mieux que nous et ne boit que de l'eau. Qu'en pensez-vous? Les soupçonne-t-on d'un penchant à se convertir à notre prophète? — Vous parlez peut-être des adeptes de Priesnitz, des hydropathes; il ne s'agit pas de religion pour eux, mais ils croient tout simplement améliorer leur santé en buvant de l'eau à excès et en vivant dans ce liquide comme des grenouilles.» Cependant cette explication ne plaît pas au mollah; soit malice, soit désir de propagande religieuse, il répond enfin : « Je l'ignore, Effendim, mais Dieu connaît leur pensée. »

Ce vieux juge, maître d'écriture, est encore plus préoccupé

de son intérieur domestique que de l'islamisme en déclin; il fait de profonds soupirs et nous dévoile enfin la plaie intime de son existence; car sous quelle zone trouver un être qui n'en ait au moins une? « Ah! dit-il à M. L***, je suis l'époux le plus infortuné parmi les croyants. Mais, dites-moi, vos femmes qui montrent leurs traits, et font les gracieuses avec d'autres, vous font-elles toujours bon visage à vous? — La question est délicate, monsieur le mollah; cependant vous pouvez voir que je ne suis pas tout à fait brouillé avec ma femme, puisque je brûle d'arriver à Brousse, où elle est pour sa santé. Voici un énorme panier de fraises qui à lui seul me ferait bien recevoir. — Kiachki! plût à Dieu que j'en fusse quitte pour si peu de chose. Je voyage aussi pour ma femme, mais que me sert d'être riche et d'avoir la science du Coran? La femme que j'aimais est morte; et vous, infidèle, êtes plus heureux que moi. »

En peu de mots voici l'histoire du mollah. Il avait épousé depuis son malheur une autre femme si jeune, que c'était presque une enfant; elle était insatiable de cadeaux, et lui se ruinait. Il avait été à Stamboul pour faire de nouvelles emplettes. « Je lui rapporte d'abord des esclaves, dit-il. Voyez ce négrillon de six ans, vrai petit corbeau; pour présenter la pipe et le café ce sera à ravir. Cette petite Circassienne, là-bas, a huit ans, et m'a coûté quinze mille piastres, ajouta le saint homme en levant la main à une hauteur proportionnée à tant de dépense; ma femme sera libre de l'adopter. Ces coffres sont pleins de cadeaux, mais le plus beau consiste en diamants; le joaillier n'a pu les monter avant mon départ, et comme c'est l'objet dont ma femme est le plus passionnée, je ne veux pas reparaître devant elle sans les avoir. — Et que ferez-vous donc? — J'y pense justement : il faudra que je me cache, pendant une semaine, jusqu'au retour du bateau, chez un bon ami que j'ai à Ghemlek; alors je recevrai sûrement les diamants, je rentrerai chez moi, et Dieu veuille, terminat-il la larme à l'œil, que ma femme, en me voyant revenir la main pleine, ne me dise pas : Ta main est trop petite ! »

La petite Circassienne portait le voile fort lâche, comme les enfants turcs, et nous en vîmes assez pour juger que le mollah n'eût pu mieux trouver au marché de quoi causer à sa jeune épouse l'illusion de la tendresse maternelle. Nous laissâmes ce patriarche un peu jouet des femmes dans son vieux âge, et, pour en finir à son sujet, j'ajouterai que je ne pus le lendemain sans sourire me croiser avec lui dans les rues de cette Brousse si redoutée la veille.

Le temps s'était amélioré à midi, et nous pûmes remonter sur le pont, et voir de près les rocs déchirés du cap *Bouz Bournou*, dont le golfe de *Moudania* est protégé à son entrée vers le nord. Une fois le cap doublé en longeant la côte, nous arrivons en face de la plage d'*Armouthli*, où, dans l'orageuse nuit du 1er au 2 décembre 1841, le beau navire le *Seri Pervas* vint échouer. On était alors en pleine guerre de Syrie; les ministres craignaient une soldatesque mutinée à Constantinople, et voulaient s'en débarrasser à tout prix, dût-elle être ensevelie sous les flots. Ils obsédèrent l'internonce d'Autriche, lequel à son tour fit pression sur l'agence des bateaux de la Compagnie danubienne, et la força à embarquer six cents hommes, malgré tous les indices d'une furieuse tempête. Le bateau, parti dans l'après-midi, rencontra dans la nuit une mer énorme et un froid inusité qui chargea le pont et les tambours de glaçons; quant aux hommes, les uns étaient enlevés par les lames, les autres plantaient leurs poignards dans le pont pour s'y retenir; enfin la machine refusa le service, et le *Seri Pervas* vint échouer dans le golfe de Moudania sous le vent, sans qu'on ait trop pu s'expliquer comment. La soldatesque, qui s'était enivrée pendant le danger, se mit alors à saccager le navire, sauta à la nage, périt en partie et revint le lendemain achever le pillage. D'antiques cyprès se sont trouvés là par hasard pour marquer la tombe des naufragés. Croirait-on que la Compagnie n'a jamais obtenu la moindre indemnité du mauvais tour que les Turcs et la diplomatie lui jouaient en cette occasion.

L'après-midi nous débarquons, au fond du golfe, à *Ghemlek*. Après avoir eu l'honneur d'être fondée par un Argonaute, Ghemlek, avant de porter son nom actuel, en a eu plusieurs, parmi lesquels il faut distinguer celui de Civitot, connu par une sanglante défaite des premiers croisés. Je n'eus point le loisir d'aller rechercher les restes de l'ancien château où le sultan de Nicée assiégea les débris de la première division de l'armée chrétienne. La ville est voisine de marais et entourée de hautes collines; la fièvre y règne, et notre agent, un vrai spectre d'Allemand abîmé par la malaria, nous reçoit d'une voix éteinte. — La contrebande des soies a établi ses opérations sur tous ces rivages, car chaque année trois mille balles de ce riche produit arrivent de Brousse à la côte, et devraient payer à l'exportation le taux exorbitant de 6 francs l'oque ou la livre turque. Un petit brick de guerre, ancré près du rivage pour empêcher la fraude, nous est indiqué comme s'occupant lucrativement de la favoriser, et tout le pays prospère de ces dégrèvements aux dépens du fisc.

Nous sommes encore très hésitants sur la plage devant une quarantaine de chevaux d'une apparence déplorable, sans pouvoir en trouver trois de moins décharnés que les autres, afin de leur mettre sur le dos nos deux selles et notre bagage, lorsqu'on nous appelle par signes et par cris d'un kiosque voisin; puis un cavass arrive et nous prie poliment d'aller prendre un café avec *Jzzet-Pacha*. C'est un ami de M. L***, que nous sommes désolés de sentir là au moment où, vu l'état de nos chevaux, il nous reste à peine le temps d'arriver à Brousse avant la nuit, mais nous nous sentons obligés de lui complaire. Son excellence Jzzet nous fait servir le café et nous raconte avec force bouffées de fumée, que sa mission est de former un camp de quinze mille hommes, de les exercer et de les envoyer ensuite aux Dardanelles et à Stamboul ; mais pendant que le pacha, les jambes croisées, discute les affaires d'Albanie et de Servie, je dirai deux mots au lecteur des moyens par lesquels on lui procure ses recrues, en lui communiquant les récits de voyageurs arrivés de l'intérieur quelques jours auparavant. Une chasse aux hommes est organisée dans tous les lieux de l'empire où les troupes du Nizam sont en force ; les maisons et les moissons des fugitifs sont brûlées, leurs arbres fruitiers coupés, et cependant la terreur produite par ces moyens ne suffisant pas à obtenir la présentation volontaire des jeunes hommes valides, on cerne les villages et on met la main jusque sur des enfants de quatorze à quinze ans, pauvres malheureux destinés à être décimés par le typhus dans les casernes de Constantinople. Qui peut relater la désolation des familles, les femmes abandonnées auxquelles il ne reste que la mort ou la honte, les moissons périssant sur plante faute de bras, les champs destinés à rester en friche autant d'années que durera le service du soldat et les vides nouveaux formés dans des populations et des cultures si clairsemées ? Aussi l'horreur du paysan pour le service est sans bornes. Que le souverain lui demandât sa vie, il tendrait le cou au yatagan sans murmurer, mais la conscription le fait fuir dans les bois. Être mieux vêtu, mieux nourri par le sultan qu'il ne l'est dans sa cabane, avoir une bonne chance de devenir officier, colonel, pacha même, car aucune aristocratie n'existe dans le pays, tout cela ne compense pas pour lui le regret du village, et l'horreur d'être soumis aux vêtements étroits et à la précision européenne.

Enfin le pacha nous laisse monter en selle ; les premières collines le long de la mer sont des plantations d'oliviers fort bien tenus, mais le pays devient vite inculte. Une végétation vigoureuse fait tous les frais de la décoration ; les arbustes sont en fleur et groupés par familles ; une colline est toute jaune, l'autre violette, mais la solitude est profonde. Quel silence autour de nous! Cette terre de *Bithynie*, après avoir nourri tant de sujets au grand roi, tant d'ennemis aux Romains, aurait-elle épuisé les trésors de sa fertilité? A notre droite, reste la vaste propriété à peu près inculte de M. H*** de Constantinople; des centaines de charrues trouveraient à s'utiliser sur ce terrain de dimensions féodales, mais où sont les bras pour faire la grande culture à laquelle il était destiné? Les quelques paysans de ces contrées ne se louent qu'à des salaires exorbitants, n'afferment pas la terre puisqu'ils en trouvent tant qu'ils veulent pour rien, et ne veulent rien innover à leurs antiques procédés agricoles. Aussi n'y a-t-il lieu à rien exploiter. Mais un Souabe laborieux venu avec une robuste famille et qui pourrait se suffire, n'aurait-il pas de bonnes chances de réussite, se demande-t-on? Malheureusement non. Se faire sujet turc, raya, il ne le voudrait pas, et les Turcs préfèrent un champ désert à celui qui est cultivé par un Franc. Le Franc, grâce à son consul, à son ambassadeur échappe à l'arbitraire et prétend à l'inviolabilité pour sa personne et ses propriétés, les capitulations l'exigent; or, tout cela si facile à obtenir dans un port de mer, au pied du mât consulaire, l'est beaucoup moins dans l'intérieur du pays, et un homme d'Europe isolé dans les champs n'aurait que mésaventure et assassinat à attendre. Il est naturel aussi que le gouvernement combatte avec une obstination traditionnelle l'extension d'une classe d'hommes sur lesquels il n'a pas d'action, et il ne sait que trop à quel écueil il est exposé dans tous ses rapports avec les Européens. Constamment ses employés, pour ne pas savoir réprimer leurs goûts de tyrannie et de pillage, l'exposent à des peccavi déshonorants vis-à-vis des autres cours.

Après avoir gravi quelques collines, nous jouissons tout à coup d'un horizon étendu, et la *plaine de Brousse* est à nos pieds; quelques cultures, des cavales se jouant sur les prairies avec toute la grâce que donne la nature, les chants de quelques rares paysans turcs, telle nous apparaît cette oasis dans le désert, bornée dans le fond, à deux ou trois heures de distance, par la chaîne de l'*Olympe*. Le ciel est pur sur nos têtes, nous jouissons encore d'un beau soleil, mais des masses de nuages enveloppent la plus haute cime et projettent leur ombre jusqu'au pied de la montagne, où serpente une ligne confuse semée de points blancs; c'est Brousse avec ses minarets. Nous faisons halte, et laissant les chevaux brouter quelques herbes, nous sommes depuis un moment à admirer en silence, lorsque les roulements d'un tonnerre lointain répercuté par les parois de l'Olympe viennent me rappeler ces sons majestueux fréquents dans nos Alpes; cet effrayant dialogue entre les nuées orageuses et les hautes montagnes, devient ici une voix digne de Jupiter olympien. Le bruit, la vue du gîte, l'odeur électrique de l'orage raniment nos chevaux, nous les lançons dans la plaine non pas vers Brousse directement, mais vers un village sur la droite où nous sommes attendus, et avant la nuit nous pouvons gravir des bois de mûriers sur les premiers contre-forts de la montagne et nous établir dans une maison indigène à *Tchékirgué*.

Ce village, où je passai une dixaine de jours, est une retraite délicieuse en été. Il est élevé contre la montagne, et toutes les maisons et les terrasses y offrent une vue étendue ; la fraîcheur des ombrages et des sources y attire tout ce qui souffre de la chaleur, et le chant des rossignols y est presque continuel. Un Italien tenait un hôtel près de la source minérale du lieu qu'il avait louée, mais quel hôtel ! Les Francs préféraient habiter quelque maison du village, la purger de vermine et y apporter du confort; comme les propriétaires musulmans trouvaient à cela un double avantage, ils étaient toujours prêts à se mettre sur le pavé ou à s'entasser les uns chez les autres pour céder leur toit aux baigneurs venus de Constantinople. — Les habitants étaient des Turcs de la vieille espèce; sur leurs poitrines descendaient des barbes grises interminables, âgées quelquefois de plus d'un demi-siècle, et qui avaient échappé au rasoir de la réforme. Je voyais ces patriarches accroupis sur des ânes ou des mulets et fumant de longs tchibouks, aller deux fois le jour chercher les feuilles de mûriers pour leurs vers à soie ; grave et paisible occupation, la principale pour eux au mois de juin.

Le plus bel ornement de *Tchékirgué* est la mosquée de *Mourad I*er ; auprès est le turbé, chapelle funéraire où ce redoutable conquérant repose à jamais sous de riches enveloppes de cachemire, son flanc traîtreusement percé par le Servien *Milosch Kabilovitsch* à la bataille de *Kossova*. La main de Milosch y a été conservée longtemps, dit-on, mais je ne l'y vis point, quoique des gardiens continuassent à soigner l'intérieur de ce monument élevé en 1389. Certes peu de nations peuvent se vanter d'une reconnaissance aussi fidèle pour leurs grands hommes. Devant la mosquée est une terrasse ombragée par d'antiques platanes plus élevés que l'édifice même. En voyant la taille gigantesque à laquelle ces arbres parviennent en Asie, on comprend tout ce qu'il y avait de force symbolique dans l'acte d'un religieux célèbre, Gheïkli-baba (le père aux cerfs), sortant une fois de sa retraite sur l'Olympe pour venir planter devant le palais du sultan Our-khan un platane, et annoncer à l'empire une croissance aussi fière que celle de cet arbre. Les platanes de la mosquée forment une voûte de feuillage impénétrable aux rayons du soleil, mille oiseaux y habitent et y mêlent leurs chants au murmure des fontaines destinées aux fidèles. Le soir j'errais avec délice sur cette terrasse ; les contours gracieux et bizarres de la mosquée se perdaient peu à peu dans l'obscurité croissante ; des chouettes oscillaient sous le dôme de feuillage à une immense hauteur, et d'un kiosque suspendu sur la plaine comme sur un précipice, je recueillais le bruit des pas d'un coursier solitaire et attardé, ou je reportais ma pensée aux temps de Mourad et à sa carrière si remplie, si terrible et si romantique à la fois. Toutes les gloires et toutes les douleurs, il les avait connues ; il avait fondé la prépondérance ottomane en Bulgarie, en Servie, en Bosnie, conquis une nouvelle capitale dans Andrinople, mais s'était vu obligé de vaincre et de punir de mort Saoudji, son fils rebelle ; et c'est au milieu de son plus éclatant triomphe sur le champ de Kossova que le traître Milosch, introduit auprès de lui pour parlementer, l'avait poignardé ; porté encore vivant dans sa tente, le sultan avait pu avant d'expirer voir mettre à mort sous ses yeux Lazar, prince de Servie, fait prisonnier dans le combat. — Je restais bien avant dans la nuit sur ce kiosque, car le murmure des eaux pour mesurer la fuite du temps est une horloge trompeuse. Quelque vieil iman demeuré éveillé pour ses prières, et prenant le frais sur la terrasse dans les intervalles de sa dévotion, attiré par la vue d'une ombre se projetant sur l'horizon étoilé, arrivait jusqu'à moi, puis se retirait avec ces égards que le contemplateur paisible inspire toujours aux Orientaux. Le turban blanc de mon visiteur se perdait dans la nuit, et je restais sous le charme extraordinaire de ces lieux qui ont inspiré tant de vers aux meilleurs poëtes musulmans, ou tourné tant d'esprits sérieux vers la retraite et la religion ; Khiali (le frère riche en imagination), Delibourader (le frère folâtre) et Molla Scheïkhi écrivaient sur les penchants de l'Olympe leurs poésies dans le beau siècle littéraire de Soliman ; des savants composaient près d'eux des ouvrages célèbres, et le scheik Schemseddin, qu'on a nommé sultan dans l'empire de la sainteté, léguait à Brousse ses os, grands artisans de miracles.

L'abondance des eaux thermales, au pied de l'Olympe, sur une ligne de plus d'une lieue de Tchékirgué à Brousse, est telle que plusieurs se perdent sans être recueillies et parfois on s'étonne de voir de la fumée sortir d'une touffe de feuillage. Les principales sources, au nombre de sept, sont conduites dans des bains publics surmontés, suivant le goût turc, d'une coupole au centre de l'édifice ; il y en a d'isolés sur les flancs de la montagne et d'enclavés dans la ville de Brousse. On porte aussi à deux mille le nombre des bains d'eau thermale que possèdent chez eux les simples particuliers de la ville et du voisinage, tant la nature y a prodigué ses dons pour la guérison et la santé ; notre maison turque à Tchékirgué était du nombre, et elle avait une petite salle en marbre avec une baignoire qu'on remplissait d'eau thermale sulfureuse en tournant un robinet. Ce sont les maladies chroniques, aiguës, rhumatismales, goutteuses et certaines affections des yeux auxquelles les eaux de Brousse apportent du soulagement ; mais le manque de médecin dans la localité rend la profusion de ces sources minérales et leurs qualités variées souvent nuisibles, car la fantaisie ou les opinions vulgaires sont des guides insuffisants pour choisir ce qui convient le mieux dans chaque cas.

Les Turcs ont emprunté aux Grecs les thermes et les bains de vapeur dès la conquête, et ce qu'il y a de plus remarquable en édifices de cette sorte est fort ancien. La disposition des bains publics est assez uniformément celle-ci : une ou deux pièces servent d'intermédiaires entre la température du dehors et celle de la source ; le baigneur avec deux serviettes pour tout vêtement, dont l'une est nouée en turban autour de la tête, entre enfin dans une salle octogone plafonnée de ce grand dôme visible du dehors ; une ouverture en forme de rosace et vitrée est au sommet et laisse tomber quelques rayons de lumière dans la salle. L'eau fumante jaillit dans une première baignoire en marbre et se réunit dans un petit étang placé au milieu de la salle, où l'on peut nager. Ces salles ont quelque chose de mystérieux, tant par l'épaisse vapeur qui les remplit et absorbe la lumière, que par la réflexion indéfinie du son sur leurs parois symétriques en marbre poli ; les hommes deviennent autant d'ombres fantastiques et les murs ont l'air de vivre et de parler ; au bout de deux ou trois

heures on sort de ces bains tout fumant et bouilli pour s'é-
tendre une ou deux heures dans le vestiaire sur un matelas,
exhaler le calorique absorbé et savourer la pipe et le café.

Deux chemins conduisent de Tchékirgué à Brousse; l'un
descend dans la plaine, l'autre serpente à une certaine hauteur contre les flancs de l'Olympe, et est fort recherché pour
ses beaux sites et ses points de vue; mais en juin il montait
des châtaigniers en fleur dont le bas de la montagne est bordé,
une odeur infecte. Un léger détour mène à une source froide
d'une grande beauté nommée *Bounarbaschi*; elle sort de
terre à une place au-dessus de laquelle était un kiosque toujours garni de familles turques jouissant de la fraîcheur; on
prétend que c'est là où s'établit *Ourkhan* pour faire le siége
de la ville en 1317; il l'enleva aux Grecs en leur accordant
une capitulation. Brousse s'offre à la vue toute hérissée de
minarets, et l'on assure qu'elle a eu durant sa splendeur
autant de mosquées qu'il y a de jours au calendrier mahométan. Avant d'y pénétrer nous apercevons une petite maison
jaune toute neuve adossée à un rocher; elle donne entrée dans
une *grotte* qui va fort avant sous la colline de la citadelle. Un
Suisse intelligent, M. Falkeisen de Bâle, a eu l'idée de se
l'approprier pour une faible somme, et d'en faire une cave
naturelle où il fabrique et conserve ce vin de l'Olympe analogue aux vins du Rhin, et dont la réputation a déjà été fort
loin. Il se vante d'être le seul qui puisse dans ce climat chaud
faire du bon vin et surtout le garder, car la montagne a une
cave unique et il la possède. Ses presses perfectionnées, ses
foudres venus de Hongrie en pièces numérotées font de son
établissement quelque chose de splendide; les paysans lui
vendent le raisin à dix paras l'oque, c'est moins d'un demi-
sou par livre et il n'en manque jamais, car le pays est riche
en vignes fort anciennes, et dont plusieurs furent plantées, à
ce que l'on prétend, sous l'empire grec. M. Falkeisen ne manquait jamais d'hôtes et d'amis dans sa belle maison de

Brousse ; je m'y trouvai une fois avec toute une joyeuse société venue de Constantinople, qui festoyait depuis plusieurs jours ; en allant comme de coutume prendre le frais à la grotte dans l'après-midi, toute l'assistance monta solennellement sur le plus gros tonneau et le baptisa avec une abandance de libations du nom de *tonneau de Jupiter*. — La grotte est dans une pierre tendre toute garnie d'empreintes de végétaux et de coquillages ; comme l'espace ne répondait pas au développement que prenait la fabrication du vin, M. Falkeisen avait voulu trois mois auparavant l'agrandir en faisant miner au ciseau et à la pioche l'extrémité de la principale galerie. Les habitants de la forteresse entendant sous leurs pieds les coups sourds de la mine, prirent peur et descendirent en jurant par leurs cent vingt-quatre mille prophètes qu'on voulait les faire sauter ; ils bousculèrent les travailleurs, frappèrent de grands coups de yatagan les gens du propriétaire dont un pensa en mourir, et eurent le temps de briser des tonneaux et de noyer de vin les galeries avant que des renforts pussent arriver pour les repousser. Il fallut depuis lors avoir des gens armés à l'entrée, mais enfin les rôles changèrent ; M. Falkeisen obtint la promesse d'une place honorifique de consul russe, et l'ambassadeur, M. de *Boutenief*, allant en partie de plaisir à Brousse, y fit un jour son entrée en causant familièrement avec le futur consul qui cavalcadait à ses côtés. La terreur causée par le seul nom de *Moscov* (Russe) est telle, que dès lors c'est M. Falkeisen dont les habitants ont eu peur.

Brousse a été la capitale asiatique du jeune empire turc, mais seulement pendant une partie du quatorzième siècle, car il trouva promptement à s'établir dans Andrinople, sorte de poste avancé plus stratégique et tout aussi délicieux ; mais comme consolation les sultans donnèrent dans la suite à Brousse divers embellissements et des mosquées superbes, entre autres le Yeschil-Imaret ou *fondation verte*, dont l'intérieur est en porcelaine verte de Perse. De tant de grandeurs, il ne reste guère aujourd'hui que des édifices dégradés; les mosquées et les chapelles funéraires des anciens sultans s'en vont, celle du fondateur de la monarchie, Osman, n'est qu'une masure, et l'on pourra bientôt dire :

« Etiam periere ruinæ, »

mais après la description aussi savante que minutieuse de Brousse par M. de Hammer, tout n'aura pas péri.

Les murs et les tours de la citadelle datent des Byzantins, lorsqu'ils eurent pris Brousse que leur avait enlevé Seïfeddewlet (épée de l'empire) dans le dixième siècle; mais les historiens ne devraient pas affirmer que ce prince détruisit entièrement les murs antiques, car la porte par laquelle j'entrai était de construction romaine, et portait des restes d'inscriptions latines. Là où le légionnaire faisait résonner ses pas, fume et croupit aujourd'hui une sentinelle déguenillée du Nizam. Brousse prise ensuite par Ourkhan fut ravagée comme tant d'autres villes d'Asie par Timour après la bataille d'Angora ; ses Tartares logèrent avec leurs chevaux dans les mosquées et dans les écoles. L'enceinte croule actuellement, et les rues dans l'intérieur de la citadelle ressemblent au lit desséché d'un torrent dont les parois perpendiculaires seraient fort bien imitées par les murs sans fenêtres de misérables maisons turques ; il faut deviner des habitations derrière ces murailles dont les entrées sont de véritables trous de terriers. Le feu a presque tout détruit à Brousse au commencement de notre siècle, et à cela est dû l'état ruiné de plusieurs anciens édifices et de deux palais dans la citadelle; on y voit même des terrains cultivés. C'est peut-être là un des traits les plus curieux de l'état incivilisable des Turcs que leur loi religieuse leur interdise des maisons de pierre, et ordonne l'emploi du bois, du moins pour la partie qui s'élève au-dessus du rez-de-chaussée ; le Coran ne veut pas que l'homme ait « d'habitation permanente », et il y a réussi. La richesse et les arts ne peuvent donc exister chez un pareil peuple, et il est conséquent en ne travaillant pas pour des biens qu'une seule étincelle lui enlèverait à des périodes souvent très rapprochées.

La ville s'étend au pied de la citadelle et conserve encore quelque activité, cependant je n'ai pas été frappé de cette richesse et de cette nombreuse population dont parlent les livres, et il m'est arrivé après avoir passé auprès de maisons abandonnées, de bénir Dieu pour m'avoir préservé des débris qui venaient de s'en détacher avec fracas et de rouler à mes pieds. On veut bien lui donner soixante mille habitants, mais je ferai la remarque que pour Brousse, comme pour toute autre ville ottomane, préciser un chiffre d'habitants, c'est faire une supposition gratuite dont aucune vérification n'est possible en ce monde. Les bazars ne sont pas sans vie, mais ce qu'ils renferment de mieux comme partout ailleurs au Levant, consiste en étoffes suisses ou anglaises et en fez ou bonnets rouges venus d'Allemagne ou d'Italie ; car l'Europe tout à la fois sauvegarde au sultan ses domaines, et lui habille ses sujets de pied en cap. — La maison du pacha ne se distingue en rien des masures avoisinantes. Une foule de quartiers sont excessivement misérables, et c'est derrière leurs fenêtres garnies de papier collé que les habitants élèvent des vers à soie, leur grande ressource. Toutes les causes funestes dont la réussite de cette éducation délicate peut être entravée sont comprises dans le cerveau des Turcs sous la dénomination simple et unique de « mauvais œil » ; le chrétien est très propre à donner le mauvais œil et obtient difficilement l'entrée de ces sales magnaneries, mais s'il paye une petite pièce de monnaie jugée très efficace pour conjurer le maléfice, les gens s'en accommodent quelquefois et l'introduisent.

La soie est le produit principal de la plaine de Brousse, et malgré cela c'est une industrie encore dans sa première enfance. Les qualités obtenues varient excessivement, sans qu'au milieu des superstitions de tout genre dont les habitants embrouillent leurs procédés, on puisse reconnaître ce qui donne tant de différence entre la soie de villages souvent très voisins. L'eau dans laquelle en dévide les cocons passe pour influer beaucoup; la manière de dévider est très imparfaite, et les Francs qui ont voulu s'adonner à cette industrie ont trouvé chez les paysans une résistance opiniâtre à vendre leurs cocons même avec un bénéfice supérieur. — Un grand bazar voûté est le lieu où les paysans viennent vendre leur soie par petites quantités au fur et à mesure de leurs besoins; les courtiers acheteurs placés sur des tréteaux au devant de grandes armoires cherchent mutuellement à se gâter les affaires, tandis que les paysans montrent toujours une entente parfaite à demander un certain prix convenu entre eux. — L'industrie du tissage donnait autrefois une nouvelle valeur aux produits bruts de la plaine de Brousse, mais elle est excessivement tombée; des milliers de métiers faisaient de cette ville une Lyon pour l'Asie, mais on n'en compte plus que quelques centaines travaillant des pièces de soieries unies ou façonnées, fort étroites et un peu grossières dans lesquelles la chaîne est toujours de coton. Cependant ou retrouve sur ces étoffes, de ces bizarres ou gracieux dessins de fantaisie dont l'Orient a la clef; le tissu en est d'une solidité et d'une durée dont rien n'approche dans nos plus beaux produits d'Europe, et il y a là vraiment un secret qui vaudrait la peine d'être pénétré; on vante les anciennes étoffes de Brousse comme étant presque douées de l'immortalité, mais celles d'aujourd'hui valent beaucoup moins.

La plaine de Brousse m'avait déjà offert plusieurs courses attrayantes; j'avais parcouru les superbes bois de châtaigniers dont le pied de l'Olympe est revêtu, et porté mes pas le long de cette rivière du *Niloufer* qui coule dans la plaine, et rappelle le nom de la belle *Niloufer* enlevée au seigneur grec de *Belocoma* le lendemain de leurs noces par Osman, et donnée par lui à son vaillant fils Ourkhan ; mais l'Olympe, *la montagne du Moine* comme l'appellent les Turcs, me restait à gravir. Deux infatigables voyageurs, MM. de V...y, qui arrivaient d'Arabie, m'offrirent enfin l'occasion désirée, et nous nous trouvâmes six personnes pour cette ascension dont l'interprète des Anglais, un sourondji ou guide et un inconnu grec âgé de cinquante ans, homme paisible et enrichi, voyageant dans son pays pour s'instruire, disait-il. Le départ eut lieu à dix heures du soir par une obscurité profonde, le souroudji en tête portant une immense lanterne de papier au bout d'un bâton. Notre calvacade en passant sous les fenêtres de M. Falkeisen entendit avec regrets les joyeux sons d'une musique de bal, car il avait réuni ce soir le peu de Francs présents à Brousse, mais l'Olympe nous appelait encore plus impérieusement que cette fête.

Au sortir de la ville, le chemin devint excessivement raide, et en songeant que nous avions six heures d'une ascension pareille il y avait de quoi craindre pour les pauvres chevaux. Quand des branches d'arbre barraient le sentier, il fallait les forcer à vif au milieu d'une obscurité complète, en faisant bélier avec la tête et les épaules et donnant un bon élan au cheval. A gauche était une forêt ; nous en fîmes sauver avec effroi quelques bêtes sauvages dont la montagne abonde, et leurs bonds dans le feuillage se perdirent vite avec la distance ; mais à notre droite un frémissement sourd montait continuellement jusqu'à nous d'un précipice dont le rebord où nous cheminions était aussi invisible que le fond éloigné de mille pieds ; c'était le ravin du Goekdéré ou « vallée céleste » dont le torrent coupe la ville de Brousse en deux parties. Il fallait se livrer de confiance à cet affreux sentier ; un des Anglais faillit y périr, les deux pieds de derrière de son cheval manquèrent à la fois, et sans un grand coup de reins de cet intelligent animal nous ne l'eussions plus revu. L'heure de minuit nous trouva déjà sortis des bois de châtaigniers et parvenus au plus profond d'une forêt de pins, où tantôt à pied, tantôt en selle nous trébuchions au milieu des buissons et des racines; la lanterne s'éteignit, mais peu à peu la lune sortit de derrière un pic, éclaira le bois et nous fit voir loin derrière nous quelque chose de bleuâtre, la mer de Marmara. Un charme indéfinissable adoucissait notre fatigue durant cette belle nuit au milieu de gorges romantiques, mais quand nous sortîmes de la région des arbres pour nous élever dans de vastes pâturages, le froid devint très vif, et chacun s'équipa de quelque bizarre accoutrement; le mien se trouva être une grande robe de chambre en soie de Brousse assez analogue à l'habit de cérémonie du shah de Perse Aurengzeb des peintures orientales; on ne pouvait traiter l'Olympe et aller en visite chez Jupiter avec plus de considération. Des aboiements de gros chiens annoncèrent de loin quelques tentes de bergers turcomans hors de notre direction. Le souroudji proposa d'y aller acheter du lait ou plutôt dormir comme nous l'en soupçonnions, et nous trouvant fort en garde contre sa proposition, il commença dès lors à montrer de l'humeur. Deux pics s'offraient devant nous à l'extrémité d'une longue vallée herbue, l'un à gauche vers l'est, revêtu d'une couche de neige et à trois heures de distance au moins, c'était le grand Olympe; l'autre moins élevé et placé à droite du premier. Le souroudji avait été engagé pour aller à la grande sommité, mais dans sa disposition d'esprit il osa nier le fait avec emportement, et il devint parfaitement clair que son but était de nous extorquer une rémunération extraordinaire pour le prix d'une concession de sa part; ce drôle nous croyant désarmés alla même jusqu'à nous menacer de ses armes au passage d'un ruisseau marécageux; l'interprète s'enfuit et le Grec prit une position neutre; mais comme nous eûmes en un clin d'œil nos pistolets à la main, le souroudji baissa le ton. On aurait pensé que cet homme, qui avait pu se croire demi-mort un instant, allait céder, mais dans une affaire d'obstination il n'y a pas de Turc qui n'eût le dessus, fût-il un contre cent, et force nous fût de l'abandonner et de tourner bride seuls vers la base du grand pic en courant le danger de nous égarer dans les brouillards déjà formés à diverses places. — La base une fois atteinte nous laissâmes nos chevaux à l'interprète, au Grec et au souroudji qui avait fait quelques meilleures réflexions et s'était décidé à nous suivre, et nous nous mîmes, MM. V...y et moi, à escalader par le côté le plus rapide et le plus court. Cette sommité passe pour être à près de huit mille pieds sur la mer, et j'en ai gravi de plus élevées dans les Alpes, mais sans me rappeler d'avoir souffert de l'épuisement et du manque d'air au même degré ; tous les trente ou quarante pas nous faisions halte pour respirer, et nous ne pûmes arriver au sommet que dix minutes après le lever du soleil. Néanmoins nous ne pouvions sentir de regrets d'aucune sorte en face d'une des plus magnifiques vues qu'il soit donné à l'œil d'embrasser. Quelques brouillards suspendus autour du pic comme une chevelure flottante nous dérobaient certaines parties du pays, mais au nord on voyait parfaitement la presqu'île de Scutari, les îles des Princes, Constantinople comme une tache brune et une ligne d'un bleu foncé, la mer Noire ; le cap Bouz Bournou et les sinuosités du riche golfe de Moudania à droite, la presqu'île de Cyzique à gauche s'avançant dans les eaux de Marmara et plusieurs lacs étendus à nos pieds ; malheureusement le fameux lac Ascanius, qui baigne Nicée et où les premiers croisés firent passer durant une nuit leur flotte traînée par des hommes et des chevaux depuis Ghemlek, ne nous était pas visible. Brousse nous était aussi caché par la base de la montagne même, mais *l'eau céleste* le gœk-déré se formait à nos pieds au bas d'une longue pente de neige où nous eussions pu nous glisser avec quelque danger jusqu'à peu de distance de nos chevaux et du bon feu que venait d'allumer notre souroudji repentant. Au sud les brouillards étaient épais, cependant par quelques trouées semblables aux rebords d'un précipice on voyait dans le fond un pays excessivement tourmenté et des chaînes de collines parallèles semblables à autant de grandes vagues ; c'étaient là les monts Toumandji, berceau de la puissance ottomane, où Ertoghrul (l'homme au cœur droit) avait erré d'abord avec quatre cents familles et fait paître ses troupeaux grâce à la faveur d'Alæddiu, sultan de Koniah. Tout ce pays gracieux, riant ou sévère qui nous entourait, avait été le théâtre des exploits de cet Ertoghrul et de son fils Osman, bergers de profession, bons cavaliers, ne possédant pour tout bien que des troupeaux, un caractère ambitieux, des corps robustes et quelques mystérieuses prédictions sur leur brillante destinée de fondateurs d'empire. — Nous faisions cette revue des localités en respirant avec délices l'air subtil qui nous avait tant fatigués à la montée ; et pour nous abriter du vent nous avions un petit mur de pierres sèches appartenant à une maisonnette de dix pieds carrés, entreprise au point culminant du pic, mais inachevée. Quel être humain était jamais venu à une pareille hauteur bâtir un asile à ses frayeurs ou à son cœur agité ? La mort l'avait-elle empêché de porter les assises du mur au-dessus de ce qui en restait ? Ces restes dataient-ils de cinquante ans ou de plusieurs siècles ? Un fait est certain, c'est que les Turcs donnent à l'ancienne montagne de Jupiter le nom de « montagne du Moine », et que ce nom doit être venu ou des nombreux moines grecs ou musulmans dont l'Olympe a été successivement habité ou peut-être et plus probablement de l'essai du solitaire dont nous retrouvions les traces. — Une bouteille d'excellent vin de la grotte de Brousse nous avait suivis jusque dans cette région, et un toast fut porté collectivement à Jupiter, aux autres immortels, au moine leur successeur et à M. Falkeisen, l'héritier très réel de la cave et du nectar mythologique ; mais nos appétits parvenus à cette grande hauteur demandaient impérieusement à redescendre vers la fumée du campement où le café devait se préparer ;

ce fut une roulade dont un quart d'heure fit l'affaire ; nos chevaux broutaient avec fureur une herbe maigre et aqueuse, il fallut leur abandonner le pain du déjeuner pour les mettre à même de fournir la descente, et ils eussent accepté jusqu'à notre rôti froid si nous les eussions consultés.

En redescendant la longue prairie qui s'étend au bas du pic, et que l'on appellerait en Suisse une Alpe, nous arrivâmes près du lieu de la dispute nocturne, et j'y remarquai des morraines éparses au travers de la vallée et dont l'obscurité nous avait dérobé la vue au passage précédent ; des rochers élevés étaient suspendus les uns sur les autres dans des équilibres hasardés, et il y en avait d'analogues à des châteaux fantastiques. J'aurais pu me demander si les Titans faisant le siége de l'Olympe n'avaient pas laissé là les restes des projectiles du combat, mais une explication plus moderne et plus sûre disait que les anciens glaciers dont cette longue et haute vallée a été le siége avaient accumulé ces débris à leur extrémité : car quoiqu'il ne reste contre le flanc nord du grand pic qu'un petit névé, évidemment il n'en a pas toujours été ainsi. Les forêts de pins et de châtaigniers reparurent ensuite ; nous ne passâmes point sans intérêt sur de mauvaises corniches au-dessus du gœkdéré, où durant la nuit nous avions dû notre salut à l'instinct des chevaux, et à une heure après midi nous rentrâmes à Brousse. La robe de chambre en soie qui m'avait si bien protégé du froid pendant la nuit, me mit encore à couvert d'une petite pluie à ce moment. La Turquie a pour les Francs une liberté non écrite qui vaut bien bien des constitutions, la liberté des costumes.

CHAPITRE XIII.

Constantinople. — Mœurs et politique.

Une ébauche des mœurs turques trouverait sa place naturelle à côté de la peinture de Constantinople et de la société franque. Mais je me sens obligé de la restreindre à d'étroites limites, parce que le chapitre des femmes, qui en formerait la partie essentielle, est sans doute celui sur lequel tout lecteur se croit surabondamment informé, grâce à des relations sans nombre. Je ne dirai donc que peu de chose sur cette portion du sujet, tout en signalant, pour acquit de conscience, l'erreur universelle. Depuis deux siècles, il circule dans nos livres sur l'Orient, au milieu de quelques vérités banales sur les femmes turques, une masse si compacte d'idées fausses et de non sens, qu'il faut un long séjour dans le Levant, rien que pour en purger sa cervelle, et y faire de la place à quelques notions justes tirées de la réalité. Les derniers venus ont peu avancé le sujet par leurs écrits; c'est le plus souvent un Parisien en congé qui monte à Marseille sur les paquebots Rostand, ou sur ceux de l'État, pour aller débarquer à Smyrne ou à Constantinople, et se poser aussitôt en Balzac de la femme turque. On peut avoir circulé trois mois en Orient, les avoir employés à faire quelques courses en vapeur le long des côtes, quelques promenades à pied ou à âne dans les bazars, quelques trajets à dos de chameau dans les déserts, et cependant rester à mille lieues de cette anomalie de l'être humain, la femme recluse du polygame. A peine les usages des harems sont-ils connus, et quant aux sentiments de ceux qui y vivent, c'est comme des terres nouvelles; elles sont tout au plus effleurées avec quelque couleur de vérité par la plume d'un médecin levantin ou d'une femme d'esprit. Les écrivains habituels, gens de métier ou amateurs, ne rapportent de leurs voyages éphémères que le récit de ce qu'ils ont vu eux-mêmes, des femmes voilées, bâillonnées, c'est-à-dire rien du tout; ou bien ils ont la ressource de citer, sans nom d'auteur, les dictons des Francs leurs hôtes, race superficielle s'il en fût. Ces Francs, si mal à l'aise dans un pays musulman, toujours tournés en imagination vers Paris, Londres, Naples, ou la chrétienté, comme ils disent, toujours si soigneux d'écarter de leur esprit l'idée importune et humiliante du peuple barbare dans lequel ils se trouvent comme noyés, sont mal placés pour se former des idées saines de ce qui les entoure. Ils sont trop en quarantaine contre les musulmans pour les bien connaître, leurs jugements ne sont pas portés de sang-froid, mais comme d'ennemi à ennemi, et cependant ce sont eux qui, bien à l'insu du lecteur, fournissent à une foule de voyageurs les informations et la substance dont vivent les récits sur l'Orient. Aussi, tant de gens qui se donnent pour révéler les secrets de la vie domestique des Orientaux, sont-ils bien innocents de l'indiscrétion à laquelle ils prétendent. Je me bornerai à donner quelques traits modernes bien constatés.

Les femmes turques ne mènent point, en général, cette vie de cloître, gênée jusqu'au supplice dont parlent les anciens voyageurs; celles du sultan même quand elles vont sur l'eau ne sont plus mises entre deux matelas et chargées ou déchargées comme des ballots, ainsi que le raconte Tournefort; j'en ai vu passer en carrosse, escortées, il est vrai, d'eunuques à cheval, armés de grands courbaches qui tombèrent avec bruit sur le dos de quelques juifs imprudents. Ces odalisques ou kadines avaient des voiles si fins qu'on pouvait un peu voir au travers.

Les femmes de toute classe affluent dans les lieux publics, bazars et promenades, et elles se font mener en kaïques par des bateliers qu'elles marchandent elles-mêmes avec bruit.

Leur vêtement de dessus est le féredjè, sorte de paletot flottant, qui laisse toutes les formes indécises ; ce qu'on appelle leur voile est plutôt une espèce *de bâillon* presque transparent chez les femmes de rang élevé ; c'est au peuple qu'elles laissent les épais et scrupuleux mouchoirs blancs.

L'éclat des yeux noirs, la soudaineté du regard, chez elles, sont des choses où toute description serait impuissante ; il faut voir. Mais leur teint est pâle, la vie l'a souvent abandonné pour se réfugier sur la prunelle, sur cet unique point noir par lequel la femme est restée encore en relation avec le monde extérieur.

L'usage admet des visites solennelles d'un harem à l'autre ; ce sont des espèces d'émigrations de plusieurs jours avec enfants et esclaves, et pendant tout ce temps les maris sont exclus du quartier où se fait le vaniteux déploiement du luxe de leurs épouses.

La femme en Orient a l'oisiveté pour lot ; il est excessivement rare qu'on en voie une se livrer à quelque trafic, et les hommes des classes laborieuses se sont partagés tous les emplois qui reviennent de droit à l'autre sexe. Il n'en saurait être autrement ; le colloque d'une femme avec un étranger serait un attentat dont la surveillance revient de droit à tout bon musulman.

Au lieu d'utiliser ses dix doigts, la femme les teint en rouge avec du *henné*. Si elle ruine son mari à force de dépenses, au moins pense-t-elle qu'il lui sera impossible de prendre plus de femmes et elle se console.

En Orient on a presque abandonné l'idée que l'instruction pût servir aux hommes ; les écoles des mosquées sont en décadence, et celles que le gouvernement avait créées pour former les hommes spéciaux, pour les services publics, ne donnent pas des élèves capables de lutter avec une foule d'aventuriers, rebut de l'Europe et restés indispensables. Que sera-ce donc des femmes? Une éducation brillante se composera d'un peu de musique, de danse, de poésie et de certaines recettes sur l'art de plaire à leur maître. Le pouvoir que la femme retient toujours sur l'autre sexe est, dans ce pays, en d'indignes mains; son monde à elle c'est l'égoïsme. Elle est indifférente à l'opinion, elle n'a pas de public, même dans ses proches parents qui ne peuvent la visiter; la religion est censée, chose au-dessus de sa portée; son âme passe pour être d'une espèce inférieure, à peu près comme la petite place de tolérance réservée pour elle dans les mosquées. Les Turcs parlent toujours de leurs femmes, comme d'animaux rusés, gracieux, prodigieusement difficiles à manier, mais valant quelquefois la peine qu'ils donnent.

La femme turque reste une énigme pour nous à cause de la subversion des sentiments les plus naturels et dont je citerai quatre principaux :

Elle est plus vaine de ses habits et de ses bijoux que de ses traits, et si on lui fait des compliments sur ceux-ci, elle y trouve moins de plaisir qu'à ceux portant sur les premiers.

L'habitude du voile sur la figure est devenue pour elle indispensable; c'est un sentiment de pudeur qui a émigré du corps au visage.

L'homme n'existe plus pour elle sous le point de vue de la sociabilité, et elle lui préfère ses voisines ou ses servantes.

Enfin l'amour maternel est à peu près éteint dans son cœur, l'infanticide est largement pratiqué dans toutes les classes, et une femme préfère se passer d'enfants, mais conserver sa fraîcheur dans l'indolence quelque temps de plus et ne pas avoir de rivales.

Le troisième de ces traits est vraiment extraordinaire, mais de nombreux exemples l'attestent; une fois j'entendis même parler d'une femme des hautes classes qui abandonnait un mari jeune et fort amoureux d'elle pour vivre avec une femme du commun peuple dans un taudis ; les efforts et le désespoir du délaissé avaient été impuissants à la ramener.

Les hommes ont à leur tour, dans leurs mœurs, des traits d'une profonde et ancienne corruption ; je renvoie sur ce sujet aux écrits de tous les voyageurs anciens et modernes, et quant à la pépinière d'où sortent les employés du sérail et du gouvernement, on peut lire ce qu'en dit l'historien de Hammer, dans le règne de Bayezid Ier ; c'est un trait d'une telle vérité que je l'ai entendu citer à Constantinople même, comme une institution encore en pleine vigueur avant de lui connaître cette ancienne origine.

On a fort peu remarqué une cause active de dépopulation dans l'empire turc, la mortalité effrayante des enfants ; soit qu'une demi-civilisation leur offre plus d'objets pernicieux que ne le ferait la vie sauvage, soit que le laisser-aller de toutes choses dans le pays s'étende sur leur éducation, ils grandissent ou meurent dans une liberté au moins égale à celle que les animaux laissent à leurs petits, et ils périssent là d'indigestion, tandis que chez nous ce serait bien plutôt d'étiolement pour excès de soins et de leçons de latin. Pour cette raison, et pour d'autres connues des médecins en Orient, les enfants sont des raretés dans les familles turques, au point qu'on ne saurait trouver à Constantinople, parmi toutes les classes de musulmans, un seul homme qui eût au delà de cinq enfants ; quatre est déjà un chiffre rare, même chez les grands, où le nombre des favorites est aussi illimité que la source des avanies et des pillages dont leur luxe se nourrit. Il y a en Anatolie une troupe de bergers turcs nomades appelés Yuruks, faisant exception à ceci ; on voit leurs tentes de roseau et de tissus en poil de chameau entourées d'une nombreuse postérité ; mais cette race si frappante par sa peau bronzée et ses dents éclatantes de blancheur, diffère des Turcs à bien d'autres égards : jamais ces gens n'entrent dans les mosquées, leurs femmes vont librement et sans voiles, et ils ne reconnaissent Mahomet que de nom, juste assez pour errer sans être inquiétés dans les riches pâturages de l'Asie Mineure.

L'esclavage n'a pas, chez le mahométan d'Asie, un caractère aussi révoltant que chez le chrétien d'Amérique; ce n'est pas une exploitation calculée dans un but agricole et conduite sous un soleil brûlant, mais plutôt une institution destinée à procurer des serviteurs de luxe, d'un entretien coûteux, que les hommes opulents se permettent à peu près seuls. Les esclaves ne sont pas très nombreux, on ne parle plus à leur sujet de fouet ou de supplice, leur tâche est facile, et puis en raison du climat et d'autres circonstances locales, le travail libre s'est trouvé le plus avantageux. Certains traits adoucissent aussi le fléau de cette institution, et les occasions de naissance, de mort, de mariage, amènent habituellement dans une maison l'affranchissement d'un ou de plusieurs esclaves. Une simple déclaration verbale comme « *je t'affranchis* » est suffisante, et si l'esclave peut la faire prouver au moyen de deux témoins devant le tribunal ou mékhémé, au nez d'un maître rénitent, il gagne sa cause, et obtient un acte constatant sa nouvelle condition.

L'absence totale de préjugés de naissance ou de condition, fait fort surprenant pour nous, est telle chez les Turcs, que les noms de famille n'existant pas, les hommes sont des unités isolées, ne valant et ne pesant que par les richesses données de Dieu, ou par les faveurs venues du sultan. L'esclave d'un homme puissant est donc plus considéré qu'un particulier tiré de la foule; le servage n'a rien de dégradant, et personne n'y voit matière à une allusion injurieuse ou méprisante; d'ailleurs qu'il soit libre ou esclave, tout musulman fait partie de la grande communauté religieuse dans laquelle toutes les distinctions humaines s'effacent, et où les prêtres, vivant des revenus des mosquées n'ont ni intérêt ni occasion de faire aucune distinction entre les fidèles. La faculté, quoique limitée, de se faire revendre, est un moyen plus ou moins bon pour un esclave de retenir son maître dans les bornes de la justice et de la bienveillance. Si les choses en viennent là, au moment où le marché se conclut, il peut arriver que l'esclave adroit ou économe intervienne, et par une offre plus forte que celle déjà agréée, devienne son propre maître. Cependant, on le croira facilement, ce coup de théâtre est fort rare, à cause de la difficulté, grande pour ces malheureux, de mettre de côté quatre paras. Ce n'est pas que le prix des hommes soit élevé ; rarement il arrive à mille francs, et généralement il reste fort au-dessous de ce qu'on paye pour les noirs en Amérique, parce que les esclaves y sont des instruments de travail et de gain pour leurs maîtres, et non de simples domestiques traités avec plus d'humanité, ainsi qu'on doit le remarquer à la louange des Orientaux. J'ai vu des garçons valides offerts pour trois et quatre cents francs, au taux d'un âne de belle race en Anatolie ; un mulet coûterait le double.

Après l'Afrique, d'où se tirent les esclaves noirs de Turquie par le canal de l'Égypte, au moyen de ces grandes chasses d'hommes bien connues, et organisées dans le cours supérieur du Nil, il ne reste d'autre source que le Caucase. De ces montagnes sortent les femmes blanches, ces fameuses Circassiennes et Géorgiennes ; vendues par suite de la misère des leurs, elles quittent les bois, sont embarquées sur des canots pour tromper durant quelque nuit orageuse la croisière russe, et arrivent à Trébisonde, Samsoun ou Sinope, où elles montent, pleines de riantes espérances et couvertes de vermine, à bord des vapeurs turcs et autrichiens. Un trajet de cinquante à soixante heures les amène alors à Stamboul, cette merveille du monde, dont la renommée a rempli de tout temps leurs sauvages montagnes.

Le sultan peut abolir le bazar des esclaves à Constantinople, et il l'a réellement fait depuis peu ; mais ce n'est qu'une plaisanterie tant que le besoin d'esclaves se fait sentir par le maintien des anciennes mœurs ; c'est une concession d'apparat aux opinions libérales françaises, et le padischah doit en sourire le tout premier. On sait que les grands, les pachas, s'élèvent et se soutiennent par l'intrigue ; leur vie se passe en sourdes manœuvres, en espionnages ; perdre leurs rivaux dans l'esprit du souverain, d'une sultane, des ministres, arriver même à lui faire *boire un café,* voilà le cercle journalier de leurs préoccupations. Ici, pour les lecteurs qui l'ignoreraient, j'ajouterai que l'expression fréquente au Levant de boire un café, veut dire être empoisonné au moyen d'une de ces petites tasses de café, l'accompagnement obligé de toutes les réceptions, de toutes les affaires ; l'effet en est presque toujours lent, c'est un dépérissement durant jusqu'à des années, mais dont le terme est habituellement fatal, et forme le véritable danger qu'ont à redouter les employés du gouvernement, surtout s'ils sont Européens. On comprendra donc que la fortune et la vie d'un grand dépendent à chaque instant du secret de sa demeure et du dévouement de ses gens. Des femmes, il lui en faut plusieurs, et si dans le nombre il s'en trouvait une seule jalouse ou seulement mécontente, indiscrète, et qu'elle eût des parents, des amis à portée, le maître pourrait courir des dangers, sans parler de la difficulté de prévenir des brèches à l'ordre du harem. Un malveillant pourrait toujours perdre en un instant l'homme en place, et même par cette seule crainte ce dernier périrait d'un lent malaise, ayant une armée de parents les yeux toujours fixés sur lui. Les Circassiennes ont pourvu à tout cela, et sont donc trop précieuses aux grands pour qu'ils songent jamais sérieusement à les remplacer ; femmes sans parents, sans amis, leur sort est solidaire de celui de leur acheteur. Il est peu probable que le Caucasien, après avoir vendu sa sœur, sa fille ou sa cousine, soit jamais tenté de venir à Constantinople s'informer de son sort ; ce barbare reste dans les bois, meurt de la main d'un cosaque, ou du moins donne trop d'inquiétude aux généraux russes pour avoir jamais le temps d'en causer à ses beaux-frères les pachas. Ce n'est pas, cependant, que ces Caucasiens s'interdisent tout à fait Constantinople; il s'y trouve quelques hommes de leur nation, tenant en plein vent une petite chancellerie dans un carrefour de Tophanah. On peut voir là en passant ces figures belliqueuses, avec des tailles de près de six pieds, un nez aquilin, un regard toujours levé, superbe et sauvage, une longue redingote serrée à la ceinture par une corde, et sur la tête un bonnet de peau d'ours, dont les poils se mêlent sur les bords à leurs chevelure, et leur donnent un aspect encore plus terrible. Ils sont les agents de leurs infortunés compatriotes, et d'un côté leur envoient un peu de sel dont leur pays est privé, et quelques barils de poudre pour continuer leur défense contre les Russes, pendant que de l'autre ils débitent un chargement de cire jaune ou quelque fille de leur tribu, livrable sur la côte opposée de la mer Noire; tout cela en dépit du blocus. Mais que l'intérêt et l'étonnement pour tant d'héroïsme et de barbarie ne poussent pas l'Européen à fixer trop positivement son regard sur ces hommes; ils n'y comprendraient rien, le prendraient pour un espion russe, et à un éclair de haine et de férocité dans les yeux joindraient un geste menaçant avec leur poignard large de quatre doigts.

Les Caucasiennes arrivant à Constantinople sont destinées à y prendre la position la plus aristocratique; mais ce n'en est pas moins une traite, et il eût été à désirer que les vapeurs autrichiens fussent plus nets à cet égard, au lieu d'attirer les compagnies d'esclaves par des rabais sur les prix de passage, ainsi qu'on en faisait à Sinope ou Trébisonde. Plus d'une odalisque qui a voyagé au plus bas prix sur le pont du *Stamboul* ou du *Metternich*, était destinée à figurer au grand bazar, à devenir peut-être sultane. A leur arrivée, ces femmes sont placées dans des établissements où la propreté, l'usage des bains, la langue turque, quelques fragments de poésie, la danse, la musique, et des arts voluptueux, leur sont enseignés avec la plus grande hâte possible, à peu près comme la science aux aspirants bacheliers à Paris. Cependant tel est l'état de nature de ces filles du Caucase, que deux, trois ans et même plus peuvent se passer avant que le marchand instituteur trouve son sujet assez formé pour la vente. Le moment arrive enfin où la spéculation se réalise, la Caucasienne va occuper les loisirs d'un homme en place, et le marchand dispose de ses capitaux pour renouveler l'opération. La sultane Validé, mère du sultan actuel, n'a pas eu d'autre début dans sa carrière, et c'est cette femme cependant qui a pu influer despotiquement sur les premières années du règne d'Abd-Ul-Medjid, et maintenir au pouvoir son amant Riza Pacha, en dépit de toutes les puissances d'Europe et d'un fort parti à la cour, celui des réformes.

Les Francs, trop portés en toute occasion à voiler aux yeux des étrangers les plaies de leur pays adoptif, ne se font pas faute, on le pensera, d'atténuer le grand crime de l'esclavage ; cette institution s'introduit quelquefois jusque dans leur foyer domestique, lorsque éludant la loi turque en vertu de laquelle les chrétiens ne peuvent posséder d'esclaves, ils achètent quelque négresse pour remplacer le service déplaisant des servantes grecques des îles. Ils méritent donc peu de créance, lorsque l'institution la plus riche en horreurs depuis quelque mille ans, leur paraît, chez les Turcs, une *idylle,* un lien *quasi-sentimental* entre le maître et l'esclave. Le maître est souvent un bonhomme, c'est vrai, l'esclave alors peut tenir auprès de lui une position intermédiaire entre celle de domestique et celle d'ami besoigneux. Mais que penser de l'état moral d'un homme, d'une femme achetés, vendus, traités comme les quadrupèdes de la maison ? Puis ils servent à nourrir des vices profonds, faciles chez le Turc sensuel et étranger à toute culture de l'esprit. Enfin ils deviennent vieux, et alors si le maître est dur ou avide, nourrira-t-il toujours, comme la loi le lui ordonne, une bouche inutile ? De malheureux noirs, crou-

pissant dans les ordures de la rue, affamés et couverts de
plaies, sont là pour répondre que non, que le maître ne les
nourrit pas toujours. On se demande aussi : une fin violente
ne frappe-t-elle pas quelquefois le pauvre esclave? Le maître
court-il de vrais dangers à s'arroger sur lui le droit de vie et
de mort? Il y a peu d'exemples éclatants comme celui de
Méhémet Ali Pacha, qui fit, il y a quelques années, publiquement et par un beau soleil, jeter au Bosphore, cousues
dans un sac, deux de ses esclaves surprises en intrigue amou-
reuse; mais chez un peuple sanguinaire par tempérament,
les tragédies domestiques ne sont pas inouïes. Quand les
puissances coalisées pour détruire la lèpre de l'esclavage aux
extrémités du monde s'apercevront-elles qu'il est à leurs portes,
et souille encore l'Europe? Le nombre des esclaves n'est pas
considérable dans la portion ottomane de notre continent, et
l'appui indispensable au croissant pourrait ne lui être accordé
par la France et l'Angleterre, qu'à la juste condition d'extirper
l'esclavage dans la portion européenne de ses États. La Russie
resterait alors seule avec la honte de la glèbe ; on continuerait
à y céder publiquement avec le sol les paysans, comme les
bouleaux et les pins; les cuisinières, les laquais et les lingères
à vendre, se mettraient, à mots couverts, sur les petites affiches de Pétersbourg, jusqu'à ce qu'un souverain parût avec
la force suffisante pour clore le moyen âge dans ses États.

Je passe à l'examen des symptômes de vie qui peuvent se
révéler encore dans le peuple turc et d'abord dans son caractère. Chez lui l'orgueil national des ignorants, de l'immense
majorité, par conséquent, ne trouverait son pareil que de
l'autre côté de l'Atlantique, chez les Yankees. Les événements
modernes les plus accablants et l'influence croissante des
peuples chrétiens humilient le gouvernement et quelques personnes éclairées, mais l'homme du peuple échappe davantage
à cette influence et reste convaincu de la supériorité de sa
nation sur toutes les autres. Le moindre paysan sait que sa

religion est la seule vraie et que son padischah est le roi des rois. Son pays, il l'a conquis par le sabre sur plusieurs races belliqueuses ; à peine connaît-il le nom de ses lointaines provinces, mais il ne doute pas que le meilleur de la terre habitable n'y soit contenu. La figure de ses anciens sultans rayonne à travers les âges, et les mosquées de leur nom subsistent les mêmes. Il est vrai qu'il pourrait s'inquiéter du présent, mais c'est l'affaire du prince et non la sienne ; le présent, d'ailleurs, n'est qu'un instant fugitif, l'avenir seul décide et l'avenir appartient à Dieu ; l'éducation de toute sa vie lui interdit de porter sa pensée sur ce domaine spécial d'Allah, et il trouve de plus en plus commode de plaire à Dieu en chassant tout souci, à mesure que ses affaires se gâtent.

Quelle atteinte cependant la suprématie de race ne subit-elle pas aujourd'hui que le padischah voyage dans le seul but de rassembler les notables croyants et giaours des lieux où il passe, pour leur dire : « Vous êtes tous égaux ; plus de différence de religion, de nation ! etc. » Réforme libérale, mais incroyable dans la bouche d'un souverain ottoman, avançant ainsi, par le conseil de ses ministres et de ses amis Français et Anglais, la destruction de son trône et de sa race. Une conciliation avec les populations rayas décimées, tenues sous le joug le plus dur que l'on connaisse dans l'histoire, voilà une chimère sans égale ! Heureusement pour le croissant, le sens de ce discours importé de France est encore aussi peu compris de celui qui le tient que de ceux qui écoutent. L'un, le sultan, par une prudente inconséquence, ne s'entoure que de troupes et de serviteurs ottomans ; et les autres, la race dominatrice, conservent toujours quelque chose du principe vital de l'empire, l'orgueil du sang. Si le fidèle apprend que son souverain donne des pelisses d'honneur à ces mêmes giaours auxquels autrefois on crachait au visage, le cas passe fort les bornes de son esprit. Croire ce qu'il voit, croire qu'un descendant d'Osman appelle aussi follement les prétentions de sujets rayas qui le perdront avec sa race, lui paraît un mauvais songe ; ou bien il se figure un piége qu'on leur tend, et, en tout cas, le fatalisme aidant, il s'abstient de juger. Néanmoins, à la longue, toutes ces semences devront pousser.

Il faut que la nature humaine soit vraiment bien fertile en ressources, puisque le servage asiatique a pu produire les mêmes effets que la liberté et a vu ses gloires et ses temps héroïques. On serait même fort embarrassé de décider si le plus grand enthousiasme moderne, celui pour Napoléon, n'est pas plutôt dû à une ivresse fort opposée à celle de la liberté, et si un soldat de la garde, mourant au cri de vive l'Empereur ! n'était pas dans les mêmes conditions qu'un janissaire tombé sur la brèche de Byzance au cri de vive Mahomet ? Seulement l'Européen demandera à son souverain, à son idole, à son Napoléon, par exemple, de posséder à l'excès cette nature vive et inquiète, cet esprit de perpétuelles entreprises où il voit, lui, la perfection, tandis que l'Asiatique préfèrera un padischah solennel, apparaissant à de rares intervalles hors de son sérail pour lancer la foudre ou tout éblouir de sa splendeur ; conditions plus théâtrales, plus faciles à réaliser pour la profonde et durable soumission des sujets.

Malgré le souverain et sa politique malavisée, les Turcs conservent encore cette vénération toute d'instinct et de tradition par laquelle le trône subsiste chez eux. Ainsi, je vois le sultan passer sur le Bosphore allant à la mosquée ; un long caïk blanc et or s'avance au bruit cadencé de nombreuses rames, le sultan sous un dais et un de ses ministres agitant un éventail à sa barbe. D'autres caïks suivent, des musiques militaires échelonnées sur les quais font retentir des mélodies nationales fort étranges, arrangées par un frère du compositeur Donizetti, directeur ou plutôt créateur de ces corps. Alors la foule des assistants sur la rive est prise d'un saisissement général ; l'humilité de tant d'yeux baissés et de tant de corps inclinés, les mains sur la poitrine, devant un maigre et chétif personnage, gêne fort l'étranger et finit presque par s'imposer à lui. La consécration de l'hostie dans les pays les plus catholiques est loin de produire un pareil effet sur les masses.

Les prétentions nationales et les garanties de sûreté d'un peuple se résument dans sa force militaire. Sous ce rapport, la première vue d'une troupe de soldats turcs est fâcheuse; elle révèle que l'on a sous les yeux des conscrits, dont les plus novices semblent être les officiers; mais comme on ne trouve guère plus d'assurance et de tenue chez des soldats ayant servi notoirement quatre ou cinq ans, force est de conclure que l'armée tout entière est à l'état de conscrits. Ce sont des caricatures de soldats; ils le sentent, en sont humiliés, et le rire des assistants les trouble parfois au point de laisser, dans un changement de front, des dos là où il ne devrait y avoir que des visages. Le troupier européen est fier de sa baïonnette, mais l'armée ottomane a l'air démoralisée par cette invention des giaours. Des bonnets rouges à fond plat pour coiffure, des vestes au lieu d'habits, et des pantalons d'un drap bleu taillés trop courts par économie, composent un costume anti-militaire. Mettez ces hommes à leur aise dans de larges pantalons, avec des pistolets et un yatagan à la ceinture, ils seront individuellement braves; mais des vêtements étriqués les avilissent, leur fusil les embarrasse, et un bâton ou des cailloux feraient mieux leur affaire pour parer à un danger. On a vu tel drôle, avec une canne, tenir une patrouille en échec et aller jusqu'à la disperser.

La grande épreuve d'une recrue ottomane est d'abord de marcher, puis de marcher droit, enfin de marcher au pas; étude quelquefois insurmontable pour des hommes à jambes torses par suite de l'habitude nationale de rester accroupis dès l'enfance. Qui pourra dire les souffrances de ces malheureux, obligés de tout réformer ou abandonner, vêtements amples, habitudes du corps, nature lente et grave, avant de faire un mauvais soldat ? La précision mécanique, l'instantanéité des manœuvres leur est en horreur ; c'est notre tempérament vif et impatient qui a inventé cette tactique afin d'utiliser nos avantages dont ils n'ont aucun. Les bons officiers surtout leur manquent ; les écoles sont tout à fait insuffisantes pour le nombre et la qualité de ceux qu'elles livrent. J'ai vu dans la cour du séraskier quelques régiments aptes à se mouvoir, mais les commandements arrivaient mal et se contredisaient ; puis le général, gros homme venu en voiture, donnait ses ordres avec la lenteur d'un écolier qui ne se rappelle pas tous les mots de sa leçon. Il n'y a que les officiers prussiens dont le succès à former l'artillerie de campagne soit incontestable ; en hommes et en chevaux, ce corps était l'élite de l'armée.

Le genre de vie du soldat est plutôt meilleur que celui du peuple. Il prend son bon repas après le coucher du soleil ; le régiment rassemblé dans la grande cour de chaque caserne autour de chaudrons pleins de riz, pousse, en l'honneur de Dieu et du sultan, trois hourras formidables soutenus par l'éclat des trompettes et des tambours ; ces cris d'une multitude affamée retentissent de tous les points du Bosphore, et c'est seulement après cela que les cuillers peuvent se plonger par milliers dans les marmites.

Le militaire de la capitale est mieux tenu que celui des provinces ; mais on exige de cette espèce de prétorien plus de discipline et de précision à l'exercice. C'est dans le reste du pays qu'on trouve, sans les chercher, des officiers sans bas, avec des souliers en forme de savates ; ils vont à l'exercice en se faisant porter leur sabre et leur pipe et appellent un ami pour se désennuyer sur la route et causer familièrement avec lui. La troupe suit en désordre, et quelque soldat passant près d'un vendeur, son compère, attrape une grappe de raisin en lui criant de la mettre sur le compte. Dans ce pays, la dignité du caractère et l'honneur des professions n'existant pas, le lieutenant colonel n'est que le très humble valet du colonel ou miralaï ; celui-ci bourre la pipe du général, l'allume et la lui présente le genou en terre, comme font les tchiboukchis ou garçons de café ; et le général s'incline devant un gros pacha, lui baise la bordure du vêtement et lui exprime une vile condescendance, dont le dernier de nos serviteurs rougirait et dont nous ne voudrions pas. L'homme de tout grade ne voit que des esclaves dans ses subordonnés, et le militaire n'a point cette fierté et cette désinvolture de l'épaulette, dont l'excès est justement odieux aux bourgeois, mais dont la dernière étincelle ne peut s'éteindre sans danger chez les gens de guerre.

Cette armée a eu des succès en Albanie à deux reprises, mais l'organisation en est bien faible, le délabrement financier ne permettrait point d'en équiper une autre si elle était détruite, et les populations où elle se recrute sont limitées. L'empire ottoman, si étendu et si faible partout, nous fait encore une dernière illusion à son avantage, car il est plus dépeuplé pour l'armée que pour l'impôt, puisque la troupe ne se forme que des Ottomans et jamais des rayas.

L'armée et la flotte forment à peu près tout le fardeau des finances turques : aussi ne faut-il pas s'étonner qu'elles puissent y consacrer quelque chose. Toutes les autres branches des services publics sont pourvues autrement, par des fondations comme les mosquées, ou bien livrées à un oubli profond. Les routes n'existant nulle part, tout est redevenu sentier, et les ponts, les aqueducs s'affaissent sans que personne ne s'en soucie ; cependant, l'état de nature où les voies de communication sont retombées a ses bons comme ses mauvais côtés, et une invasion ennemie par terre est rendue excessivement difficile ; la désolation du pays en forme désormais la plus forte barrière. Des édifices publics il s'en fait de temps à autre ; mais leur création a souvent pour but et toujours pour résultat de fournir aux gens en place l'occasion de

partager avec les entrepreneurs d'énormes bénéfices sur des
devis surchargés. L'ouvrage s'achève rarement suivant les
plans, et on trouve de bonnes raisons pour ne donner qu'un
rez-de-chaussée à un édifice calculé pour un ou deux étages ;
les promeneurs de Péra le savent et il n'en est aucun qui
n'ait passé près du nouvel hôpital. Les forteresses sont abandonnées et les mauvais gouverneurs ne résistent pas à la ten-
tation de se faire de l'argent en vendant secrètement des
canons pour la fonte. Sous Mahmoud on assigna dix millions
pour restaurer les batteries du Bosphore et des Dardanelles,
mais tout se borna à un simple blanchiment à la chaux, et le
sultan, fort mauvais expert, vint après en bateau jouir du
coup d'œil à distance et donner son approbation. En revanche, les finances turques ont l'avantage de ne pas connaître
le fardeau qui écrase la plupart des États de l'Europe, je veux
dire la dette publique ; le gouvernement a toujours éconduit
les offres des banquiers européens, mais s'est permis l'émis-
sion du papier-monnaie en quantité variable et du reste mo-
dérée. Deux réformes cependant ont un peu chargé le trésor
ces dernières années ; l'une est de payer grassement les employés au lieu de leur attribuer pour unique ressource le
système ancien de l'avanie ; l'autre est la refonte des monnaies
commencée en 1843, mais qui s'est vite arrêtée. On estimait
que les revenus de plusieurs années seraient nécessaires pour
couvrir la perte sur la masse énorme du numéraire d'argent,
car l'intrinsèque en est suivant les pièces, de quarante, trente
pour cent, et même encore moins.

Les sommes prélevées sur le peuple sont considérables;
mais les meilleurs juges ne peuvent asseoir une opinion, ni
sur ce qui est réellement payé, ni sur ce qui en rentre au
trésor après la grosse défalcation inévitable pour les bénéfices
des fermiers d'impôts et les voleries des percepteurs directs.
Les estimations varient de trois cents millions de piastres
turques à un chiffre égal de francs, c'est-à-dire de un à qua-

tre. Dans tel village d'Anatolie, j'ai pu me convaincre que le paysan payait le soixante pour cent à différents titres, mais après diverses recherches il s'est trouvé qu'on ne peut rien conclure d'une localité pour une autre, même peu éloignée, tant l'arbitraire est grand et les bases de l'impôt mal assises.

La volumineuse comptabilité des Européens n'est point ce que la Porte devrait introduire dans ses finances pour y mettre de l'ordre. Notre tenue de livres compliquée et des milliers d'hommes enlevés à la vie active pour en faire des scribes maladifs au fond des bureaux publics ou privés, cela m'a toujours semblé une lourde et sotte invention, du moins portée à l'excès comme elle l'est dans nos villes de l'Occident. Les Turcs ont des registres tenus avec intelligence quoique pas en partie double; et tel d'entre eux qui a vingt bâtiments et une immense fortune, contrôle le tout avec quelques livrets, et peut même fournir à un négociant franc des éclaircissements sur quelque vieille affaire dont ce dernier a noyé la trace dans le fleuve de ses écritures. Mais dans le gouvernement, le mal est qu'une insouciance et une mauvaise foi patentes dirigent les employés; certains créanciers sont traînés pendant des années et d'autres payés deux fois; les surveillants, les contrôleurs ne surveillent que leurs intérêts et fument leur pipe.

Pour trouver de l'honnêteté et une foi inviolable aux engagements, il faut s'adresser au peuple, mais les gens en place sont toujours des Turcs corrompus. En cela se révèle l'incurable maladie de leur race, qu'il suffit à un homme de recevoir une dose quelconque d'instruction et d'obtenir la moindre autorité sur ses semblables, pour se défaire à l'instant de l'honnêteté qui le distinguait dans les rangs du peuple comme d'une sottise et d'un préjugé vulgaires. L'éducation avilit ces malheureux, ils ne savent ouvrir les yeux que pour le mal, et il faut désespérer de gens plus vite corrompus que civilisés, et dont la moralité ne peut subsister que si l'esprit reste engourdi. Il n'en est pas moins frappant de voir tant de bonne foi dans le Turc encore brut, et au milieu des vices profonds et de l'abâtardissement de ce même homme, c'est comme un dernier rayon de noblesse et de dignité resté sur sa figure et qui fait du bien. Tous les usages sociaux et commerciaux sont basés sur la bonne foi, depuis l'hospitalité confiante, jusqu'à cette absence des acquits et des garanties écrites dans les transactions. Qu'un courrier, un Tatar porteur de valeurs considérables soit volé en route, c'est un malheur ; cet homme est parti sans donner de récépissé, cela va sans dire ; il revient les mains vides, mais on ne songe pas à le soupçonner. Les marchands de l'intérieur viennent dans les ports, achètent aux maisons européennes, et emportent pour des valeurs importantes en produits manufacturés et en coloniaux, sous la promesse verbale de revenir payer dans six mois ; et souvent on ne les connaît que de nom, et des noms comme Osman, Agob, portés peut-être par cinq cents individus de leur ville. Une facture de leurs achats est cousue dans leur veste, et s'ils meurent dans l'intervalle, il est rare que les héritiers manquent à revenir spontanément acquitter la dette sur cette seule indication. Il arrive ainsi qu'une maison ose disperser des centaines de mille francs dans un pays peu accessible, sans police et presque sans tribunaux, et elle n'a pas un seul titre en main. Il est frappant de voir des classes réputées pour leur mauvaise foi, comme les Persans, amenées aux mêmes usages confiants par le courant irrésistible du pays. Les maisons de la Perse avaient des agences à Constantinople, et leur envoyaient, par la voie de Trébisonde, sur les vapeurs de la compagnie du Danube, des sommes considérables pour leurs achats de manufactures ; car cette route est celle que prennent les tissus anglais pour aller fournir leur habillement à d'innombrables populations au centre de l'Asie. A l'arrivée du vapeur nous avions quelquefois jusqu'à deux et trois millions dans des sacs de laine entassés dans l'agence, et les Persans venant s'asseoir sur les monceaux et faire leur triage.

Cet argent, venu par des muletiers à Trébisonde, y avait été fréquemment consigné au vapeur sans indication de propriétaire. Quelquefois on voyait des cachets sur les sacs, mais le plus souvent les Persans n'avaient pour se reconnaître que l'étoffe du sac, la couleur du fil aux coutures, la simple physionomie et le contenu présumé; et comme ils étaient fréquemment sans avis de leurs associés de Tauris ou d'Erzeroum, gens peu alertes en correspondance, c'était à des signes aussi douteux qu'on leur laissait reconnaître ce qu'il pouvait y avoir pour eux. Alors le sac était ouvert, l'argent compté, tant pour cent retenu comme nolis, et l'homme s'en allait avec le reste. Il y a eu des centaines de millions de piastres distribuées avec cette aisance dans le cours de plusieurs années, sans qu'un seul exemple ait parlé contre la méthode.

Comment donc se fait-il que dans un pays pareil le gouvernement ne puisse se procurer un seul employé honnête? Le fait que tout homme, en y devenant employé, se met aussitôt au pas avec tous les autres, n'est contesté de personne; c'est un héritage des temps de rapine, et les formes de l'administration, devenues plus régulières, sont impuissantes avec un corps de serviteurs publics démoralisés du premier au dernier. Les degrés de la hiérarchie représentent le niveau des bénéfices illicites auquel chaque employé peut prétendre, et le plus grand voleur est le ministre des finances. Les scandales de Moussa Safeti Pacha sont devenus d'une publicité étendue, grâce à des brochures et au Sémaphore de Marseille. Ce ministre avait pour banquiers des Grecs de Constantinople mais sujets autrichiens, lesquels, vers la fin de 1843, avaient en dépit des traités monopolisé toutes les fournitures du gouvernement, de la flotte, de l'armée, etc., jusqu'aux plus minimes objets. Ainsi les plus pauvres fournisseurs, des boulangers de Gallipoli, des pêcheurs qui de tout temps avaient fourni le biscuit et le poisson, étaient écartés et réduits au désespoir par le contractant universel. Il fallait payer aux B*** pour obtenir le maintien de contrats antérieurs·formels. Le soldat habitué au riz d'Égypte, sa principale nourriture, se plaignit de ce qu'on lui faisait venir d'Angleterre un riz indien donnant un mauvais pilaf; ses habits faits en drap ou feutre de deux à trois francs l'aune se déchiraient et ne le garantissaient plus des injures de l'air. Les créanciers du gouvernement étaient éconduits, mais on leur soufflait à l'oreille que leurs titres s'achèteraient avec un abandon de quinze ou vingt pour cent chez les B*** où il y avait toujours de l'argent. Enfin le commerce était non seulement exclu en masse des affaires si lucratives avec le gouvernement, mais il voyait ses spéculations privées bouleversées par des coups de jarnac dont voici un échantillon. La camarilla qui monopolisait tout avait de grandes livraisons de céréales à faire en 1844 : aussi imagina-t-elle de lancer un firman impérial interdisant la sortie des grains pour l'année sous le prétexte du bien général. La panique des exporteurs et des producteurs fut à son comble, et quoique le firman fût rapporté au bout de quelques semaines, il y eut des gens ruinés; en attendant, le but désiré par la camarilla avait été atteint, de grands achats à vil prix. Le commerce entier se ligua enfin contre cette intrigue, ostensiblement sous prétexte qu'elle changeait les forces de l'État en leviers à battre monnaie pour quelques individus, mais de fait parce qu'il se sentait attaqué dans ses propres intérêts; cependant ses pétitions et ses manifestes restèrent longtemps sans le moindre effet.

On ne peut nier que les réformes n'aient eu quelques résultats heureux pour le bien des sujets. C'est dans l'intérieur du pays seulement, que l'avanie subsiste encore avec sa brutalité primitive, et que le courbache levé conserve sa haute raison et sa faculté de battre monnaie. Ainsi j'ai pu voir encore la mort violente d'un Turc rapporter de gros bénéfices aux autorités de Koniah; on tomba fort injustement sur la communauté grecque de cette ville, les plus riches furent mis à la torture, et plusieurs d'entre eux sortirent estropiés et ruinés de cette affaire. Tout ce que les ambassades à Constantinople purent obtenir, bien après l'accomplissement de ces atrocités, ce fut un firman abolissant la torture qui avait déjà été supprimée auparavant, et un exil à peu près illusoire pour l'aga auteur du mal. Ailleurs, dans les contrées plus accessibles, l'administration a pris quelque modération ; les employés ne font plus couler autant de pleurs et de sang pour s'enrichir, mais ils commettent une foule d'abus moins criants, plus analogues à ceux des pays avancés. Les faveurs, les concessions licites ou illicites sont vendues ; les grands s'associent avec les fermiers d'impôts et les entrepreneurs de travaux publics, en fournissant leur appui à Constantinople pour mise de fonds ; la justice ou plutôt l'injustice se vend, et tout soupçon de délit est exploité contre un homme riche comme une bonne affaire pour l'autorité. A Smyrne même, la grande ville la plus surveillée, la plus à portée de la capitale, on voyait le gouverneur civil, un parvenu, dépenser chaque mois la totalité de son traitement d'un an, et l'on doit supposer qu'il faisait des réserves pour les temps de disgrâce.

L'Angleterre, sous le prétexte de la liberté commerciale, s'est occupée, avec assez de succès, de l'état intérieur des provinces ottomanes. Sous le règne de Mahmoud, les monopoles étaient en pleine vigueur, c'est-à-dire que le paysan était forcé de vendre sa récolte au prix arbitraire que lui fixait un intrigant venu de Constantinople avec un firman ; aussi la misère et la dépopulation gagnaient de toutes parts. L'ambassadeur anglais, lord Ponsonby, l'ennemi acharné de la Russie, en cherchant tous les moyens de contrecarrer cette puissance et ses menées contre la Porte, voyait que, pour soutenir cette dernière, le moyen banal des notes et des influences diplomatiques ne suffisait plus ; aussi avec un coup d'œil de génie entrevit-il la nécessité et le moyen de créer des ressources au gouvernement et de relever les provinces délabrées en y réformant l'administration. Il conclut en 1836 un traité de commerce, par lequel la Porte s'engageait à faire tomber les monopoles et les douanes intérieures ; chaque producteur devait être libre de vendre sa récolte à qui lui plairait, après avoir acquitté la dîme et les autres droits, et une douane de cinq pour cent à l'importation et de douze à l'exportation fut fixée pour les sujets anglais et pour ceux des autres puissances qui accéderaient au traité. Cette immixtion profonde dans la législation intérieure du pays avait sans doute pour but de favoriser et de régulariser le commerce avec l'Angleterre, sa plus forte pratique, mais aussi d'amener une résurrection dans un corps malade et périssant faute de circulation. Il faut d'autant plus remarquer une manière aussi rare et aussi noble de faire de la politique, qu'elle fut couronnée de succès dans tous les lieux où le traité put être exécuté. Le long des côtes, à Varna, en Roumélie, en Anatolie, en Caramanie, il y eut quelques districts qui ranimèrent leurs cultures et leurs exportations au point d'inquiéter les pays à céréales comme les principautés du Danube et la Russie. Il aurait dépendu de la Porte d'obtenir une amélioration plus générale, mais malheureusement on a vu se former entre elle et les Anglais comme un défi, d'une part, pour violer le traité, de l'autre pour le faire exécuter. Les résidents anglais ne manquent jamais de faire parvenir à leur ambassadeur les actes éclatants d'arbitraire et d'oppression dont ils sont informés, lors même que des sujets ottomans seuls y figurent comme acteurs et victimes ; ces faits sont mis sous les yeux du gouvernement, mais infidèle à son devoir et à ses intérêts, il ne fait presque rien. La permission de commercer s'achète encore à grand renfort de cadeaux dans tout l'intérieur de la Roumélie et de l'Anatolie ; le pacha, un simple bey s'arroge le droit d'acheter à bas prix toutes les récoltes ; tout contrat fait avec d'autres que lui, ou à moins de lui avoir payé tribut, est une lettre morte, et les capitaux européens qui seraient tout prêts à se répandre sur le riche sol d'où sortent l'opium, la garance, le coton, la valonée, l'huile d'olive, les fruits, les drogues, et à augmenter le bien-être des cultivateurs, n'osent s'aventurer au delà des ports de mer.

Tout homme qui a vu un pays si dépeuplé et un si pitoyable gouvernement ne peut que joindre tout uniment son opinion à celle des gens éclairés, et même des masses populaires dans toute l'Europe, relativement à la ruine inévitable des Ottomans. Les réformes sont venues trop tard. Toute la politique du divan tend désormais à éluder les questions, à ajourner les difficultés. Il est vrai qu'en un sens, pour la politique étrangère et pour les possessions lointaines ou douteuses, leur système de laisser-aller, remonté de temps à autre par quelque coup astucieux et cruel, n'est pas si absurde. Ne voyons-nous pas les actions les mieux combinées des diplomates aboutir souvent à un résultat précisément opposé à leurs vues? Les moyens les plus gigantesques n'ont-ils pas été développés mille fois, et toutes les furies de la guerre déchaînées au nord et au sud sans amener de changements sensibles dans la force et la circonscription des États? Si les Turcs, avec un empire beaucoup trop étendu, voulaient mettre du point d'honneur à réparer toutes les déchirures faites depuis deux siècles aux rebords du vaste manteau de leur domination, ils n'y suffiraient pas, et conjureraient contre eux leurs ennemis des trois parties du monde. Mais si nous reportons les yeux sur ce qui fait la force et la prospérité intérieures et le bien-être des populations, nous reconnaissons que les soins les plus continuels, les plus prévoyants du gouvernement mènent seuls au but; et certes on ne les attendra pas du divan, de cette respectable assemblée, composée de pachas tirés de la classe des bateliers, des esclaves et des gens livrés aux emplois les plus immoraux.

Un temps s'approche où toutes ces fautes seront punies d'un coup. Déjà la population turque s'efface devant le bien-être et l'activité des chrétiens, de ces rayas si méprisés ; partout où ceux-ci sont en nombre, ils sont plus sûrs qu'autrefois de jouir du travail de leurs mains et achètent les propriétés des Turcs. Dans un récent voyage, le sultan voulait voir Smyrne, la seconde ville de l'empire, mais il ne s'y trouvait pas une maison turque en état de le recevoir. Il aurait dû loger chez les infidèles et voir de ses yeux leur état incomparablement plus prospère que celui des Turcs relégués sur la colline du Pagus, dans un misérable faubourg. Son entourage, sous un absurde prétexte de troubles à Constantinople, le dissuada donc d'aller au delà de Métélin, pauvre bourg et capitale de l'ancienne île de Lesbos ; là, après avoir rassemblés les notables, tous marchands d'huile et Grecs la plupart, et leur avoir donné de bonnes paroles et des caftans (manteaux) d'honneur, il reprit le chemin de son palais.

Ce fut un piége pour les Turcs de trouver une nation intelligente et humiliée qui travaillait pour eux et suppléait à leurs manques. C'étaient des Grecs en majorité qui fondaient ces canons, lançaient et faisaient mouvoir ces vaisseaux devant lesquels l'Europe tremblait. Ils remplissaient les coffres du trésor et n'arrivaient jamais à une position ou à une richesse inquiétante sans que le niveau n'en pût être instantanément abaissé. Mais cette race échappe à ses dominateurs au moment où leur raideur, leur imperfectibilité semble s'augmenter. Autrefois les Turcs agissaient au nom de Dieu, maintenant ils trouvent plus commode de lui laisser toute la besogne, et tous, pachas ou laboureurs, sont d'accord en cela ; il n'est pas un homme fournissant la dose de travail dont les gens du même état se tirent facilement en Europe. Ce peuple naturellement grave est devenu impotent de tous ses membres ; il est de bonne race en naissant et capable de tout supporter, mais une fois encroûté dans le Coran, dans ses proverbes et la fumée des pipes, il est perdu.

Les Russes sont le grand épouvantail dont on menace la Porte, et avec raison ; elle vit d'un souffle octroyé. Les armées du czar aidées des Grecs, balayeraient la Turquie d'Europe en une campagne ; mais celle d'Asie, protégée par la mer, par le Caucase, et possédant une population musulmane moins mélangée d'autres nations, semble susceptible d'une défense prolongée. Les temps, en tout cas, sont impossibles à préciser, et le râle d'un aussi grand corps que cet empire peut être encore long. A une époque où l'artillerie, d'abord inconnue il est vrai, ne put arriver ensuite, après ses premiers essais, qu'à lancer des boulets de pierre, on vit l'empire byzantin tomber fort lentement, pièce à pièce ; la forte position de la capitale, un pays tout coupé de cours d'eau, de bras de mer, tout hérissé de montagnes, nous donne la clef de ce phénomène : or les mêmes avantages naturels subsistent toujours ; et les Turcs sont plus braves que ne l'étaient les Byzantins. Si leurs pareils sont chassés d'Europe, ils se réfugieront en Asie et leur force y sera plus ramassée. Trop d'héroïsme a signalé leur apparition dans le monde pour qu'on leur suppose un départ tout à fait honteux, et à défaut d'armées alliées il pourra se trouver des officiers français ou autres attirés par le bruit de leurs malheurs ou par la haine des Russes pour diriger leurs derniers coups. Ces événements se dessinent de plus en plus dans la perspective de l'avenir, et toute l'Europe a la conscience du terrible ébranlement dont ils seront la cause ; un coup d'œil nous montre, en effet, l'empire turc reposant sur les plus belles contrées européennes, asiatiques et africaines de notre continent, au centre de l'ancien monde ; sa naissance l'a ébranlé en entier, et sa disparition sera encore plus ressentie. Aussi un frémissement d'horreur inspire-t-il la politique conservatrice appliquée par tout l'Occident au grand malade du Bosphore, et les Russes eux-mêmes ne peuvent se résoudre à croire déjà mûre pour le fer et le feu une conquête préparée depuis si longtemps par leur politique.

CHAPITRE XIV.

—

Smyrne. — Métélin.

Un soir de novembre 1843, je partis de Constantinople pour Smyrne par le bateau à vapeur de la compagnie du Danube. L'obscurité rendit bientôt la vue des rivages incertaine, et le bruit profond, gémissant, arraché au calme de la mer par le battement des roues, remplaça l'agitation d'une immense capitale. La transparence de l'air et l'éclat des astres avaient un charme d'autant plus senti que la saison était plus avancée. C'est dans les lourds climats du nord où l'obscurité semble une prison, mais dans le sud elle ajoute à l'espace ; on y respire légèrement, le noir de la voûte céleste devient la couleur de l'infini, les étoiles d'un éclat étincelant se réflètent sur une mer calme et le navigateur, qui voit sur sa tête et sous ses pieds des nuées de ces points lumineux, éprouve tantôt l'émotion d'être suspendu entre deux abîmes ou celle d'être soutenu et gardé par une puissance invisible. Le navire décrivait sur la surface sombre de la mer une rigoureuse ligne droite reconnaissable à une traînée d'écume phosphorescente, et dans ma rêverie à travers l'espace et le temps je me retraçais les anciens nautonniers de l'Argo, errant sur ces mêmes flots, côtoyant avec timidité, dressant partout des autels ou élevant sur le rivage quelque barraque devenue plus tard une ville. Une musique partant de l'avant du navire vint frapper mon oreille ; un orchestre valaque allait dans la joyeuse Smyrne, et saluait la beauté de la nuit et la générosité des passagers

par un pot-pourri de va'ses de Strauss, d'opéras de Rossini et
d'airs russes ; on n'eût pu faire des transitions plus brusques
de la gaieté à la mélancolie dans ce concert maritime dont le
sifflement de la vapeur et le grondement de la machine du
Seri-Pervas formaient les notes extrêmes.

Un peu avant l'aube nous dépassons un nuage vague qui est
tout à la fois, la célèbre presqu'île de Cyzique et une île voisine
dont les marbres l'ont fait appeler Marmara ainsi que la mer
où nous sommes ; de bon matin nous nous trouvons arrêtés devant Gallipoli, ville toute de maisons rouges avec un cachet turc
bien marqué. Le détroit des Dardanelles commence à cet endroit ; un des rivages, celui d'Europe est rocailleux et aride tandis que celui d'Asie est paré de la plus riche végétation. La descente dure plusieurs heures et tient l'esprit continuellement
occupé par une série de lieux historiques et de souvenirs
pleins de poésie, car toutes les nations célèbres ont foulé ces
deux rivages. Après bien d'autres phalanges les Turcs, au
nombre de quarante hommes[1], le traversent à leur tour, de
nuit, en 1356, sur quelques radeaux et escaladent un fort, près
de Gallipoli ; le tonnerre qui favorisa, dit-on, leur débarquement était un faible présage du fracas et des ruines dont ils
allaient effrayer cette terre d'Europe où nous les voyons encore aujourd'hui. Près de la ville des Dardanelles est l'emplacement assigné par la tradition aux amours d'Héro et de
Léandre ; le poëte Byron a plongé son cœur blasé dans ces
flots, et a renouvelé une fois par *sport* le trajet que le fidèle
Léandre accomplissait toutes les nuits. Comme le passage est
resserré en cet endroit, le courant qui descend de Marmara y
est fort sensible, mais le plus grand obstacle à vaincre pour
les navires remontant de l'Archipel consiste dans les vents de
nord ; ils persistent pendant trois ou quatre mois durant la

---

[1] Le nombre quatre et ses multiples sont des nombres heureux pour
les Turcs.

belle saison et forcent les vaisseaux à s'entasser par centaines
aux Dardanelles, ou à louvoyer d'une rive à l'autre, manœuvre
dans laquelle ils périssent fréquemment. Un Grec fort connu
pour sa mauvaise foi, et consul d'une grande puissance, passait pour s'être fait une belle fortune en exploitant les difficultés du passage ; de mauvais pilotes chaviraient les navires
de sa nation et les cargaisons avariées se vendaient par l'intermédiaire du consul dans cette misérable place des Dardanelles où la concurrence des capitaux n'étant pas grande, il
pouvait tout acheter à vil prix. — Sur les rives, il y a quelques
batteries armées de ces antiques canons turcs faits pour lancer
d'énormes boulets de pierre ; un Prussien, colonel d'artillerie
au service de la Porte, était à bord, et avait eu ces défenses à
inspecter quelque temps auparavant ; il m'assura que malgré
l'état imparfait des batteries, la nature des pièces lui paraissait fort adaptée à la défense du détroit : « Un ou deux de ces
« boulets venant briser les flancs d'un navire ne pouvaient
« manquer, disait-il, d'enlever des pans entier du bordage
« et devaient le couler facilement. » C'est une manière de résoudre la question si débattue du fameux passage.

Après la ville des Dardanelles, on aperçoit des châteaux
turcs, la plage de Troie, le cap Sigée et les *tumuli* des temps
héroïques. Un phénomène de mirage nous surprit à la sortie
de ce fameux détroit ; il soufflait une brise du nord qui soule-
vait devant nous des vagues d'un bleu profond sur la surface
de la mer de l'Archipel ; cependant, chose curieuse, cette agitation cessait au delà d'un certain rayon, la mer y était d'un
calme plat, et de ce miroir sortaient les îles d'Imbro, de Lem-
nos et de Ténédos qui s'y réfléchissaient. Comme on voyait
pourtant des navires filer à pleines voiles sur cette surface
immobile, il était évident que cette mer devait être aussi peu
calme que la partie où nous étions, et, en effet, à mesure que
nous avancions, la limite circulaire où elle paraissait se termi-
ner recula devant nous et s'évanouit à un certain moment.

Nous passâmes entre le continent et Ténédos, pour faire échelle dans cette pauvre île rocailleuse, résidence actuelle de bateliers et de quelques vignerons, dont le vin est fort estimé à Constantinople; on ne sut point me dire si l'île nourrissait encore des couleuvres, et je ne pus établir quelque rapprochement éloigné entre elles et les fameux serpents de Laocoon; puis longeant la côte fiévreuse et désolée de l'ancien royaume de Priam, avec l'Ida dans le fond, et en face de nous les hautes montagnes de Métélin, l'ancienne Lesbos, nous vînmes aborder de nuit dans cette île, à la ville de Métélin même, sur le canal qui la sépare de la côte d'Asie et de la plaine de l'ancienne Pergame. Je débarquai chez notre agent, vieux soldat de Napoléon, et marin de la garde; il me reçut cordialement, me parla commerce, huiles, vapeur, guerre d'Espagne et empereur des Français, et me donna le meilleur lit de sa maison.
— Durant la nuit, je me sentis fortement secoué, et par un tour d'esprit assez ordinaire aux gens endormis, mon rêve s'accommodant à l'incident, m'emportait en pleine mer au milieu d'un violent orage, et je ne voyais rien que de très naturel à être là bien abîmé de roulis, lorsqu'une secousse verticale et très rude me produisit un éclair d'intelligence; il devait se passer quelque chose d'extraordinaire. Quoique imparfaitement éveillé, je pus sauter sur le plancher, courir à la fenêtre, l'ouvrir, et assister alors à un spectacle nouveau pour moi. Les maisons, toutes en bois, craquaient avec un bruit affreux, pendant que des femmes, cramponnées aux fenêtres, criaient *Panagia! Panagia!* (sainte Vierge). Les chiens hurlaient sans reprendre haleine, les chevaux hennissaient, et tous ces sons aigus dictés par la terreur étaient dominés par une note basse, grondante, le tremblement souterrain de l'île entière. Une étrange confusion s'empara de mon esprit, en voyant ces maisons, ces montagnes auxquelles j'avais toujours lié l'idée d'immobilité et de sécurité, s'agiter comme en délire, et menacer de se convertir en un élément plus périlleux que les flots;

et il eût fallu être plus qu'un homme et ne pas tenir au sol, pour fermer entièrement son âme à cette effrayante scène. Au matin, cependant, hormis quelques nouvelles lézardes aux maisons, qui sont en bois et fort basses, tout se retrouva à sa place; et les tremblements de terre se renouvelant jour et nuit, sans un intervalle de plus de douze ou quinze heures, je finis par m'y habituer. Cette semaine fut une des plus mauvaises pour Métélin; et jusque dans mes promenades je vis les olives tomber des branches, par suite des secousses souterraines. Un capitaine français m'offrait un jour à dîner à son bord, dans le beau bassin du port Olivier, lorsqu'un frémissement de tout le navire, et un long gémissement sous-marin qui paraissait venir plutôt de quelque revenant sous la table, firent rester tous les convives la fourchette en l'air. L'année suivante, à peu près dans la même saison, il y eut à Smyrne, où je me trouvais, une répétition fréquente de scènes pareilles: toutes les nuits ou les deux nuits, entre une et trois heures du matin, il y avait des secousses qui réveillaient les habitants, sans préjuger de ce que la journée pouvait apporter; et j'eus amplement le temps de remplacer le sommeil par des observations sur les tremblements de terre. J'appliquais l'oreille sur le sol ou contre un mur. Le craquement des objets élevés, de la toiture, était le symptôme ordinaire du phénomène; et en effet, on comprend que le mouvement du sol ne se transmette aux portions de l'édifice qui en sont le plus éloignées qu'après un instant excessivement court, en sorte que le toit au premier moment ne suive pas et craque. Deux sortes de mouvement sont aussi à distinguer, bien qu'ils coexistent le plus souvent; il y a des frissons, des vibrations étonnamment rapides, ou bien un mouvement de va et vient prolongé, dont on peut se rendre raison. Dans le premier cas, ce seront des ondes transmises peut-être de fort loin par l'élasticité de la couche terrestre, tandis que dans le second cas on peut envisager le sol comme poussé d'une seule pièce, soit en haut, soit latéralement par quelque cause voisine. Quant au bruit, sourd ou distinct, à cette note souterraine, habituellement basse, mais quelquefois très haute, souvent semblable à un gémissement, à une plainte prolongée, dont le ton fait une gamme descendante, pourquoi n'en chercherait-on pas simplement la cause dans les vibrations rapides du sol lui-même? Elles existent, on n'en peut douter, et elles doivent produire un son.

L'île de Métélin est dans un état d'abandon et presque inculte ; les oliviers qui font sa richesse sont à peine soignés, et il s'en trouve de sauvages sur les collines. Lors de la récolte des olives, on traite ces arbres avec barbarie ; on les assaille à grands coups de perche ; après cette opération, le sol est jonché des débris de jeunes rameaux, qui auraient pu porter du fruit l'année suivante ; et l'arbre dont la tendance est déjà de ne donner une bonne récolte que tous les deux ans, y est décidément forcé. Le pied des oliviers n'est généralement pas fumé, à peine remue-t-on chaque année, de quelques coups de pioche, le sol environnant ; aussi leurs troncs noucux, tordus et tout criblés de cavités et de blessures, leurs branches qui s'étendent au loin comme autant de bras désolés et suppliants, montrent à quel point il y aurait besoin de remplacer, par quelques bons préceptes d'agronomie chez les modernes Grecs, l'allégorie antique de Minerve, la vigilante et industrieuse patronne de l'olivier. Les habitants abusent même de la vitalité, on pourrait presque dire de l'éternité de cet arbre, au point d'en détacher, à grands coups de coignée, des pans entiers du tronc pour en chauffer leur foyer. Malgré tout cela, le rendement de la dîme du sultan prouve que Métélin produit, année moyenne, trois cent mille quintaux d'huile, et on juge à la vue des terrains abandonnés, qu'elle donnerait facilement le double entre des mains civilisées ; la côte voisine d'Adramiti et d'Aïvali, sur le continent, produit encore davantage. La population grecque augmente dans l'île, et les

Turcs, gens paresseux, lui vendent leurs terres et émigrent sans bruit pour l'Anatolie.

L'ancienne insécurité de l'Archipel a donné lieu à une architecture singulière, pour les fermes et les bâtiments d'exploitation aux environs de Métélin. Ce sont de hautes tours carrées en pierre, avec une barraque en bois au sommet ; la porte est à quelque vingt ou trente pieds au-dessus du sol, et on y monte par une échelle, que le propriétaire est toujours libre de retirer à lui. Ces tours blanches, sortant çà et là des bois d'oliviers, sont un ornement original dans le paysage. On me cita aussi quelques villages isolés de l'île, où les habitants avaient anciennement bâti des tours communes, pour que tous s'y pussent réfugier, et si hautes, ajoutait-on, « que le plomb d'un fusil de chasse n'en atteignait pas les créneaux. » Les femmes grecques paraissent rarement dans la rue à Métélin, et l'inconvénient en serait plus ressenti du voyageur, si elles ne passaient pour être les moins attrayantes de toutes les îles de la Grèce et de l'Asie ; ces descendantes de Sapho se voilent aussi soigneusement que des Turques, et montrent une invincible répugnance à quitter un seul instant leurs divans, pour faire autre chose que des travaux culinaires ; leur ignorance est telle, qu'un chrétien d'Europe leur est plus en abomination qu'un musulman, et elles épousent même quelquefois de ces derniers. Un usage météliniote bizarre, qui subsiste aussi dans une ou deux autres îles, rend les filles seules aptes à hériter de leurs parents, et les fils, obligés de se créer eux-mêmes des ressources, ont devant eux le commerce des huiles, le cabotage, et enfin la *mer immense,* comme dit le poëte de l'Iliade.

Le port de Métélin est petit, ensablé et n'admet que de ces barques grecques nommées *tricandiris.* Une forteresse, construite en 1480, est près de là et commande le port et la rade ; l'intérieur en est habité par de pauvres Turcs et les défenses qui en sont ruinées protègent cependant suffisamment une place dont personne ne se soucie. — Lesbos fut prise en 1462 par Mahomet II sur la famille génoise des Gatelusio qui la possédait. Nicolas Gatelusio, que le meurtre de son frère avait rendu maître de cette île, défendit la ville avec cinq mille soldats et pirates pleins de valeur. La ville avait alors vingt mille habitants et une riche noblesse qui fut toute envoyée par le vainqueur à Constantinople pour en augmenter la population.

A mon départ de cette île, j'eus un sentiment de véritable confort personnel joint à de la pitié pour les êtres amis ou inconnus que j'y laissais en proie à la monotonie des journées et aux inquiétudes des tremblements de terre. En passant devant l'ouverture du golfe de Sandarli, l'ancien golfe d'Elée, quelques bouffées de vent jetèrent le navire sur le côté comme il arrive habituellement à cette place, mais une fois entrés dans les belles eaux de Smyrne un calme délicieux et un air embaumé nous retinrent sur le pont quoiqu'il fût nuit et que la saison fût fort avancée. Une lune argentée éclairait cette belle nappe d'eau du golfe de Smyrne et tous ces rivages encore plantés d'oliviers et de vignes, mais d'où s'est éclipsée depuis tant de siècles la population active et ingénieuse qui les habitait jadis. Sur l'emplacement de Phocée, de Clazomène, d'Érythrée dans les rues de Smyrne, sur toute la côte, depuis Byzance jusqu'à Rhodes, il y a encore des Hellènes, mais s'ils ont conservé le gros de leur idiome, l'inquiétude de leur caractère et le nez grec, c'est bien là tout. Les finesses du langage, les grâces de la pensée, la force du caractère, le goût des arts, tout a disparu avec la liberté ; les grossiers miracles des saints du calendrier n'ont rien fait gagner à la morale en se substituant aux mœurs pleines de relâchement et de poésie de l'ancien Olympe ; un souffle nouveau doit passer sur cet antique berceau des républiques, en balayer les Turcs complétement et les Grecs peut-être en partie, avant qu'une résurrection soit possible. — Un vieux fort appelé le *Château de mer*, plus théâtral qu'utile, est en avant de Smyrne, à un endroit où le golfe se resserre et ne laisse qu'une passe étroite marquée par des bouées ; les alluvions de l'Hermus, dont l'embouchure est en face de ce château, étranglent de plus en plus le passage, et on peut prévoir que si le cours du fleuve n'est pas détourné ailleurs, Smyrne dans un ou deux siècles ne communiquera plus avec la mer, et se trouvera en face d'un grand lac d'eau salée, car tel deviendra le fond de sa rade.

Nous arrivons, nous jetons l'ancre encore de nuit, et aux premiers rayons du soleil mes regards se portent avec une sorte d'impatience sur cette Smyrne si célèbre en face de laquelle est arrêté le Seri-Pervas, et dont Tournefort disait, il y a un siècle et demi : « Smyrne est la plus belle porte par laquelle on puisse entrer en Levant. » La ville n'est pas précisément au fond de la rade, mais un peu sur la droite ; ses maisons, après avoir couvert une plaine basse, sont de plus en plus resserrées vers la mer par une chaîne de collines qui s'en rapproche obliquement et finit par ne plus laisser d'espace sur la plage que pour un étroit sentier ; ainsi étouffées sur la droite, les bâtisses ont cherché à s'élever sur la colline, et leur couleur rouge à cette place nous dénote que le quartier des Turcs y est établi ; on le reconnaît d'ailleurs aux minarets, tandis que la majeure partie de la ville basse n'en renferme pas, et que la variété des couleurs et l'aspect plus européen des édifices annoncent une nombreuse population de chrétiens, et justifient le titre de *Smyrne l'infidèle* (Giaour Ismir), usité parmi les Turcs. La colline qui commence la chaîne à laquelle j'ai montré la ville appuyée, est aussi la plus haute et la plus pittoresque de toutes ; c'est un cône abrupte, l'Acropolis, terminé par une forteresse en ruines, dont les hautes tours carrées rappellent la tête de Cybèle couronnée de créneaux sur les bas-reliefs romains ; c'est la même régularité et la même beauté sévère dans les lignes. La bordure de bâtisses et de quais le long de la mer, est un vaste demi-cercle de plus de trois quarts d'heure d'étendue devant lequel les bâtiments de commerce ou de guerre jettent l'ancre indifféremment à toutes les places; deux moulins à vent terminent cette ligne pittoresque et variée; l'un à l'extrême gauche sur une pointe est dans une tour baignée par les flots, l'autre, à droite, sur une colline, marque à peu près l'emplacement du grand temple d'Apollon. Auprès de ce dernier sont plusieurs cimetières entremêlés à des pâturages et à des maisons rouges; celui des Turcs est enfoui dans les ombres épaisses d'un bois de cyprès; les autres destinés aux Arméniens et aux Juifs et dépourvus de végétation descendent la colline par gradins couverts de pierres tumulaires d'un éclat blafard. D'autres cyprès immenses apparaissent dans le fond de la ville et marquent la direction du *pont des Caravanes,* de la seule ouverture que les hauteurs en s'abaissant derrière Smyrne lui laissent pour communiquer avec l'intérieur du pays. Ainsi adossée à des collines couvertes de pâturages et surmontées d'un diadème de vieilles tours, Smyrne a vraiment l'air d'une reine assise négligemment au bord des flots, et parée des plus riches couleurs. Le golfe s'enfonce encore un peu à gauche de la ville et se termine par des marécages au devant d'une plaine longue de quelques heures, et entourée d'un cercle de montagnes où le mont Tachtali, l'ancien Sipyle, élève sa tête en roi de la contrée.

Tel est le premier aspect de ces lieux où j'ai vécu deux années qui n'ont pas été sans charme. Elle n'est point encore tellement défigurée cette terre d'Ionie, qu'on ne la juge digne d'avoir enfanté la poésie et les divinités de la Grèce; ce jardin de l'antiquité, la patrie des tièdes zéphyrs n'a pu perdre son climat. La neige ne touche presque jamais le sol, et durant les hivers rigoureux blanchit seulement pour quelques jours les sommités, le Tachtali de préférence. Point de ces montagnes effrayantes d'où sortent les tempêtes, point de ces déserts d'où s'élancent le samoum et le scirocco; des rideaux de collines modèrent tous les souffles du ciel, les orages sont fort rares, on n'entend presque point le tonnerre, la grêle ne détruit jamais les récoltes, et le seul fléau connu à de rares intervalles c'est les sauterelles ; un équilibre atmosphérique remarquable conserve au ciel et à l'air une douceur et un éclat perpétuels.

La végétation apparaît à la fois connue et inconnue à l'étranger venu du nord des Alpes ; les arbres d'Europe prospèrent mélangés à ceux du midi, le cerisier, le poirier se voient à côté des orangers, des figuiers, des citronniers, des grenadiers et du néflier japonais ; l'abricotier et le pêcher peuvent aussi réussir et rappellent que le pays de leur origine n'est pas éloigné. L'olivier abonde surtout, et les teintes pâles et argentées de son feuillage tempèrent l'éclat du ciel et de la végétation, tandis que des bois de cyprès, jetés comme des taches sombres dans le tableau, le plus souvent près de quelques pierres tumulaires, semblent dire à leur tour que tout n'est pas joie dans le banquet de la nature.

L'harmonie de tant d'objets exerce son influence sur les habitants ; ils sont incontestablement une belle race, et le sang européen venu se mêler à celui des Arméniens et des Grecs a perdu la dureté de certains types. Les Hollandais et les Allemands sont moins lourds de formes, les Anglais se colorent sans perdre la délicatesse de leur teint, et les Français, la nation aux traits chiffonnés par excellence, prennent un visage plus régulier. C'est de la blanche écume des flots sur la mer voisine que l'antiquité avait fait sortir Vénus, et bien des jeunes filles de Smyrne peuvent encore par leur beauté réclamer le bénéfice de cette allégorie ; en elles se trouve un éclat éblouissant où la blancheur du nord, jointe aux noirs et grands sourcils arqués et au feu méridional du regard, jette un éclat incomparable ; mais à deux ou trois années au plus se limite la durée passagère de cette grande puissance *qui ravit le repos aux hommes ainsi que les Turcs leur ravissent leurs biens,* suivant l'expression du poëte Hafiz ; et en regardant la

plus jolie personne de dix-huit ou dix-neuf ans on regrette
déjà un charme envolé la veille; ainsi le veut l'ardeur du climat. Les exigences du goût européen ne sont pas non plus complétement satisfaites par les reines de la beauté dans ce pays;
c'est que là nous nous retrouvons dans l'antique si éloigné de
nos idées. On a consacré et encensé chez nous trois dévia-
tions de la nature dans la taille, le pied et la démarche des
femmes. Chez les Vénus antiques la taille n'était pas compri-
mée, ni la santé affaiblie par des corsets, le pied n'était pas
mignon mais proportionné, et toute la souplesse et la grâce
naturelle du buste remplaçaient cette raide tenue, dont le type,
la marquise du siècle de Louis XIV, est aujourd'hui vulgarisé
par l'éducation et mis à la portée des plus simples bourgeoises.
Qu'eussent pensé les Athéniens, ces arbitres du goût, en
voyant des femmes tournant comme sur un pivot? Peut-être
la nonchalante démarche des Smyrniotes est-elle tombée dans
l'extrême opposé au nôtre, et je me borne à constater que
sur cent d'entre elles qui savent danser, une à peine saura
marcher.

Nulle part le beau sexe ne doute moins de ses attraits, et
l'eau d'une certaine source, nommée *Fasoula*, est citée pour sa
puissance irrésistible à soumettre les cœurs rebelles des étrangers aux chaînes qu'on leur tend volontiers. Mais peut-être
serait-ce une chaîne un peu matérielle; la culture de l'esprit, une
intelligence heureusement développée, est une rareté; et ce
qui chez les femmes est bien au-dessus de l'instruction ou de
la beauté plastique des traits, je veux dire la mobilité spirituelle et la grâce dans le tour d'esprit, est encore plus inconnu. Mais le sentiment, dira-t-on? — Oh! si le sentiment
devient un personnage aveugle-sourd-muet, c'est un quidam
frappé de mort civile dont personne ne s'informe, ou plutôt
c'est un vrai mort.

Il serait injuste cependant de conclure du niveau banal des
esprits et des sentiments, qu'à Smyrne la moralité dans la vie

y est inférieure à ce qu'on trouve dans une foule d'autres villes. Je croirais même le contraire, et j'en ferais honneur à un esprit de famille, de coterie et de nationalité très développé sous le toit des Grecs comme sous celui des Francs. Pour me tenir à ces derniers, chaque enfant, dès ses premières années, a entendu parler du pays d'Europe d'où ses ancêtres sont sortis; il a vu leurs portraits et appris qu'il était sur une terre d'apostasie, sur une terre maudite. Durant sa jeunesse il n'a été frappé que des différences, des antipathies entre son origine, ses mœurs, son costume, ses principes et ceux de ses voisins. Il a vu que dans une ville turque la vraie sécurité n'existe qu'au foyer domestique, dans ce petit espace d'une maison et d'un jardin maintenus inviolables par les capitulations de sa nation avec la Porte, et par la vigilance de son consul; tout jeune il a compris que là seulement seraient aussi pour lui le confort et les aises de la vie, et qu'il fallait s'établir et se marier de bonne heure; or ce n'est point facile avec le peu de ressources qu'offre actuellement le pays, et au milieu de la bigarrure de nations, de religions et de séparations tranchées des familles; aussi son plan fait et son choix fixé, le jeune Smyrniote se trouve animé d'une persévérance peu naturelle à son caractère, et achève heureusement des amours traversés, dont la longueur égale ou dépasse dans bien des cas celle du siége de Troie.

Les usages entre Francs sont remplis d'une facilité et d'un sans gêne particuliers; la liberté de voir tout le monde à toute heure, de causer sur les portes des maisons, ou de la fenêtre à la rue, étonne et amuse les nouveaux venus. Deux villages, Boudja et Bournaba, l'un à plus d'une heure de la ville et l'autre au double de cette distance, offrent les agréments de la campagne avec des maisons très confortables. Depuis les incendies dont la ville a été ravagée, ce n'est que là qu'on retrouve la vraie Smyrne avec ses fleurs, son laisser-aller et ses gaies cavalcades et sociétés de jeunes gens. — En ville, il y a des casinos où, durant la soirée, on lit les papiers et l'on trouve les gens d'affaire et de plaisir confondus et fumant tous l'inévitable cigarrito. La politique est connue et traitée dans ces réunions, mais d'une manière superficielle, juste assez pour les besoins immédiats du commerce ; quant à l'instruction, sous toutes ses autres faces, peu de personnes s'en soucient ; les livres légers, les romans, par exemple ceux d'Eugène Sue, avaient seuls un grand débit, et je me rappelle d'avoir vu les feuilletons des *Mystères de Paris* et *le Juif Errant*, reproduits en livraisons, dès leur arrivée, par les presses du journal de Smyrne, et distribués à des centaines d'abonnés. A côté de cela, c'est étonnant de voir des gens, ayant des affaires avec tous les pays, ne pas savoir dans quelle partie du monde ils vivent ; pour eux, la création se compose en général de l'empire ottoman, puis de l'Europe, de la *chrétienté* (c'est le terme), pays d'or et de civilisation, qu'il suffit à leurs yeux de toucher pour devenir riche, heureux et noble, en un mot être supérieur ; un voyage en Europe, c'est le seul titre de noblesse connu entre Smyrniotes. Beaucoup parmi eux ignorent qu'ils habitent l'Asie, et se savent seulement en Anatolie ; ils écrivent à New-York sans se douter que ce soit en Amérique, et n'admettent point que Constantinople soit en Europe. J'en ai vu savoir en gros que le monde est rond, mais le soupçonner arrondi plutôt en dedans comme un bateau, et placer les hommes dans le creux, car, disait un raisonneur, négociant fort estimable, on ne me persuadera jamais que les hommes puissent tenir sans tomber sur une boule ronde, tandis que dans le creux d'une barque ou d'un sofa, c'est tout différent.

Cette nuit de l'esprit, fréquente chez les catholiques, y a été nourrie ou du moins tolérée par les établissements religieux entre les mains desquels l'éducation est tombée ; et, quoique j'aie connu, sous des rapports personnellement agréables, quelques-uns des prêtres de l'École de la Propagande, cependant je peux avouer qu'en Europe aucun établissement de ce nom et de cette tendance n'eût osé lancer dans le monde des jeunes gens de dix-sept à dix-huit ans aussi profondément ignorants sur ce vaste univers, sur tout ce qu'il contient et sur ce qui s'y est passé jusqu'à nos jours. Six cents élèves, parmi lesquels étaient une trentaine de protestants et un Turc, le fils du pacha, y étaient élevés avec indulgence et bonté, mais avec une méthode pédantesque où des formalités et des agenouillements sans fin consumaient la journée, et, s'il faut deviner le but par les résultats, on peut croire que la pauvre idée de tenir la population catholique dans une ignorance profonde avait présidé à la création et à la politique de cet établissement français. — Les protestants, plus malheureux encore que les catholiques, n'avaient jamais rien pu fonder de durable pour l'instruction de leur jeunesse, surtout à cause de la diversité des nations, des langues et du manque d'entente et de ressources. — A côté d'une profonde ignorance, il y avait chez les hommes un mélange de notions superficielles fertile en contrastes bizarres ; rien de plus ordinaire que de voir des gens sachant écorcher le français, l'italien, l'anglais, le grec, le turc même, peut-être aussi l'allemand, le hollandais, l'arménien, l'arabe, sachant reconnaître à première vue la nationalité d'un des nombreux pavillons qui fréquentent les mers du Levant ; ou bien parlant d'abondance sur Londres, Paris, se promettant bien, une fois, de voir les Tuileries, la Madeleine, l'Opéra, les cafés des boulevards, et de se plonger dans la corruption élégante des capitales ; le mot de liberté enflait leurs voiles, et le nom de Napoléon les faisait divaguer, précisément comme des libéraux du continent. —Cette infériorité intellectuelle vis-à-vis des classes analogues d'Europe, ne s'étendait pas cependant au point d'avoir étouffé toute distinction ; il y avait quelques hommes remarquables dont tout autre pays se fût orné volontiers, par exemple, le numismate anglais Borrel, si connu pour ses travaux et de fort belles trouvailles, le docteur genevois Raffinesque, dont l'esprit et la vive amabilité méridionale animaient extraordinairement les salons; enfin un jeune Anglais, M. Edwards, qui rédigeait avec sens et talent le journal français l'*Impartial*, mais au milieu de contradictions souvent brutales et insupportables, de la part de lecteurs violents et ignorants. Le corps consulaire n'a aussi jamais manqué d'hommes de mérite qui se sont succédé sans interruption, on peut dire, au consulat de France.

Les Turcs, les Grecs et les catholiques sont bien pourvus de lieux pour pratiquer leur culte, et les prêtres romains, toujours à la recherche de ce qui peut mettre, eux et leurs ornements d'église en relief, vont jusqu'à faire des processions sur la voie publique. Les protestants n'ont que deux chapelles en ville, l'une anglaise, l'autre hollandaise; les villages de Boudja et de Bournaba ont chacun une chapelle anglaise. — De tous les prêtres ceux des derniers sont de beaucoup les plus éclairés, savants mêmes; et ceux des Grecs les plus ignorants. Un Grec fort estimable que j'avais pour maître de langue vint un jour, fort contrit, me faire cette histoire : « J'ai chassé, « me dit-il, un domestique paresseux et infidèle, il y a six mois; « il était borné, ne savait pas lire et ne me rendait aucun ser- « vice; ne faut-il pas que hier, dans une société, où j'étais « avec ma vieille mère, je voie ce drôle reparaître en costume « de papas (prêtre), donner sa main à baiser à tout le monde « et oser me la tendre aussi! Vous pouvez penser si j'ai cédé; « mais j'ai scandalisé toute la bigote assistance. »

Le grand incendie de 1845 a porté le coup le plus sensible à Smyrne en faisant disparaître cinq mille maisons ou maisonnettes en bois appartenant à des Francs, à des Grecs, à des Arméniens et à des Juifs; le quartier turc épargné alors, avait été presque détruit quatre ans auparavant. A la fin de 1847, lorsque je revis cette ville, après une absence de deux ans, elle était presque neuve, et ce fut une nouvelle connaissance à faire. On avait rebâti au delà de la moitié des maisons, mais

le reste était à l'état de ruines noircies et intactes, hormis cependant deux ou trois cents édifices en construction ou plutôt
dont la construction était arrêtée à tous les degrés possibles
des fondements au premier étage. Les mauvaises affaires em-
pêchèrent les propriétaires d'y laisser travailler pendant les
huit mois que dura mon séjour. — Les maisons brûlées, calculées à quatre ou cinq mille francs en moyenne, ont laissé
un vide de vingt à vingt-cinq millions, que les habitants auront des années avant de pouvoir couvrir ; la plupart n'avaient
pu élever leur nouvelle demeure au-dessus d'un rez-de-chaussée, après avoir fait cependant la dépense de portes et de
volets en fer pour n'être plus à la merci de la première étincelle. Chacun avait rebâti son nouvel et léger édifice de pierres
ou de briques sur le tas même des décombres de l'incendie à
la place qui lui avait été assignée, en sorte que les portes d'entrée, sur un même côté de la rue, se trouvaient toutes à des
hauteurs différentes. La largeur des rues a été faiblement
augmentée, elles n'ont pas été nivelées, nul n'a songé à ce que
les voitures pussent jamais dans les temps à venir y circuler,
et les caravanes de chameaux ne passaient qu'avec précaution
dans ces dédales de flaques d'eau, d'accroche-pied et de pierres
à bâtir entreposées sur la voie. Je prends la rue Franque,
dont un voyageur disait, en 1702 : « C'est un des plus riches
magasins du monde ; » et je trouve qu'elle est encore la plus
large de la ville, car elle a bien douze pieds partout, et la seule
où il y ait quelques jolis magasins ; mais tout n'étant pas rebâti on y voyait des murs noircis, comme si un bombarde-
ment se fût effectué la veille ! Et qui s'en émouvrait ? Les
gens à turbans et à chapeaux, contents de leur beau ciel,
passent devant avec indifférence, et le voyageur récemment arrivé d'Europe en souffre seul. Les ruines des
siècles sont belles dans leur repos ; elles nous tiennent
un sérieux langage sur ces lois de la nature qui veulent
une fin à toutes les choses dont la carrière est remplie ;

27.

mais une maison qui s'écroule, un mur noirci par le feu, ne rappelle que la présence trop connue des irruptions subites de maux et de fléaux dans le monde. — En se plaçant à l'entrée d'une maison smyrniote, on aperçoit un grand vestibule pavé en marbre où se tiennent les femmes pendant la journée; dans le fond est un petit jardin avec une allée d'orangers et de rosiers. Le toit est disposé, partiellement du moins, en terrasse formée d'une terre rouge bien battue et utilisée pour divers usages domestiques; quelquefois on peut jouir de là d'une belle vue sur la mer et sur les montagnes, ou de l'odeur embaumée des orangers qu'apporte de fort loin la brise de terre pendant la soirée; c'est une consolation des miasmes désagréables exhalés par la plupart des rues, où le système de canaux est encore dans l'enfance et procure de cruelles déceptions à l'étranger auquel on aurait trop vanté d'avance le charme des parfums de l'Orient.

Smyrne n'est plus ce qu'elle a été et malheureusement elle paraît tomber encore; la brillante humeur, les fêtes, les cavalcades, la musique avaient bien diminué d'éclat depuis le jour où je la vis pour la première fois en 1843. Beaucoup de négociants, plus ou moins ruinés et assombris par les incendies et les crises financières, se retiraient à la campagne, et leurs femmes, leurs filles, privées des plaisirs de la société et des manières du monde, tendaient à tomber au niveau des servantes grecques, seules compagnes de leur vie. Le nombre des familles qui vivent du commerce a aussi énormément augmenté; le chef d'une famille en venant s'établir dans le pays, il y a quarante ans, quatre-vingts ans, pouvait être un esprit inquiet, mais à coup sûr un homme énergique, connaissant bien sa langue et sa nation; aujourd'hui, ses vingt neveux au lieu de savoir une langue, en parlent tous cinq ou six, mais mal, et sont devenus des commis à cinq cents francs, ou des courtiers besoigneux, parlant argent du matin au soir pour consoler leur misère et s'agitant sans grand succès contre la concurrence des Grecs, plus nombreux, plus affamés et plus rusés qu'eux. Les hommes maltraités par le présent feront toujours la cour à l'avenir, mais dans aucun pays on ne méprise autant le moment où l'on vit, hormis pour en tirer quelques molles jouissances; on y maudirait aujourd'hui, s'il n'était le père de demain. — A l'ombre des orangers et des lauriers, le Smyrniote, retiré dans son jardin, roule un chapelet dans ses doigts et ne rêve qu'argent et ballots; dès que le commerce se ranime, il s'y précipite, abuse du crédit pour acheter des produits à des prix excessifs et empire sa position. Cette nation levantine, inquiète et malheureuse, clouée par son ignorance au pays où elle vit, ne demanderait que les agitations politiques, et pour se sauver, elle appelle la conquête sur cette terre désolée d'Anatolie. A sa place, j'en ferais autant, car le gouvernement lui refuse même des routes pour communiquer avec l'intérieur et ranimer un peu les sources de sa prospérité.

Les restes d'antiquités, sans être tout à fait rares, n'abondent pas dans une ville aussi souvent bouleversée que Smyrne. La fondation de cette ville est attribuée fort galamment à une des nymphes des temps fabuleux, sans qu'il soit à vrai dire, facile à comprendre comment ces folâtres et voluptueuses personnes pouvaient avoir alors des goûts si solides, tandis que celles de nos jours ne vont qu'à ruiner les rois et les peuples. Cette première Smyrne était plus rapprochée du château de Mer et fut détruite; mais la Smyrne des sept Églises et celle dont Strabon disait : « Elle est à présent la « plus belle ville de l'Asie; une partie en est bâtie sur une « montagne, mais les plus beaux édifices sont dans la plaine « à une petite distance de la mer, vis-à-vis du temple de Cy- « bèle. Les rues sont tirées au cordeau, larges et pavées de « belles pierres... » c'était précisément sur l'emplacement actuel. Plus tard, un théâtre et un cirque furent taillés dans les flancs mêmes de la montagne de l'Acropolis, à une hauteur d'où le peuple assemblé sur les gradins dominait la ville, la contrée et tout le cadre gracieux du golfe et des montagnes de Scio. C'est le cirque où saint Polycarpe, le premier évêque, fut brûlé ou dévoré ; deux ou trois des petites voûtes où l'on conservait les bêtes sont à demi enterrées mais encore visibles ; quant aux gradins de ce monument, ils ont été enlevés jusqu'au dernier, soit pour former les murs et les tours de l'Acropolis au-dessus, soit pour faire à l'ancienne ville chrétienne une enceinte fortifiée de tours encore existante, mais peu étendue et noyée dans les bâtisses modernes. Le théâtre seul avait duré jusqu'à la fin du dix-septième siècle, c'était un des plus beaux de l'Asie, mais ses marbres furent affectés à la construction d'un bazar et d'un caravansérail ; l'entrée seule existe ; c'est une voûte très solide devenue une sombre caverne obstruée de broussailles, où je découvris une fois une famille de Bohémiens mi-nus tressant des corbeilles.

L'Acropolis est couronnée de ces tours dont l'effet est si imposant depuis la mer ; cette haute et vaste enceinte, dans son état actuel, date des derniers temps de l'empire byzantin, et fut bâtie ou restaurée par Jean Ducas ; on ne voit dans l'intérieur qu'une mosquée solitaire au milieu des décombres, et quelques grands souterrains ou magasins voûtés. A droite de la porte principale je trouvai vide la niche où Tournefort avait encore vu un buste mutilé de la prétendue nymphe de Smyrne ; un gros morceau de marbre blanc gisant près de là pouvait en figurer un débris. Quant à un arbre voisin, rejeton du bâton de saint Polycarpe, il n'y en a plus de traces dans nos temps d'incrédulité.

Après les beaux temps de la domination romaine et de l'empire byzantin, Smyrne fut occupée sous le règne d'Alexis Comnène par un corsaire musulman nommé Tzachas. Jean Ducas la reprit et rebâtit l'Acropolis, puis les Musulmans y revinrent, mais la reperdirent deux fois durant le quatorzième siècle, la dernière fois en 1346 quand elle fut conquise par les

chevaliers de Rhodes et les Génois qui la gardèrent en compte
à demi, je suppose. En 1402, le 1er décembre, le conquérant
Timour vint avec ses Tartares lui faire subir un siége de
quinze jours, un des plus dramatiques cités dans l'histoire;
dix mille hommes minaient les tours et les faisaient crouler,
et une armée dix fois plus nombreuse lançait du feu grégeois,
une nuée de flèches, fermait le port en un jour avec de gros
rochers et en couvrait la surface d'un plancher solide pour escalader les murailles. La ville prise, les chevaliers se sauvè-
rent dans la forteresse, mais peu après ils firent une sortie et
s'embarquèrent sur des galères où ils étaient attendus, et
repoussèrent dans les flots avec barbarie les habitants qui se
mettaient à la nage pour échapper au massacre; Timour fit
faire une pyramide avec les têtes de ces malheureux. Je suis
porté à croire qu'en cette occasion les chevaliers s'étaient sauvés dans l'Acropolis par des souterrains encore existants, et
dont l'un aboutissait à la maison d'un certain Daniellico qui
l'a fait murer de mon temps; puis que ne croyant pas la place
tenable devant la multitude des Tartares, ils l'avaient abandonnée. A la même époque, il y avait à côté de la ville chrétienne une cité musulmane, et on doit supposer que c'était la
ville basse, près du quartier de la Pointe actuel, et que c'est à
elle que Timour montra de la bienveillance et livra l'Acropolis et l'emplacement des quartiers chrétiens brûlés dans le
siége. — Quatorze ans plus tard, le sultan Mahomet Ier prit
Smyrne sur Djouneïd, lieutenant de son frère et rival de
Bayezid; à cette époque il trouva les chevaliers de Rhodes occupés
à la reconstruction d'un château détruit par Timour, et voici la
conversation qu'il eut à ce sujet dans une entrevue avec le
grand-maître de l'ordre : « Quoique Timour ait dévasté toute
« l'Asie, il s'est acquis un titre à notre reconnaissance en ra-
« sant le château de Smyrne; car c'est là que tous nos es-
« claves fugitifs trouvaient un asile certain; en outre les
« hommes libres qui voyageaient sur terre ou sur mer y

« étaient conduits comme esclaves, ce qui entretenait conti-
« nuellement la guerre entre les chevaliers de l'ordre et les
« Turcs. Timour, l'impie empereur tartare, fut généralement
« loué de cette sage mesure. Veux-tu donc que je sois plus
« impie que ce tyran? » Le résultat de ce dilemne fut d'obliger les chevaliers à s'en aller, en se contentant d'obtenir en
échange, la permission de bâtir à Mentesché, sur les ruines
d'Halycarnasse, un fort, dont les restes existent encore. Évidemment il ne peut s'agir ici dans le château réclamé par
Mahomet de l'Acropolis de Smyrne, mais seulement du château de Mer, isolé sur une langue de terre à trois lieues de la
ville et qui commande la passe étroite du golfe intérieur, car
l'Acropolis même ne fut pas ruinée par Timour, et n'offrait
point aux chevaliers, maîtres des mers, ces facilités d'entrée et
de sortie dont parle le sultan. Il est clair que ce souverain intelligent ne voulait pas qu'à la moindre mauvaise humeur les
chevaliers pussent lui bloquer Smyrne, sa magnifique acquisition, ce qui est facile aux maîtres du château.

En 1474, une flotte de quatre-vingt-cinq galères de Naples, de Venise et de Rhodes, brûla Smyrne et alla ravager
la Caramanie ; l'amiral Mocenigo la commandait ; depuis lors,
cette ville n'a plus cessé d'appartenir au sultan, hormis de
nos jours pour quelques semaines, après la bataille de Koniah,
quand elle envoya, par excès de terreur, ses clefs à Ibra-
him-Pacha, qui ne les demandait pas.

La population de Smyrne est un excellent sujet à discussions ; en 1678, Lebruyn lui donne quatre-vingt mille âmes,
surtout Turcs, et il ajoute que trente mille personnes avaient
péri de la peste peu avant son arrivée. Vingt ans plus tard environ, Tournefort prétend ne trouver que quinze mille Turcs,
dix mille Grecs, quelques autres nations dont deux cents
Francs, en tout vingt-sept mille habitants; mais je suis fort
porté à croire qu'il y a là quelque étrange erreur de la part du
bon naturaliste. Un des meilleurs observateurs que j'y aie

connus, le numismate anglais B***, me disait, en 1845 :
« Depuis vingt ans que j'habite ce pays, ce qui me frappe le
« plus, c'est la diminution de la population turque et l'aug-
« mentation des nations chrétiennes ; je comptais quatre-vingt
« mille Turcs et vingt mille Grecs à mon arrivée ; aujour-
« d'hui, il me semble qu'on pourrait estimer les uns comme
« les autres à cinquante mille. » Enfin, durant l'été de 1844,
un employé, nommé Ahmet Effendi, fut envoyé par la Porte
pour faire un recensement, et il a prétendu avoir trouvé cent
vingt mille âmes, dont vingt-cinq mille Turcs. Suivant la même
source, Constantinople avait donné neuf cent mille âmes. Ce
qui est certain, c'est qu'en dépit des fléaux et de la misère, la
population a augmenté, car la peste n'est plus là, et on estime
qu'elle enlevait de trois à six mille personnes, année moyenne,
à Smyrne. Le pays a aussi toujours été fort sain, et rempli de
vieillards de quatre-vingts à quatre-vingt-dix ans, quoiqu'on
n'y retrouve plus un patriarche de cent dix-huit ans comme
le consul vénitien Lupazzolo, mari de cinq femmes et père de
soixante enfants dans sa longue carrière, terminée il y a cent
cinquante ans.

CHAPITRE XV.

Le commerce en Orient.

La prétention de faire de la Méditerranée un lac français est singulièrement rabaissée par tout ce que l'on voit dans la partie orientale de cette mer. Les parages de la mer Noire, familiers aux marins des temps fabuleux, sont à peu près inconnus aux Français de nos jours, et ils ont renoncé à y naviguer ; il n'y en a même que peu assez hardis pour s'engager dans les détours de l'Archipel. L'ancienne prépondérance des marchands et des intérêts de leur nation au Levant n'offre plus guère que des ruines, et leurs voyageurs doivent être au moins superficiels pour s'en contenter ; tout ce que l'on peut dire, se borne à constater une connaissance assez étendue du langage français dans les Échelles ; il y conserve le rang de langue fashionable, et forme même chez les riches Grecs et Arméniens avec quelque autre légère acquisition, comme la danse et une teinture de musique, la partie européenne de l'éducation, celle dont les parents et les enfants sont le plus fiers.

Le mauvais italien, appelé *lingua franca*, parlé au Levant, est également une ruine d'une prépondérance commerciale antérieure, plus brillante que celle des Français. Les Génois et les Vénitiens, durant plusieurs siècles seuls maîtres des échanges entre l'Asie et l'Europe, ont fait pénétrer profondément leur langue dans cette population mélangée vivant sur les côtes et vouée au commerce, à la marine et aux arts et professions qui s'y rattachent. Le lecteur se rappellera sans doute qu'à la prise de Constantinople par les Latins, le vieux doge aveugle Dandolo, sut faire donner à Venise *le quart et demi de l'empire romain*.

Le dialecte grec des Échelles s'est approprié beaucoup de mots italiens, le Turc a fait de même, et la langue du Dante et de l'Arioste abâtardie sur cette terre étrangère y joue désormais le rôle d'un fonds abandonné, où chacun pille et trouve quelques débris à utiliser sans égards et sans respect pour personne. Les vrais Italiens s'en attristent; il n'est rien moins qu'honnête de parler dans leur langue à quelqu'un au Levant, et il faut que ce soit un familier ou un inférieur.

La langue anglaise, venue la dernière, dispute au français le rang de langue fashionable; elle se répand d'autant plus que le commerce est déjà dirigé aux trois quarts vers l'Angleterre et les États-Unis, et progresse dans cette voie. Un temps va arriver où le meilleur passeport au fond de la Méditerranée comme au Canada, au Cap, dans l'Inde et dans l'Australie, sera la langue des bords de la Tamise.

Du hollandais il y a peu de chose à dire, il est fort restreint. L'allemand serait plus répandu, mais comme à côté des négociants suisses et allemands il y a beaucoup de Juifs qui le parlent, on l'estime peu. En outre, les Allemands se mettent vite à parler les langues étrangères, et quoique leurs journaux montrent beaucoup d'intérêt pour l'Orient, on les paye là d'ingratitude.

Jusqu'à la fin de l'autre siècle, et même jusqu'à la révolution grecque, le commerce avec l'Europe fut exploité au Levant par des Européens ou par leurs descendants appelés les Francs; chacun nouait de préférence des relations avec son pays natal, les envois pour Marseille et pour Londres étaient faits par des Français et par des Anglais, et même dans ce dernier cas exclusivement, par les membres de la Compagnie du Levant. On gagnait sur toute chose, et les retours en produits d'Europe étaient profitables, et n'excédaient pas ce que la Turquie pouvait payer. — Cet état de choses est désormais bouleversé, un commerce agité et plus chanceux que la loterie en a pris la place. La concurrence a enlevé les bénéfices, et le Grec s'étant jeté le dernier à corps perdu dans l'arène, comme un aventurier qui n'a rien à perdre, a fini par battre ses concurrents; voici le point de départ de ses succès.

La révolution grecque, tout en détruisant le bien-être des classes élevées parmi les Hellènes d'Europe et d'Asie, imprima néanmoins un élan général aux masses. Le commerce avec l'Europe leur était devenu plus accessible, par suite de changements libéraux opérés dans la plupart des États, et ils s'y adonnèrent avec passion; ceux que leurs malheurs avaient fait émigrer à Trieste, Livourne, Gênes, Marseille, y trouvèrent le crédit et l'opulence, et tous ces établissements formèrent un réseau lié d'intérêt, car le Grec n'aime se confier qu'à un Grec.

On leur a surtout reproché la piraterie pendant la révolution, et la fabrication de la fausse monnaie dans les années qui suivirent. Des négociants européens au Levant m'ont parlé de leur étonnement, lorsque passant dans un bazar, à l'époque de la guerre, ils y trouvaient en vente, aux mains d'agents grecs, des marchandises à leur marque, les mêmes qu'ils attendaient depuis longtemps. Les abandonner ou les racheter était alors le seul mode à suivre. Et non seulement tous les pavillons chrétiens, surtout celui des Anglais, avaient à souffrir, mais il y avait des pirateries d'un genre plus couvert; on a connu des négociants grecs faisant capturer par des barques montées par leurs propres gens, leurs propres navires chargés et assurés déjà en Europe, afin de toucher le montant de l'assurance, et de doubler leur capital d'un coup. L'entrée du golfe de Smyrne et les promontoires voisins ont été les témoins muets de plusieurs iniquités de cette sorte. Le cabinet anglais a été toujours regardé comme responsable des pirateries faites à cette époque; il avait des croiseurs dans l'Archipel, mais leur donnait des ordres qui les rendaient inaptes à protéger la sûreté du commerce, soit qu'il voulut, sans se compromettre, fournir aux Grecs les moyens de continuer leur lutte contre les Turcs, et consentît à fermer les yeux sur quelques cargaisons interceptées, — soit qu'il eût besoin d'un grief à citer aux Turcs pour se mêler de leurs affaires intérieures et de la question hellène.

C'est un malheur pour les populations de la Grece moderne d'avoir fait leur éducation dans le champ de la piraterie ; la faveur dont le Klephte (voleur hardi) jouit dans beaucoup de districts et l'inimitié pour la police s'expliqueront peut-être ainsi. Du *temps de Thésée* ils étaient plus avancés, car ce héros dut sa gloire et son apothéose à des exploits qui sont dévolus au corps de gendarmerie dans nos pays civilisés.

La détérioration de la monnaie turque par le sultan réformateur, Mahmoud, n'échappa non plus à l'esprit inventif des Grecs ; ils firent frapper à Syra, à Londres et jusqu'en Suisse des masses de pièces d'or et d'argent d'un intrinsèque aussi bon réellement que celles du sultan, et ils inondèrent les provinces ottomanes d'une monnaie qu'on ne saurait appeler *fausse* à moins de donner la même qualification à celle du gouvernement. Il y avait cinquante pour cent à gagner là-dessus, et la plus riche maison grecque de Constantinople posa ainsi les bases d'une fortune colossale.

Un esprit de corps puissant n'est point à méconnaître au milieu de rivalités fréquentes entre les maisons grecques ; les familles sont nombreuses, les fils s'établissent sur toutes les côtes, trafiquent, se servent mutuellement avec un bon marché et une diligence impossibles à attendre d'étrangers, et par leurs succès ont fini par donner une bonne leçon aux établissements commerciaux des autres nations entre lesquels prévaut un principe d'hostilité mutuelle et d'isolement. Puis le Grec est actif, matinier, il a déjà enlevé des affaires avant que ses concurrents francs aient songé à descendre à leur comptoir; rien ne le détourne du gain, aucun goût accessoire comme la littérature et les arts ne lui donne de distractions, et semblable à un petit nombre de classes en Hollande, en Angleterre et en Suisse, il résume le cycle de l'humanité par : « naître, amasser des écus et mourir. » Il sait toutes les langues du pays, fait lui-même ses affaires au *bazar* et n'est point à la merci des *sensaux* comme le négociant franc.

Le *bazar* est le siége des affaires pour les indigènes dans les Échelles; tout sujet de Sa Hautesse sans distinction de religion peut y louer un magasin et y trafiquer de la marchandise affectée à cette partie du marché. Comme d'infranchissables abîmes de religion, de langue et d'usages antipathiques séparent ces marchands ou *bazarlis* du négociant franc, celui-ci reste dans son comptoir et envoie son *sensal* au bazar vendre les manufactures d'Europe ou acheter des produits indigènes. Le sensal est le reflet de son maître, et assume un air d'importance proportionné au crédit de sa maison sur la place; il est Juif le plus souvent, et peut parler toutes les langues et jouer tous les rôles. Chez un marchand turc on le voit arriver lentement, parler de tout hormis du sujet qui l'amène, débiter une foule de nouvelles plus ou moins défigurées, fumer une pipe et se complaire en apparence à ces longueurs; mais il sait que cette marche compliquée est le seul moyen d'arriver à son but. — Avec un Grec, autre tactique : des attaques, des surprises, un déluge d'assertions, d'insinuations dont un Turc serait étourdi, mais dont son nouvel adversaire saisit les moindres nuances à la volée et peut se laisser influencer. — Avec un Juif, le sensal est un autre homme, car le Juif est moins hardi que le Grec; plus patient chercheur et calculateur serré. — Un Arménien demande enfin, vu son étonnante finesse, des procédés plus subtils encore, et que j'ai toujours trouvés au delà de ma compréhension. — Après une journée occupée à parler tant de langues et à faire tant de manœuvres, le sensal revient exposer à son chef ce qu'il

a fait, et se faire valoir d'une manière parfois dramatique. Si
je complète le portrait de ce personnage en ajoutant qu'il est
rarement d'une stricte moralité, et trouve le moyen de se ménager quelques petits gains illicites sur les ventes et les achats
à l'insu de son maître et sans trop le compromettre aux yeux
des indigènes, on verra la difficulté de sa tâche et la variété de
ses talents que plus d'un diplomate lui envierait.

Cette classe des sensaux a fini par devenir importante; le
négociant est fort sujet à se ruiner, le sensal jamais; ce dernier s'établit souvent pour son compte, et ses enfants avec lui
ou après lui; ainsi se forme une classe de trafiquants indigènes se donnant le nom de *nation levantine* et coupant
l'herbe sous les pieds aux vrais Européens. Tant que le sensal
était au service d'un Européen, quoique sujet turc ou raya
d'origine, il était, en vertu des capitulations, soustrait à cette
sujétion, et placé sous la même protection consulaire que son
chef; il s'en est séparé depuis, mais la protection lui est restée, et ainsi il a pu se faire qu'une foule d'Orientaux, n'ayant
d'européen que le costume et même pas toujours, en vinssent à
être reconnus pour Anglais, Français, Autrichiens, etc., etc.
L'incurie et la faiblesse des Turcs leur ont laissé échapper des
mains ce grand nombre de sujets, et, en dépit de leurs plaintes
aux consulats, ceux-ci ont tenu bon, trouvant honneur et
profit à avoir beaucoup de ressortissants. Cet abus n'a été
exploité en grand que par les Russes; j'ai vu des Grecs rayas
qui n'avaient pas la moindre prétention à faire valoir, aller à
Odessa, s'y faire naturaliser Russes, et revenir avec un *off* à
leur nom. Paulaki, Joannaki devenus Pauloff, Ivanoff, sont
d'autres êtres, et mettent à la porte le collecteur d'impôts ottoman qui ose revenir chez eux.

Lutter avec les Grecs et la *nation levantine* est bien difficile désormais pour les commerçants vrais Européens; aussi
leur position, si brillante autrefois, décline continuellement,
et leurs riches et anciens établissements croulent les uns après

les autres. On s'étonne de l'instabilité des affaires et des faillites par lesquelles se clôturent les périodes de la plus grande activité au Levant.

La plupart des objets manufacturés consommés par les populations ottomanes viennent d'Europe, hormis des étoffes et des couvertures de gros feutre pour l'hiver, quelques gros articles de coton et quelques soieries. C'est en Écosse où se fabriquent les châles épais en coton à fleurs vives et rayés nommés *zébras*; les indigènes en portent tous un à la ceinture et souvent un autre autour de la tête en forme de turban. Les mouchoirs en coton pour envelopper la tête des hommes et des femmes, toutes les toiles ou cotonnades dont ils sont vêtus les trois quarts de l'année sortent de l'Angleterre, de la Saxe et de la Suisse. La Belgique fournit les draps, les mérinos, les verres à vitre, les armes; la Bohême, la Silésie et la Toscane envoient ces énormes quantités de bonnets rouges en feutre dont tout sujet de Sa Hautesse est tenu de se coiffer. Enfin la Suède donne les planches, les goudrons et les fers dont la plupart des villes du Levant et des vaisseaux indigènes sont construits; on sait que la pierre et la brique entrent pour peu de chose dans leurs édifices. — La France avec ses révolutions et son régime prohibitif est donc à peu près exclue des importations, et l'Angleterre, basant ses envois sur le vêtement indispensable aux pays chauds, les cotonnades, s'est emparée de plus de la moitié des affaires.

Comment le Levant peut-il payer tant d'objets de première nécessité? C'est ce que je vais examiner. Les drogues sont peu importantes, l'*opium* d'Anatolie excepté; il va à Londres et alimente de là le marché de Canton après avoir fait le tour de l'Afrique. Sans les dispositions restrictives de « l'acte de navigation », il eût déjà pris la route de l'isthme de Suez.

Les *figues* et les *raisins secs* de Smyrne et des environs sont portés dans tout le nord de l'Europe en masse de deux à trois cent mille quintaux. La teinture de *garance* est également importante, mais le peu d'industrie du pays oblige d'exporter la racine brute sous le nom d'*alizzari*; comme ce rouge est plus beau que celui de France et des Pays-Bas, et se trouve indispensable à certaines étoffes teintes, la production des alizzaris est en voie de progrès, et j'ai vu payer jusqu'à cent francs le quintal de racines brutes. — L'arbre d'où se tire la *graine jaune* pour la teinture se plante toujours plus. Les fruits du chêne fournissent au chargement d'une vraie flotte; je parle moins des *noix de galles* produites par la piqûre d'un insecte sur les feuilles du chêne, et dont la recherche paraît trop pénible à la paresse du paysan, que du fruit de ce même arbre appelé *valonée*. Il s'exporte des côtes d'Asie et d'Europe en grosses cargaisons pour l'Angleterre où il s'utilise dans le tannage des cuirs et dans la teinture. On s'étonne de voir ce grossier produit, qui ne coûte que la peine de le ramasser, se vendre dix et quinze francs le quintal et enrichir sans travail le possesseur d'un bois planté par la nature. L'olivier ne se plaît que sur les bords de la Méditerranée, et il abonde surtout au Levant. Sur toutes les côtes il se fait des chargements d'huile pour Marseille où on la convertit en savon, et pour l'Angleterre où elle sert à graisser les machines; il n'y a que les personnes peu familiarisées avec les proportions gigantesques de l'industrie anglaise auxquelles cela puisse causer de l'étonnement d'apprendre que les nombreuses cargaisons d'huile tirées de la Méditerranée sont uniquement une parcelle de ses besoins, et que l'Amérique lui fournit bien davantage d'un nouveau produit appelé huile de lard; il est tiré de la graisse de ces *nombreux porcs* des États-Unis qui ont tant incommodé mistress Trollope à Cincinnati. L'huile du Levant est grossièrement faite de toutes les olives bonnes ou mauvaises d'une récolte; elles sont jetées sous des presses qui ont joui de peu de perfectionnements a dater des anciens Grecs.

Depuis que le traité de commerce avec l'Angleterre a sauvé quelques cantons d'une ruine complète, les céréales et les graines oléagineuses sont devenues un objet d'exportation important pour la Roumélie et l'Asie mineure ; le sésame apporté d'Égypte a prospéré dans cette dernière.

Mais que sont devenus les riches produits pour lesquels la Turquie forçait autrefois l'Europe à lui payer tribut? Le coton si largement cultivé en Anatolie dans les siècles passés et dont toute l'Europe se fournissait, est réduit à cinq mille balles, à l'époque même où les États-Unis ont poussé leur production au delà de deux millions de balles. L'opium est ramené à deux mille couffes ou paniers pendant que l'Inde dépasse cent mille caisses. La garance abonde en France et sur tous les bords du Rhin quoique la qualité en soit faible. L'Espagne a des fruits secs, et des vins mieux préparés et supérieurs à ceux du Levant et de l'Archipel. Le café d'Arabie prend la route du Cap, et se boit à Londres au lieu de flatter le palais des oisifs de Stamboul. Les fameux tapis de Turquie, malgré leurs couleurs solides, sont trop grossiers pour être tolérés ailleurs que dans les antichambres en Angleterre. Le poil de chèvre d'Angora, si long et si soyeux, est remplacé par des fils venus de l'Amérique du sud ; le travail des pierres précieuses, des métaux et des armes, est réduit à rien au Levant, toutes les industries y sont agonisantes, et il ne se fabrique plus que quelques grosses pièces d'étoffes destinées à être vendues comme curiosités aux voyageurs. C'est la barbarie turque et l'activité européenne auxquelles nous devons tous ces changements. L'Europe a trouvé de l'avantage à planter son coton aux États-Unis, son café et ses cannes à sucre aux Antilles et au Brésil, à perfectionner le tissage et le travail des métaux, et bien loin d'imiter les malheureux Hébreux qui, avant d'attaquer les Philistins, devaient aller se faire forger et aiguiser leurs épées par eux, elle a pu arriver au point de dire au sultan et à son peuple : « Nous n'avons plus besoin de vous, les rôles sont renversés, donnez-nous quelques produits bruts, nous nous réservons le bénéfice de toutes les fabrications relevées et délicates. » Aussi cette malheureuse Turquie est continuellement dans l'embarras pour payer les objets manufacturés qu'elle tire d'Europe, et elle use de toutes les rubriques des mauvais débiteurs ; on n'y vend rien qu'à des termes très longs, et l'Europe est, terme moyen, *en avance de six mois* de tout ce dont la Turquie a besoin pour vêtir et faire vivre ses populations, les gros aliments exceptés. C'est d'autant plus vrai que les produits du pays sont même payés quelques mois d'avance ; voici comment on les achète dans l'intérieur.

Le négociant des Échelles a dans l'intérieur un agent muni de fonds, et celui-ci débute par faire un cadeau au gouverneur et aux agas. Si les abus subsistent encore en pleine vigueur, il faut acheter de l'aga qui monopolise toutes les récoltes du district ; mais si le producteur est censé exister, on s'adresse à lui toujours sous les auspices et habituellement par l'entremise de l'aga lui-même ; les paysans se présentent, on paye à chacun d'eux une petite avance sur ce qu'il promet de livrer, et lui bien loin de donner un reçu obtient un petit billet ou memorandum qui énonce la transaction. Là-dessus le paysan s'en va et n'emporte son argent que si l'aga l'y autorise, car celui-ci peut toujours mettre la main dessus en prétextant des contributions passées, présentes ou futures dont le paysan serait débiteur. Le temps de la récolte arrive ; si elle manque, le paysan vous renvoie à l'année suivante. Si elle est très abondante, les prix s'avilissent et l'acheteur voudrait bien n'être pas lié par contrat ; mais il ne peut reculer, il lui faut tout accepter, et payer le prix stipulé quelque élevé qu'il soit. Enfin si la récolte est médiocre, les prix haussent et une lutte s'engage ; en effet la loi turque n'oblige le paysan à *livrer que le quantum pour lequel il a été payé d'avance*, et il peut garder le reste pour lui et profiter du prix du marché supérieur à celui du contrat ; il le peut, à moins que l'aga ne soit acheteur ou ami de l'acheteur, auquel cas on le force à s'exécuter moyennant quelque petit dédommagement. On comprend donc combien cette éventualité, la seule favorable à l'acheteur, amène de tracas ; c'est à peu près un procès par individu, soit deux à trois cents procès pour une seule partie de marchandises. — Cependant, malgré ce désordre, il est rare que les avances soient compromises ; le paysan dénué de tout, pillé par l'aga et insolvable, a encore plus de bonne foi que son pareil dans nos pays chrétiens.

———

Le caractère turc si insouciant pour tout s'accommode surtout fort peu de la ponctualité dans le payement d'une dette ; il montre une suprême indifférence à traîner quatorze et quinze mois le remboursement d'une marchandise à lui vendue, payable par tiers à la fin de chacun des trois premiers mois. Aussi les maisons franques ont-elles des encaisseurs, sortes de harpies, qui parcourent les bazars, surveillent du coin de l'œil les boutiquiers débiteurs, et font main basse sur leurs caisses dès qu'il y tombe quelques piastres. — Dans ce pays de désordre, c'est un principe vulgaire chez les indigènes de trouver le retard dans les payements d'autant plus naturel et acceptable, que le débiteur a plus de crédit et de richesse, aussi les Francs en viennent-ils quelquefois à l'admettre pour eux-mêmes ; on voit telle maison respectable traîner une semaine l'acquittement d'une lettre de change, sans déchoir nullement.

La confusion des monnaies turques, de toutes ces pièces vieilles et neuves, ayant une valeur de frappe et de titre sans aucun rapport avec la valeur courante, offre un tableau complet du désordre séculaire des finances de l'État. Il y a des pièces d'or de l'épaisseur d'un fin papier ne valant pas un franc, des paras de cuivre d'un demi-centime. Le manque d'effigies ajoute à la difficulté de sortir de ce dédale que deux ans de séjour ne m'avaient pas rendu familier.

Le désordre, la faible valeur des monnaies, la fréquence des pièces fausses ont introduit une curieuse industrie, celle de *compteur d'argent*. Lorsque j'arrivai à Constantinople, pour vérifier quarante ou cinquante mille francs dans un jour, il fallait introduire dans la caisse une troupe de compteurs grecs ou juifs dont la surveillance était un gros souci ; ils étaient payés trois francs environ par jour, et malgré cela trouvaient, au milieu d'un tintamarre de pièces roulantes à doubler leur paye légitime ; jamais un compte n'était juste. Croirait-on surtout que le compteur n'arrivait dans certains cas à reconnaître que cinq à six mille francs par jour, rarement dix mille ?

Autre inconvénient. Hormis les pièces de vingt paras (douze centimes environ), toutes les monnaies étaient alors une marchandise dont le cours changeait en vingt-quatre heures, et amenait à chaque payement des contestations sur cet agio variable. Les boutiquiers du bazar en étaient venus à ne plus payer leurs dettes qu'avec une certaine mauvaise monnaie appelée *monnaie du bazar*, sur laquelle il y avait de deux à cinq pour cent à perdre ; ces pièces discréditées n'étant pas admises entre négociants pour l'acquittement des lettres de change, ils s'en défaisaient, et elles reprenaient le chemin du bazar pour renouveler éternellement leurs promenades de la caisse du boutiquier dans celle du négociant avec le même bénéfice pour le premier. C'était tellement reçu que si, faute de mauvaise monnaie, le débiteur indigène payait avec de la bonne, il défalquait quelques pour cent, afin de retrouver son avantage.

Le gouvernement comprit à la longue que l'abaissement du titre des monnaies sous le règne précédent avait réduit d'autant les revenus de l'État, puisque les impôts ne se payaient plus qu'en piastres tombées de plus des trois quarts de leur valeur. Il entreprit donc une réforme en 1843, et par un firman annonça ce que chacun savait être impossible : le retrait des anciennes monnaies, et la frappe de nouvelles au pied de cent dix piastres pour une livre sterling, tandis qu'au change d'alors il en fallait cent vingt-cinq à cent trente. Cette opération réussit en ce sens que les banquiers du gouvernement, après avoir obtenu l'appui de fortes maisons d'Europe, arrivèrent à faire baisser le change à cent neuf environ et l'y ont maintenu depuis ; mais quant à refondre toutes les anciennes pièces circulant dans l'empire, comme elles ont un cours fort supérieur à leur intrinsèque, il y a quarante à cinquante pour cent à perdre sur cette masse énorme de numéraire, et il faudrait au gouvernement un budget double du sien pour y faire face ; aussi quoique un superbe hôtel des monnaies ait été construit dans la capitale, avec des machines mues par la vapeur, il n'en est sorti qu'un petit nombre de nouvelles pièces d'or et d'argent à peu près inaperçues dans la circulation.

L'impuissance du gouvernement se lie à la misère générale des sujets ; c'est en vain que l'empire ottoman s'étend nominalement des sables de l'Arabie, aux neiges des Carpathes et des frontières de la Perse jusqu'aux gorges de l'Atlas ; de puissants États se sont contentés autrefois de ce qui forme un seul pachalik actuel, mais les ruines recouvrent tout. La Turquie possède les ports de Tyr, de Sidon, de Rhodes, de Carthage, mais des flottes n'en sortent plus. Où sont ces riches navires turcs dont les chevaliers de Saint-Jean étaient encore si friands ? Flottes et population, tout s'est éclairci. Le pavillon ottoman ne flotte plus que sur quelques barques fabriquées dans la mer Noire ou dans l'Archipel, et on se sent pris de mélancolie en face d'une si grande désolation.

La population clairsemée de ces contrées, jadis si riches, vit on peut dire de rien. L'Europe estime le Levant pays de facile défaite pour ses marchandises de troisième qualité et ses étoffes d'un goût fané, dont il faut se défaire avec quelque perte. Pour quelques francs, l'indigène se procure un bonnet rouge, de larges vétements de coton et deux châles aussi en coton, un pour lui serrer la taille et l'autre la tête ; il achète de soi-disant draps d'Allemagne à deux francs le pic (aune de Brabant), savoure un café brésilien, fort en arome, quoique de rebut, y met un sucre que la Hollande seule peut lui fournir à si bas prix, et fume sa pipe sur les ruines des royaumes d'Arménie, de Trébisonde, de Syrie, d'Égypte et de l'empire d'Orient. — Pour payer ce qu'il achète, il lui suffit de gratter la terre avec une charrue de bois et d'en tirer quelques produits inférieurs, que les négociants des Échelles veulent encore bien se disputer et surpayer pour tomber eux-mêmes dans la misère universelle. — Tel est le tableau de l'état matériel d'une population qu'on veut bien porter je ne sais trop sur quels documents à quarante millions d'habitants, mais qui peut aussi n'arriver qu'à la moitié de ce chiffre ; je le souhaite, ce serait sur le globe vingt millions d'êtres misérables de moins.

FIN.

TABLE.

FIN DE LA TABLE.

www.ingramcontent.com/pod-product-compliance
Lightning Source LLC
LaVergne TN
LVHW011919180726
843502LV00003B/659